Gunda Krüdener-Ackermann

Ein bisschen Marx und lieber Gott

Eine Schule der Frauen in den siebziger Jahren

1. Auflage 2024
© 2024 Gunda Krüdener-Ackermann

Umschlagfoto: privat
Layout und Satz: PeterDesign
Herstellung und Verlag:
BoD – Books on Demand, Norderstedt

ISBN 9783758373121

Für Moritz, Till und Lukas

Die hier verwendete Sprache bewegt sich in den Gepflogenheiten der siebziger Jahre.

Neue Welt

Plötzlich allein! Da stand ich nun am Rand der Straße und winkte dem davonfahrenden Auto meiner Eltern nach. Sah so die lang ersehnte große Freiheit aus? So ungewohnt, fremd! Fühlte es sich so komisch, sogar verloren an, wenn es endlich mit dem „solange du die Füße unter meinen Tisch steckst ..." vorbei war? Ach was! Ich wischte alle negativen Gedanken beiseite. Für mich sollte jetzt eine neue Ära beginnen. Alles roch nach Aufbruch ins Unbekannte, ins Spannende, Aufregende ... Wie hatte ich meine armen Lehrer bedauert, die ich nach meinem Abitur in ihrer miefigen kleinstädtischen Paukerexistenz zurückließ. Bis zu ihrer Pension. Das kam mir im Moment vor wie lebenslänglich Knast oder Straflager. Für mich jedoch würde nun das aufregende Leben einer ordentlichen Studentin beginnen, soweit das mein Outfit mit Jeans und Schlabberpullovern zuließ. Immerhin hatte in meinen letzten Oberstufenjahren eine gewisse vorakademische Coolness auf mich abgefärbt. Adrett, mädchenhaft, das war selbst ohne irgendein politisches Statement nicht mehr akzeptabel. Jeans, Parka, Boots war das Outfit der Stunde.

Jetzt also war des „Friseurmeisters Töchterlein" auf dem Sprung, als Erste in der Familie zu studieren. Vielleicht konnte ich dieses despektierliche Etikett meines Englischlehrers der fünften Klasse endlich bald hinter mir lassen. Durch ihn hatte ich gelernt, dass der Beruf meines Vaters wohl irgendwie minderwertig sein musste. Und damit auch ich. Ganz klar war der Subtext des Lehrers: „Du da! Eigentlich gehörst du nicht hierher!" Ich schwätzte nun mal ausnehmend gern, wie man es eben gemeinhin der Spezies der Barbiere beim Einseifen zuschreibt. Ich konnte nichts dafür, aber immer wieder passierte es, dass ich durch meine ausgeprägte Kommunikationslust im aktuellen Unterrichtsgeschehen mal wieder völlig verpeilt war. „Du Zipfelhau'm", nannte mich dieser zutiefst oberbayerische Lehrer häufiger, als dass er mich mit Namen ansprach, wenn er mich aufrief. Klar! Ich hatte mal wieder keine Ahnung, bei welcher Übung wir im Sprachbuch gerade waren. Und ich schämte mich dafür. Denn es durfte unter Mitschülern ja ausgelacht werden. In meiner Peinlichkeit konnten sich alle suhlen, manche ganz sicher in der erleichterten Freude, selbst noch einmal davon gekommen zu sein. Innerlich habe ich mich dank meiner ausgeprägten Fantasie an diesem Lehrkörper jedoch gerächt. Wie der schon aussah: ein vorgeschobener Unterkiefer, der ihn immer ziemlich vernuschelt sprechen ließ. Dazu ein riesiger Leberfleck mitten auf der Nase, den sein zugegeben schönes, schwarzes, lockiges Haar beileibe nicht wettmachen konnte. Außerdem stanken in meiner Vorstellung – wahrscheinlich auch in Wirklichkeit – seine Socken ekelig nach Fußschweiß. Denn das war gar nicht so von der Hand zu weisen. Meinem schon damals geschulten Blick war nämlich nicht entgangen, dass mein Peiniger billige graue Schlappis aus Kräuselkrepp trug, also aus Kunstmaterial. Und das wusste ich von Mutter, die immer über Vaters Nyltesthemden schimpfte – sowas schweißelte gerne. Viel mehr kratzte in solchen Situationen das schadenfrohe Gelächter unsere Klassenschönheit Lilo mein Ego an. Sie, die mit herrlich braunen Locken und großen Kulleraugen, leibhaftig im Stadttheater als Schneeflocke über die Bühne tanzte. Mit Tutu und Krönchen! Über sie das Neueste zu erfahren, war nun allemal interessanter als so blöde Fragen nach indirekter und direkter Rede von dem da vorne. Eigentlich war ich somit selbst schuld an der genüsslichen Prophezeiung meines Lehrers, dass meine Zukunft wohl eher im Einseifen von Männerbärten liegen würde. Aber das, nein, das wollte ich nun überhaupt nicht! Innerlich gelobte ich grimmig Besserung, genau genommen legte ich manchmal sogar ein ewiges Schweigegelübde ab. Aber das wollte irgendwie nicht glücken.

Eins ist mir jedenfalls lange Zeit aus diesem Erlebnis nachgehangen: Von da an druckste ich immer rum, wenn ich zu Vaters Beruf befragt wurde. Ich schämte mich dafür – schließlich sollte ich im Geschichtsunterricht bald lernen, dass der Beruf des Barbiers ehemals zu den sogenannten „unehrlichen" gehörte, wie der des Abdeckers oder Henkers. Also das mit meiner Herkunft war offensichtlich problematisch. Ich konnte es drehen und wenden wie ich wollte: Nur ein Studium würde mich aus dieser makelbehafteten, in jedem Fall aber sichtbar kleinbürgerlichen Enge meines Zuhauses befreien. Das begriff ich ziemlich früh. Nur so konnte ich endlich den spießigen elterlichen Mief von Cocktailsesseln mit Schonbezügen, Tiroler Andenkentellern an den Wänden und Häkeldeckchen samt vor sich hin kümmernden Usambaraveilchen auf dem nussbaumfurnierten Wohnzimmertisch einmal hinter mir lassen. Aber es galt, klug zu handeln. Ich musste Antennen entwickeln, die mir dabei halfen, echte Grandezza zu erkennen und im besten Fall zu imitieren.

Vielleicht war ich deshalb zum Studieren nach Erlangen und nicht nach München gegangen. Denn war es wirklich dieses Gewusel und Gebrabbel von Trauben aufgekratzter junger Leute auf dem Geschwister-Scholl-Platz vor der Münchner Studentenkanzlei, von denen ich keinen einzigen kannte? Hatte mich das wirklich so verschreckt? War es wirklich jene unfreundliche Kanzleisekretärin gewesen, die jeden zukünftigen Studenten mit bitterböser Miene anblaffte? Einmal fehlt die Bescheinigung für die Krankenkasse, dann lag nur eine Kopie des Reifezeugnisses vor ...! Sie brauchte das Original! Ganz sicher hatte gerade ich als attestierte Zipfelhau'm nicht alle nötigen Unterlagen für so einen wichtigen Akt wie eine universitäre Einschreibung parat. Zwei Leute waren noch vor mir. Auch die bekamen von jener Dame ihre verbale Abreibung wegen verwaltungstechnischen Versagens verpasst. Gleich würde es mich treffen. Mein Herzschlag pulsierte unüberhörbar in meinen Ohren. Ganz kurz vor dem Ziel dann mein wilder Entschluss. Ich ließ jene Dame, die gerade im Begriff war, sich auf mich als ihre nächste Beute zu stürzen, prompt stehen und machte Kehrt. München?! Nein, hier würde ich mein Studium nicht beginnen. Ich entschied mich kurzerhand für Erlangen. Eine offensichtlich gute Wahl. Denn dort erwartete mich das ganze Gegenteil jener bis zum letzten Knopf ihrer beigen Hemdbluse zugeknöpften Münchner Xanthippe. Herr Fleck. Sein immer korrekter grauer Anzug, dazu die dezente Krawatte, hätten eher darauf schließen lassen, es mit einem kleinlichen, übergenauen Verwaltungsangestellten zu tun zu haben. Weit gefehlt. Herr Fleck war die Seele der Studentenkanzlei, nicht selten auch die Feuerwehr. Denn überall, wo es bei uns Studenten brannte – und das tat es oft – wusste er Rat oder noch besser, drückte er ein Auge zu. In Zukunft erwies er sich als wahrer Wohltäter aller Studenten, vor allem der Säumigen und Schlampigen. Seine Hauptaufgabe schien das Basteln goldener Brücken für Fristverlängerungen zu sein, der Ersatz von verlorenen Unterlagen, überhaupt das Beseitigen aller nur denkbaren lästigen bürokratischen Hindernisse, die „fleißige, strebsame Studenten" tagtäglich an ihrem Fortkommen hindern.

Aber deshalb wirklich Erlangen? Gab es da nicht andere, subtilere Gründe? Der Name der Stadt klang für mich fast wie eine Verheißung. Noch nie war ich dort gewesen. Aber Vaters Großcousin, der einzige bisher Studierte im weiteren Familienkreis, hatte bei seinen Besuchen bei uns zu Hause in schillerndsten Farben von der Erlanger Bergkirchweih geschwärmt. „Da geht die Post ab. Da musst du hin! Ein hübsches Mädchen wie du ...!" In diesen Worten lag das große Versprechen von „endlich raus in die weite Welt, die doch irgendwie auf mich warten musste". Erlangen, das war Ende 1974 eine Stadt von rund 100.000 Einwohnern, deren Behäbigkeit der große Studentenanteil während des Semesterbetriebs zum Leben erweckte. In den monatelangen Ferien hingegen ging es eher beschaulich zu, machte sich beinahe wieder die träge Melange einer hugenottischen Handwerkerstadt von Strumpfwirkern, Hut- und Handschuhmachern und einer ehemals marktgräflichen Residenz breit. Daran änderte auch die stets wachsende Siemens-City zum weltweit größten Standort der AG wenig. Siemensianer, das waren eine eigene menschliche Spezies, von denen man als Studentin sehr bald lernte, dass die irgendwie „bäh", einfach spießig und spaßbefreit waren. Fast schon ein Gesetz: Mit denen vereinbarte man kein Date.

Aber Erlangen – das war für mich das exotische Fremde. Von

Ingolstadt aus, meinem bisherigen Wohnort, hatte der Weg nur immer nach Süden geführt, nie nach Norden. Franken, das war somit in toto terra incognita. Damit bekam die Stadt damals in meiner Fantasie einen ganz besonderen Glanz. Schon die Hinfahrt dorthin hatte etwas Zauberhaftes, Entrücktes. Nichts als dichte Wälder entlang der damals noch zweispurigen Autobahn. Das helle Grün der vielen Pappeln mit ihren weißen Stämmen. Eine freundliche Einladung! Dann Ausfahrt Tennenlohe. Und wieder Wälder. Kilometerlang. Erlangen, das hatte beinahe etwas vom mythischen Avalon. Plötzlich hinter der Biege einer Kurve die ersten Häuser ...

Aber Schluss mit Romantik und Verklärung! Zurück zu meinen durchaus ganz pragmatischen Überlegungen. München, das hätte nämlich auch bedeutet, jeden Tag von und nach Ingolstadt zu fahren. Tagein, tagaus im Personenzug dahinzockeln: Rohrbach, Pfaffenhofen, Allershausen und zurück. Neben mir pendelnde Arbeiter und Angestellte mit speckigen Aktentaschen, darin Brotzeitboxen und Thermosflaschen. Sie konnten sich offensichtlich kein Auto leisten. Irgendwie Loser! Außerdem hätte ich mich eingereiht in das Heer von Studenten, denen die Eltern schon damals kein teures Zimmer in München bezahlen konnten. Wie uncool! Und abends dann wie gewohnt wieder zu Hause, „meine Füße unter Vaters Tisch". Darauf hatte ich nun wirklich keinen Bock.

Dann war da noch Heidi, die Tochter des Schulleiters unseres Gymnasiums. Sie war die Einzige aus meiner Klasse, die nicht in München studierte, sondern in Erlangen. Eigentlich mochte ich sie nicht, dieses flattrige, arrogante Wesen mit der schiefen Nase und ebensolchen Zähnen. Während der Schulzeit hatte ich mit ihr so gut wie nichts zu tun. Ein Mädchen in Twinset und Faltenrock, immer die neueste „Brigitte" und andere Modejournale in der Schultasche. Das war nicht mein Fall. Aber sie gehörte ganz eindeutig zu einer anderen „besseren" Welt, einer, die bislang nicht die meine war. Das spürte ich – nein, das wusste ich. Wir beide aus unserer Abiturklasse also allein in Erlangen! Das bedeutete zwangsläufig von nun an eine auf wenig gegenseitige Sympathie begründete Not- und Fahrgemeinschaft. Denn Heidi hatte ein Auto. Ich wusste, dass es meine Eltern stolz machte, hatte ich so doch schon mal einen Anfang im Zugang zu „besseren Kreisen" gemacht. Wie wenig ich mich da geirrt hatte, erfuhr ich gleich vor Ort. Denn Heidi wohnte nicht in irgendeiner Studentenbude, sondern bei ihrer Großmutter, der Witwe eines Siemensdirektors. Was für eine hochherrschaftliche Villa inmitten eines riesigen Gartens! Hinter dem Burgberg, am Ortseingang von Bubenreuth ... das klang wie nach Schneewittchen hinter den sieben Bergen ... einfach märchenhaft. Eine Villa umgeben von einem Park voller hoch in den azurblauen Himmel ragender Linden, Buchen, Eichen und Tannen. Mein erster Besuch dort im November, einem ausnehmend sonnigen November. Die Luft roch satt nach Herbst. Jeder Schritt auf dem Kiesweg gedämpft vom Rascheln der gefallenen Blätter. Dieses Haus betrat man nicht einfach, sondern bedächtig schritt man die Stufen, gesäumt von einem kunstvoll geschmiedeten eisernen Geländer nach oben zum Eingang. Dann das Treppenhaus! Holzgetäfelt. Violettbraunes edles Palisanderholz mit filigranen blumigen Intarsien. Im ersten Obergeschoss eine Galerie, von der symmetrisch zwei geschwungene Treppen in die großzügige Vorhalle im Parterre führten. Die riesige Küche, Jugendstil-gekachelt, mit einer Freitreppe, auf der man hinaus zu den Rosen- und Lavendelbeeten gelangte, die in einem letzten Aufbäumen ihre üppige Pracht im Sommer erahnen ließen. Und Heidi bewegte sich in all dem so selbstverständlich. Das wollte ich auch. Erlangen schien also eine Verheißung. In vielerlei Hinsicht.

Gefangen im Bermuda-Dreieck

Bei mir sah es zunächst etwas anders aus. Schon der Aufgang zu meiner neuen Bleibe, in einer dusteren Ecke der Toreinfahrt eines früheren Erlanger Handwerksbetriebes, war wenig einladend. Knarzende Stufen, von denen die rostrote Farbe im Laufbereich bis aufs blanke Holz abgeblättert war, führten in den ersten Stock. Chic und hell musste mein zukünftiges Zimmer nicht sein, sondern für meine Eltern vor allem preisgünstig und uninah. Im Studentenwerk lagen Ordner aus, in denen die Vermieter von Zimmern ihre Angebote mit Schreibmaschine getippt oder handschriftlich hinterlegt hatten. Meine Wahl musste innerhalb kürzester Zeit getroffen werden. So landete ich in der riesigen, aber beträchtlich in die Jahre gekommenen Wohnung eines griechischen Schichtarbeiters und seiner Familie, die sich mit Untervermietungen an Studenten ein finanzielles Zubrot verdienten. Für mich sollte es am Ende eines langen Flurs ein dunkles Zimmer sein, dessen Fensterritzen nurmehr durch spärliche Kittreste abgedichtet waren. Nach einem Anruf aus einem Telefonhäuschen war noch für denselben Tag ein Treffen mit Besichtigung vereinbart worden. Schnell wurden sich die Vertragspartner, das griechische Ehepaar und meine Eltern, handelseinig. Es musste auch klappen, war doch für die Zimmersuche sowieso nur dieser einzige Nachmittag vorgesehen. Der Deal war also schnell in die sprichwörtlichen trockenen Tücher zu packen. Meine kreuzbraven Eltern gaben ihr Bestes: Vater mit beiger Strickweste, zwar mit modisch breiter Krawatte, aber sehr dezent gestreift. Und Mutter saß mit glatt gestrichenem Faltenrock, eingekeilt in Bergen von bestickten Zierkissen ganz bescheiden auf der äußersten Sofakante, in ständiger Gefahr auf den Boden abzurutschen. Auch ihr sorgfältig dauergewelltes Haar bewies eindeutig, da wollten anständige Eltern ihre Tochter gut untergebracht wissen. Der Hausherr schien irgendwie eine gewisse Beklommenheit bei mir zu bemerken. Zur Auflockerung erzählte er die Geschichte seines eigenen ersten Tages in der deutschen Fremde, in Erlangen, damals, als er aus Hellas in diese für ihn so unbekannte fränkische Welt kam. Noch ohne seine Familie, völlig allein, sein Hab und Gut in einem Margarinekarton verschnürt. Er hatte damals nicht schlecht gestaunt, als er in der Werkskantine seiner neuen Firma zu einem allerersten Mittagessen mit deftigen fränkischen Blut- und Leberwürsten empfangen wurde. Ja, die Fremde, die ist nicht selten für Überraschungen gut!

So wie bei mir. Keiner, und schon gar nicht meine Eltern, konnte nämlich ahnen, dass die Wohnung der soliden griechischen Gastarbeiterfamilie eine geradezu sensationelle Besonderheit zu bieten hatte. Ich sollte hier quasi in „bester Erstsemesterlage" wohnen. Denn gleich um die Ecke gab es den „Gambrinus" – die damals angesagteste Studentenkneipe schlechthin. Ganz nah in einer Nebenstraße der „Wein-Büttner", wo ich bald im schummrigen Licht der mit Plastikweinlaub umrankten Riesenfässer meine ersten fränkischen Beerenweine verkosten sollte. Es fühlte sich dort an wie in Mutters Schoß und der Wein tat sein Übriges für dieses wohlige Gefühl. Alkoholisch noch völlig ungeübt, schaffte ich es nach zwei trügerisch nach süßen Kirschen oder Johannisbeeren schmeckenden Schoppen meist nur schweren Schrittes gerade noch über die Straße in mein Bett. Das Tollste aber war, dass da schräg gegenüber der ehemaligen hugenottischen Grande Rue, vulgo Hauptstraße, der „Zirkel" lag. Die beste Disco weit und breit – und bis morgens um vier geöffnet. Völlig schuldlos hatte ich mich also in einer Art Bermuda-Dreieck verfangen, das zeitweise das Zeug hatte, meine studentische Laufbahn ins Trudeln zu bringen. Aber wer konnte schon ahnen, dass meine triste Studentenbude ein solch unerwartetes Funpotential haben sollte.

Dieses wahrhaft dunkle Loch mit einer kleinen fensterlosen Kammer im Nachgang, die in Zukunft meine Küche sein sollte. Mit einem Unterschrank, einer einzigen elektrischen Herdplatte und einer kleinen Kaffeemaschine als Erstausstattung, alles beleuchtet von einer jämmerlichen Glühbirne, die einsam von der Decke baumelte. Leidlich aufmöbeln konnte man diese Düsternis, da zum Glück gerade einige Wochen zuvor im Oktober 1974 der erste IKEA in Deutschland eröffnet hatte. Endlich hatten Schleiflack, Eichenfurnier in Form ausrangierter elterlicher Nachtkästchen und Beistelltische ausgedient. Stylisch schicke, dazu variable Möbel und peppige Stoffe gab es nun zum Spotpreis. Davon konnte ich mir vom Restgeld meines letzten Ferienjobs durchaus einiges leisten. Für die Heizmöglichkeiten in meiner Bleibe boten sich leider keine modischen Lösungen. Unverrückbar stand da ein beigebraunes Ungeheuer mit Rohr und Wandmuffe. Ein Ölofen. Für dessen Befeuerung verkauften mir meine Vermieter kannenweise diese zähflüssige Soße, die bei uns zu Hause schon längst aus einem Kellertank zentral die einzelnen Zimmer beheizte. Beim Befüllen dieses Ofenmonsters war absolute Treffsicherheit mit dem Rüssel der Ölkanne erforderlich. Nur ein Tropfen daneben und in meinem Zimmer stank es den ganzen Tag wie auf einer Tankstelle, im schlechtesten Fall ich selbst wie ein Tankwart. Bad und Toilette, am ganz anderen Ende der Wohnung, waren gemeinschaftlich zu nutzen. Bei jedem meiner Schritte knarzten und ächzten die alten durchgebogenen Bretter des Holzbodens. Selbst der Versuch auf Zehenspitzen zu gehen, änderte daran nichts. Dazu noch meine Tapser beim Heimkommen früh um vier! Morgens wurden die Mienen aller meiner griechischen Mitbewohner von mal zu mal grimmiger. Die Hausfrau wieselte auf ihren krummen Beinen geschäftig durch die Räume. Bei jedem ihrer Schritte wackelten die leicht schmuddeligen Fellpüschel auf ihren ausgelatschten Hauspantoffeln. Eifrig klapperte sie mit Tellern und Tassen, tat so, als sähe sie mich nicht. Ihre schmalen Lippen hatte sie zusammengepresst, so als befürchte sie, dass ihr doch noch eine Antwort auf mein „Guten Morgen" rausrutschte. Ich hatte durch mein liederliches Nachtleben den Schlaf des Broterwerbers der Familie gestört, und der Morgen war somit für meine Vermieter alles andere als gut! Der werktätige Hausherr würdigte mich schon längst keines Blickes mehr. Das Ganze war aber noch steigerungsfähig. Als besonders verhängnisvoll sollte sich bald der gemeinsame Wohnungseingang und vor allem die gemeinschaftliche Klingel erweisen. Denn nach nur wenigen Wochen hatte sich meine anfängliche studentische Einsamkeit in Luft aufgelöst. Es klingelte häufig an der Wohnungstür. Und zwar für mich. Meist gerade dann, wenn mein nachtarbeitender Vermieter sich tagsüber noch eine Mütze voll Schlaf vor der nächsten Nachtschicht gönnen wollte. Die Stimmung in dieser Zwangswohngemeinschaft sollte innerhalb kürzester Zeit nun ganz auf den Nullpunkt sinken. Mein Image war bald das eines „lockeren Flittchens", bekam ich doch aus unerfindlichen Gründen ständig Herrenbesuch. Hinzu kam, dass ich quasi eine eigene Concierge beschäftigte. Die undankbare Aufgabe, meine Besucher durch den langen Hausflur bis zu meiner Kammer zu eskortieren, hatte die pummelige, pausbackige Tochter des Hauses. Vorbei an Buffets voller stilisierter bonbonfarbener Nymphengrotten aus Plastik, ebensolcher Statuetten und Vasen, die von der heroischen Vergangenheit der griechischen Heimat zeugten, hatte sie oft recht gut aussehende Studenten im Schlepptau. Das ließ die Arme vor Verlegenheit jedes Mal rot anlaufen. Schon am sich nähernden schrappenden Geräusch ihrer aneinander scheuernden dicken Oberschenkel hörte ich, dass es gleich bei mir klopfen würde. Danach ein entnervtes „Besuch!" Und wieder war mein Ruf ein weiteres Stück ruiniert. Die brave Tochter des Hauses wackelte wieder davon. Irgendwie tat sie mir leid.

Was tun?

Soweit mein Wohnumfeld. Nebenbei war ich jetzt auch in meinen studentischen Belangen, wenn auch mit quietschenden Reifen, zu Potte gekommen. Endlich standen da amtlich verbindlich in meinem grünen, noch jungfräulichen Studienbuch die Fächer Französisch und evangelische Theologie. Von jenem freundlichen Herrn Fleck per Stempel beglaubigt. Brav die Gebühr bezahlt. Lehramt an Gymnasien das angestrebte Studienziel. Mit Staatsexamen. Nicht wirklich prickelnd. Gerade der Garotte des täglichen Schulalltags entkommen, würde die mich in fünf bis sechs Jahren wieder einholen. Aber kommt Zeit, kommt Rat, dachte ich optimistisch. Das Menetekel einer spießigen Lehrerexistenz wollte ich vorerst nicht an mich heranlassen.
Überhaupt hatte mich die Entscheidung für einen ganz konkre-

ten Beruf schon von Kindesbeinen an geplagt. Geglaubt hatte ich, dass sich das irgendwann irgendwie von selbst lösen müsste. Eines Tages würde doch ganz sicher jeder Mensch seine wahre Berufung spüren. Im tiefsten Inneren würde mir eine Stimme gewiss zur rechten Zeit Bescheid geben. Ich horchte immer mal wieder testweise so in mich hinein, kriegte aber das Gefühl nicht los, dass sich seit meiner Kindheit nicht wirklich was geändert hatte. Beredtes Zeugnis davon sollte bald mein Studienbuch ablegen. Das war ein Hin und Her: Französisch, Spanisch, Kunstgeschichte, alte und neuere Geschichte, Germanistik, Philosophie ... Wo hinein sich eben so schnuppern ließ mit meinem jämmerlichen Abi Durchschnitt von 3,2. Denn in strengen Numerus-clausus-Zeiten waren für mich mit meiner flatterhaften Neugier (zum Glück?) einige Türen der Alma Mater mit dicken Brettern vernagelt.

Was tun? Diese programmatische Frage Lenins, die ich in meiner bald kommenden „roten Phase" diskutieren musste, hatte zu Studienbeginn für mich eine ganz andere Bedeutung. Ich war zwanzig Jahre, war aber gefühlt noch keinen Schritt weiter von dem kleinen Mädchen von einst entfernt, das jede Menge Berufswünsche auf Lager hatte: Sängerin, Tänzerin, und Schneiderin zum Beispiel. Aber was war das Richtige für mich? Meine größte Sorge war dabei, wozu ich denn überhaupt taugte. Jetzt, als Erwachsene, als Studentin, musste ich mir solche Flausen entschieden aus dem Kopf schlagen. Von nun an war klar, es würde um meine akademischen Fähigkeiten gehen. Die würden sich allein über den steinigen Weg von Examina und Seminararbeiten erweisen. Und das, worin man gute Leistungen brachte, das musste doch etwas mit einer Art schicksalhafter Bestimmung zu tun haben.

Meine Selbsttests in der Kindheit muteten im Nachhinein im Gegensatz dazu doch etwas dilettantisch an und waren ganz sicher nicht besonders aussagekräftig. Eine gewisse Kreativität meinerseits in puncto Testverfahren ist aber nicht ganz von der Hand zu weisen. Das mit der Sängerin etwa hatte ich ganz praktisch überprüft. Irgendwann hatten sich meine Eltern einen Schallplattenspieler zugelegt, dazu eine Platte mit Mozart-Arien. Die hörte ich in Endlosschleife, bis ich Melodie und Text intus hatte. Aber ob ich laut genug singen konnte, dass mich jeder in einem Konzertsaal oder auf allen Rängen eines Opernhauses hören konnte, das bekümmerte mich sehr. Leider sollten sich in meinem späteren Leben die meisten Leute darüber beschweren, dass ich ihnen zu laut redete oder beim Singen im Chor die anderen übertönte! Aber Selbst- und Fremdwahrnehmung sind bekanntlich zwei verschiedene Paar Stiefel. Jedenfalls musste irgendwie getestet werden, ob dieses Berufsziel stimmlich praktikabel war. Der Balkon unserer Wohnung blickte direkt auf das Pfarrhaus unserer Gemeinde. Nun hatte der Pfarrer samstagnachmittags immer die Angewohnheit, im Garten seine Predigt einzustudieren. Vor sich hin deklamierend, die Bibel in der Hand, schritt er dabei auf und ab. Beste Gelegenheit für mich, um loszulegen. Die Entfernung zwischen unserem Balkon und dem Pfarrgarten musste ungefähr eine Konzertsaallänge betragen. Ich schmetterte los: „Sagt holde Frauen, die ihr sie kennt, sagt ist es Liebe, was hier so brennt …" Und ich war erfolgreich! Der Pfarrer ließ die Bibel sinken und schaute sich um. Eindeutig: Er hörte mich. Also das mit der Opernsängerin hätte klappen können. Keine Ahnung, warum ich dieses Berufsziel nie weiter verfolgt habe?!

Das mit der Balletttänzerin sollte sich schnell von selbst erledigen. Beste Voraussetzungen hatte ich zwar in puncto Tutu. In Vaters Schaufenster wurden die Plakate mit den modernsten Frisuren von blauen oder weißen Tüllschleiern umflort. Wenn die löchrig oder angestaubt waren, durfte ich sie haben. In Falten gelegt und in den Gummibund der Strumpfhose gestopft, stimmte schon mal mein Outfit. Das Tanzen auf den Spitzen musste ich jedoch recht schnell wieder aufgeben, weil meine großen Zehen sich bald durch meine Hausschuhe bohrten. Zum Glück rechnete Mutter diesen Schuhschaden meinen für sie beängstigend wachsenden Füßen zu. Aber das Ganze wurde mir zu brenzlig, denn mutwillig durchbohrte Schuhe, das hätte Prügel bedeutet. Außerdem taten mir nach meinen berufspraktischen Übungen immer die Füße so weh. Also das war nix!

Auch das mit der Schneiderin sollte nicht mein Ding werden. In einem Ingolstädter Stoffgeschäft wurden immer wieder alte Musterbücher ausrangiert. Was für ein Glück, wenn man ein solches geschenkt bekam! Das Herz ging einem über: Stoffe in allen Farben, mit wunderschönen Blumenmustern, manche sogar mit Goldfäden durchwirkt. Was ließ sich daraus nicht alles nähen! Und ich hatte eine Kindernähmaschine, die richtige Steppstiche machte; allerdings nur dann, wenn man das Handrädchen langsam und gleichmäßig drehte. Das war der Haken an der Sache. Langsam und gleichmäßig, das wollte mir nur selten glücken. Daher verfitzten Ober- und Spulfaden immer in unentwirrbaren Knäueln. Das war also auch nichts für mich.

Hinzu kam, dass sich meine Eltern lange Zeit nicht einigen konnten, ob ich überhaupt studieren sollte. Pikanterweise stritten sie darüber, bevor ich überhaupt zur Schule ging. Aber da mein Vater und meine Mutter gern irgendeinen Anlass hatten, um sich in die Wolle zu kriegen, taugte dieses Thema als Dauerzankapfel. Vater plädierte von Anfang an für ein Studium, denn er wollte, dass endlich auch ein Familienmitglied in der Akademikerliga mitspielte. Mutter hingegen fand das völlig übertrieben. Für ein Mädchen genügte Realschule. Ja, einen Beruf, den brauchte auch eine Frau. Aber es sollte etwas Solides, Handfestes sein: Schreibmaschine, Stenografie, Buchführung und nicht irgendwelche akademische Wolkenkuckucksheime.

Im Vorfeld war immer wieder auch die pragmatisch vernünftige Meinung der Kunden in Vaters Geschäft auf mich niedergeprasselt, die sie ungefragt in Endlosschleife an mich herantrugen. Ein so schönes großes Friseurgeschäft wie das von Vater! Acht Angestellte! Was für ein Unsinn, das nicht in der nächsten Generation weiterzuführen!

Später dann, mit siebzehn Jahren, war ich kurz im Begriff, alle Pläne in mir und um mich über den Haufen zu werfen. Im

Theater meiner Schule war ich der absolute Shootingstar, bekam für all meine Auftritte tosenden Applaus. Sogar der Schulleiter kam auf mich zu und riet mir dringend, mich für den Beruf der Schauspielerin zu entscheiden. Meine Begabung sei so offensichtlich. Na, dann! Ich bestellte mir die Bewerbungsunterlagen der Otto-Falckenberg-Schauspielschule aus München und übte von da an den Monolog des wahnsinnigen Gretchens im Kerker aus Goethes Faust I., anstatt mich mit Cosinus (Mathe) und Asinus (Latein) weiter zu beschäftigen. Allein, mich verließ der Mut. Eine künstlerische Existenz, vermutlich oft finanziell im freien Fall, von Engagement zu Engagement hechelnd ... Das wagte ich nicht. „Des Friseurmeisters Töchterlein" wollte, ja brauchte Sicherheit. Eine Stelle als Beamtin vielleicht dann doch eher ...?

Mit dieser Vorgeschichte war ich also, nachdem ich all die fiesen mathematisch-naturwissenschaftlichen und auch anderen Klippen während meiner Gymnasialzeit einigermaßen heil umschifft hatte, mit der allgemeinen Hochschulreife auf ein Studium zugestolpert.

Meine religiöse DNA

Komischerweise sollte ich jedoch trotz aller Kurven- und Wellenbewegungen ein Fach vom ersten Semester an bis zu beiden Staatsexamina durchgehend studieren: Theologie!

Warum denn das? Zugegeben, bei einem hübschen und lebendigen Mädchen wie mir, so offensichtlich mit beiden Beinen mitten im Leben – also in der Disco und der Kneipe – ohne Christuskreuz um den Hals ... So ein Studium war schon etwas Exotisches, mit dem ich mein Gegenüber fast immer in Erstaunen versetzte. Ich wurde mit einem Mal für andere interessant, ungewöhnlich ... Vor allem für junge Männer bot ich damit eine Steilvorlage, um über die Frage „Was? DU studierst Theologie?" mit mir intensiver ins Gespräch zu kommen.

Aber auch ganz pragmatisch fachlich gedacht: Reli war in der

Schule mein bestes Fach gewesen. Da hatte ich die Eins! An der Belastbarkeit dieser Note hatte ich allerdings so meine Zweifel. Aber wie einst im Reliunterricht reden, mitunter auch betroffen zuhören, das konnte ich schon irgendwie. Außerdem wäre es vermutlich nicht schlecht – bekanntlich ist das Leben endlich – doch irgendeine Gewissheit in Sachen Ewigkeit fachlich kompetent abzurufen. Und prinzipiell auszuschließen war es ja nicht: Mit einem solchen Studium ließen sich im Fall der Fälle vielleicht auch ein paar himmlische Bonuspunkte sammeln. Ganz nebenbei würde man aus erster Hand erfahren, was es mit diesem Jesus und dem (lieben?) Gott nun wirklich auf sich hatte.

Aber auch hier liegen die Gründe wohl tiefer. Wie man in früheren Zeiten, sofern man die Möglichkeit hatte und natürlich katholisch war, eine Tochter ins Kloster steckte, war ich von klein auf bei uns zu Hause irgendwie für die himmlischen Angelegenheiten zuständig. Meine Eltern sahen die Kirche nur zu Weihnachten von innen, oder wenn jemand aus der Verwandtschaft gestorben war. Dann drückten sie sich tief betroffen in die harten Kirchenbänke, fühlten sich bemüßigt, sich wenigstens kurzzeitig selbst um ihr Seelenheil zu kümmern. Jenseits punktueller Seinskrisen brummte man jedoch mir allein von Kindesbeinen an die himmlische Kontaktpflege auf. Vater und Mutter waren stramme Lutheraner, wobei sie nicht so genau wussten, was das bedeutete. Zumindest sollte das bald ein wesentlicher Erkenntnisgewinn meines neuen Theologiestudiums werden. Aber sie stammten nun mal aus Luthers Heimat. Und wie im mittelalterlichen Reliquienglauben bedeutete die räumliche Nähe zum Reformator eine automatische Teilhabe an seiner postmortalen Wirkung. Dennoch, so ganz trauten meine Eltern dieser auf sie abstrahlenden Aura dann wohl doch nicht. Denn als in der Grundschule für den sonntäglichen Kindergottesdienst geworben wurde ... Wer musste von da an jedem Sonntag in die Kirche schlappen? Natürlich ich! „Ein bisschen Religion im Leib kann dir nicht schaden!", so der Kommentar meiner

Eltern. Ausstaffiert mit einem roten Ballonhut, auf dessen Zier-
litze Marienkäfer klebten, darunter ein praktisch hässlicher Bu-
bikopf bzw. Topfschnitt. Im rotkarierten Mantel kam ich selbst
wie ein seltsames Insekt daher. Dass ich damit außerordentlich
doof ausgesehen haben muss, bekam ich von den anderen Kindern zu hören. Froh war ich, wenn es regnete und mir keiner von
meinen Kumpeln auf meinem Kirchgang mit seinem Spott auf-
lauerte. Aber bekanntlich kann ein frühes Martyrium durchaus
stählen. Besonders erfreut waren meine Eltern, als ich mich mit
Britta, der ältesten Tochter unseres Gemeindepfarrers, anfreun-
dete. Ich durfte bei „Basters" (beim Pastor) ein und aus gehen,
dort sogar übernachten. Ob all das meinen Eltern tatsächlich
in Glaubensangelegenheiten einen Nutzen gebracht hat, wage
ich zu bezweifeln. Aber der Herr Pfarrer kam von da an in
Vaters Friseursalon zum Haare schneiden und ließ unsere Kasse
klingeln.

Mir hingegen gefiel's bei „Basters". Eine weltoffene Atmosphäre schien da zu herrschen, wenn auch die sehr blasse, meist
wie ein ätherischer Engel durch die Räume schwebende Frau
Pfarrer äußerst zart besaitet war. An vielen Nachmittagen zog
sie sich entnervt vom Kinderlärm mit Migräne in ihr Zimmer
zurück. Besonders gerne scheuchte sie eine willfährige Zugeh-
frau – wahrscheinlich auch die auf himmlischen Zusatzbenefit
hoffend – durch die Gegend. Aber die weiten hellen Räume im
Pfarrhaus, die vielen Bücher, das Klavier … Irgendwie hatte ich
die Vorstellung in mein junges Erwachsenenalter herübergerettet, dass mir ein Theologiestudium diesen Nimbus eines gewissen Bildungsbürgertums automatisch in mein Leben spülen
würde.

Hinein ins Theologiestudium

So fand ich mich
also an einem Novembernachmittag des Jahres 1974 im
Seminargebäude der evangelischen Theologie in der Erlanger Koch-
straße ein. Zunächst mit klopfendem Herzen. Bald aber wich die

Beklemmung. Hier betrat man ganz offensichtlich einen Hort der Geborgenheit, denn mit vielen anderen fremdelnden Erstsemestern wurde man erstmal mit Kaffee und Kuchen freundlich begrüßt. Beschnuppern sollte man sich, miteinander ins Gespräch kommen. Neugierig schaute ich mich um. Mit wem ich da alles in Zukunft Theologie studieren wollte, sollte ...! Mit blond gelockten, bärtigen jungen Männern, Jesussandalen und grobe Wollsocken an den Füßen, mit jungen Frauen, unübersehbar ein goldenes Kreuz um den Hals (meines – ein Geschenk zu meiner Konfirmation – hatte ich in meiner Nachlässigkeit zwischenzeitlich verloren), andere im dezenten Faltenrock und mit braunen Schnürschuhen. Dazu afrogelockte Hippiemädchen in wallenden Gewändern, die irgendwie an Statisten aus dem Musical „Hair" erinnerten, oder junge Männer, nein Buben, aknegezeichnet in Dauerpubertät verharrend ... Diese Spezies war hier besonders häufig anzutreffen, waren die doch damals als friedliebende Christen vom Wehrdienst befreit und somit beträchtlich jünger als andere Erstsemester. Im Umkehrschluss konnte man natürlich auch mutmaßen: Entzog sich da nicht mancher durch ein frommes Studium dem Dienst an der Waffe, ohne die etwas aufwendigere Flucht in die Verweigerer-Enklave West-Berlin? In jedem Fall: Was für eine bizarre Mischung! Und da war noch sie! Mia! Wow! Mit einem schneeweißen bodenlangen Mantel aus dem Fell irgendeiner Zottelziege, lässig die Basttasche über der Schulter, in der sie das studentische Handwerkszeug beförderte oder auch nicht. Ganz sicher war da ein großes Schminktäschchen drin, denn die Dame mit dem schönen indianischen Profil hatte sich mit viel Farbe sorgfältig dunkel verschattete Augen und einen knallroten Mund ins Gesicht gemalt. Dazu ihr hennagefärbtes leuchtend kupferfarbenes langes Haar. Mia konnte man nicht übersehen.

Für all diese Erstsemesterstudenten fand also der theologische Schnuppernachmittag statt. Das mit dem Schnuppern wurde leider sehr konkret und nahm olfaktorisch recht bedenkliche Formen an. Denn nach den ersten unverbindlichen Plaudereien standen jetzt die neuesten gruppendynamischen Übungen auf dem Programm. Ich glaube, die waren frisch aus den USA von irgendeiner Jesus-Bewegung importiert. „Der Herr trägt dich. Also vertraue ihm und auch deinem Nächsten!" So ähnlich muss das Motto gelautet haben. Unsere erste theologische Bewährungsprobe bestand also darin, einander zu vertrauen. Denn ganz klar, bevor das mit Gott laufen konnte – so wurde es vermittelt – mussten wir das erstmal gegenseitig an uns austesten! Aber wer war hier und heute mein Nächster? Der Himmel meinte es wenig gnädig mit mir. Denn am allernächsten stand mir – was sonst? – ein streng schweißelnder junger Mann-im-Werden. Das fing ja gut an! Ne, Leute! Sowas geht nicht! Nicht mit mir! Ich weigerte mich standhaft, weiter bei diesen Selbsterfahrungsübungen mitzumachen. Ganz offensichtlich, obwohl des Griechischen noch nicht mächtig, gelang mir das mit dem Gnothi seauton, erkenne dich selbst, auch schon damals ohne diese bescheuerten Fallübungen. Dazu brauchte ich nicht so einen spittrigen Jungen mit schweißnassen Händen, denen ich ganz sicher entgleiten würde, um krachend auf dem Boden zu landen. Stirnrunzelnd hatte man meine Renitenz an übergeordneter Stelle wohl bemerkt, ja registriert.

Soweit die Praxis. Die ersten Begegnungen mit der Theorie gab es gleich in der kommenden Stunde unter dem Titel „Einführung in eine theologische Konzeption der Gegenwart". Statt Vorgeplänkel oder so ähnlich hieß das Ganze jetzt „Prolegomena". Lesen sollten wir irgendeine Broschüre des Münchner Systematikers Wolfhart Pannenberg, der später Furore als erzkonservativer evangelischer Theologe mit seiner biblisch fundierten Ablehnung von Homosexualität machen sollte. Aber was heute vieldiskutiert unter „Queer" läuft, war in den siebziger Jahren nicht ansatzweise ein Thema. Denn damals musste erstmal die Stellung der Frau gefestigt werden. Wir lasen u. a. Schriften wie „Was ist der Mensch?" und freuten uns, dass auch wir „Rippen Adams" damit gemeint waren. Als Lektürebeigabe gleich ein Bündel kopierter Aufsätze voller tiefschürfender theologischer

Gedanken. Mit dem Verständnis der Modalverben „können", „sollen", „müssen" hatte ich als neugebackene Studentin allerdings so meine anfänglichen Schwierigkeiten. Ausgeteilt hatte das ganze Textkonvolut ein äußerst freundlicher junger Dozent. Wie schön! Hier schien er mir wieder entgegenzuwehen, der so freie Geist eines protestantischen Pfarrhauses. Dieser Dozent war die perfekte Verkörperung meiner Wunschprojektion: schick lässiger, beiger Cordanzug, Vollbart, Pfeifenraucher, sanfte, sonore Stimme, seine Lippen stets umspielt von einem wohlwollenden Lächeln – für mich zu diesem Zeitpunkt allerdings politisch viel zu weit links. Er war bekennender Juso ... Zumindest – das ein Vorteil seiner Gesinnung – schien er nicht den geringsten Druck auszuüben. Seine Arbeitsanweisung zu den verteilten Texten: „Bis zum nächsten Mal ‚können' Sie das lesen ..., wäre es schön, wenn Sie das gelesen hätten ..." Echt nett von ihm! Da war sie also endlich, jene viel gepriesene akademische Freiheit. Und die meine bestand eben im selbstbestimmten Nichtlesen. Was mir allerdings schlecht bekommen sollte. Denn als komplette tabula rasa fiel ich in der nächsten Stunde jetzt auch in der Theorie unangenehm auf. Der freundlich leutselige Gesichtsausdruck des Dozenten verschwand schlagartig. Ich war enttarnt. Als Faule (schon wieder als eine Art „Zipfelhau'm"?), schlimmer noch, als an tiefschürfenden theologischen, ja menschlichen Fragen Uninteressierte. Einfach eine Ungläubige, die sich ins Theologiestudium geschlichen hatte! Das mit meinem angepeilten Seelenheil war damit erst einmal ganz klar in weite Ferne gerückt, war doch dieses Studium ganz offensichtlich mit unerwarteten Stolpersteinen versehen.

Wie machten das nur die anderen? Meine Kommilitonen? Etliche von ihnen waren Pfarrers-, ja Professorenkinder! Die hatten den rechten Glauben quasi schon von klein auf tagtäglich in ihrer Vesperbox in den Kindergarten mitgeschleppt. Da gab es etwa die kleine verhuschte Tabea mit aschblondem Zopf und strahlend blauen Knopfaugen, eine Professorentochter, die aber schon bald den Herrn Papa enttäuschen sollte. Nicht lange und sie kehrte der Theologie den Rücken und wurde mit ihrem ziegenbärtigen Freund Roland Gärtnerin. Aber Theologen hatten bekanntlich eine ganze Schar von Kindern, so dass ein einzelnes schwarzes Schaf im Verbund der frommen Familie verkraftet werden konnte. Und dann gab es jene Claudia, die mich tierisch nervte. Eine laut akzentuiert sprechende Fränkin, deren Zunge sich, wie nicht anders zu erwarten, ständig mit „t" und „d" und „p" und „b" verhedderte. Daran gewöhnte ich mich schnell, woran ich mich allerdings nicht gewöhnte, waren Claudias Plastikclips an den Ohren, vorzugsweise in der Variante pfefferminzweiß. Für mich brachte sie damit irgendwie das Flair einer Tupperware Party in den Seminarraum. Wie engagiert die – auch sie Pfarrerstochter – immer diskutierte, wie glasklar die Sache mit Gott und der Welt für die war ... Irgendwie beneidenswert. Aber wollte ich sein wie die? Nein. Lieber nicht! Allerdings sollte Claudia es im Gegensatz zu mir weit bringen – also kirchlich gesehen, wenn sie auch später in exponierter Stellung etliche fromme Millionen im Nirwana von Aktienmärkten versenkte. Aber bis heute beweisen ihre Fotos im Internet: Sie ist sich irgendwie treu geblieben. Nach wie vor liebt sie Clips an den Ohren, wenn auch jetzt in echt Gold.

Einer, der bestimmt noch bis weit ins vierte Semester spätpubertierte, sollte ihr Mann werden. Klaus hieß er. Ihn gab es damals mindestens im Zweierpack oder auch mit größerer Entourage. Meist hatte Klaus Silvio im Schlepptau, die exotische Ausgabe eines lutherisch-protestantischen Italieners. Keine Ahnung, wie die Lehre des cholerisch grobianischen Mansfelder Bergarbeitersohnes Martin Luther jemanden von südländischer Leichtigkeit wie Silvio für sich gewinnen konnte. Aber er studierte nun mal erstaunlicherweise durchaus ernsthaft evangelische Theologie. Klaus hatte aber auch noch andere Gleichgesinnte im Schlepptau, ja konnte auf einen regelrechten bajuwarisch-grobschlächtigen Fanclub blicken. Der ultimative Gag dieser Clique – allerdings fanden das nur jene jungen Männer zum Brüllen – war ihr oberbayerisches Outfit. Was für eine tollkühne Provokation mitten in Franken! In jede Vorlesung kamen sie, auch im Winter, mit kurzen Lederhosen und wollenen Kniestrümpfen. Umständlich kramten sie vor aller Augen riesige rotweiß karierte Schnupftücher aus ihren Hosentaschen, zogen sich eine ordentliche Prise Schmalzler in die Nasenlöcher, dessen schmieriges Braun ihnen oft unappetitlich stundenlang im Bartpflaum hing. Bis zum Erscheinen des Dozenten rotzten sie lautstark durch die Gegend. Das scheint sich im Laufe der Jahre Gottlob gelegt zu haben, denn andernfalls hätte dieser Klaus nicht genau wie seine spätere Gattin in der Kirche eine beeindruckende Karriere hinlegen können. Nachträglich muss man auch entschuldigend anmerken, welche Nische, um irgendwie aufzufallen, war dem armen Kerl als Student denn geblieben? Mit seinem Spitzmausgesicht. Dazu von spittriger Statur, das undefinierbar braune Haar trauriglatt in der Ausführung Schnittlauchlocke, mit ausgeprägter Tendenz zur Buttermütze, also fetttriefenden Strähnen ...

Die wandelnde Versuchung

Aber es gab sie eben auch, jene ganz anderen Kommilitonen. Hier fiel eben vor allem SIE auf. Jene Frau mit dem Zottelziegen-Mantel. Eigentlich sah sie aus, als habe sie der Herr-sei-bei-uns persönlich geschickt, als habe sie den teuflischen Auftrag, die Toleranz und Weltoffenheit der ganzen theologischen Fakultät auf die Probe zu stellen. Dieses Geschäft betrieb jene Mia in Zukunft vom ersten Tag ihres Studiums an äußerst intensiv. Denn schon bald hatte sie, keine Ahnung wie, einen Job als studentische Hilfskraft in der alttestamentlichen Bibliothek ergattert. Dort sorgte sie wahrhaft für Furore, lud die Atmosphäre der heiligen Hallen geradezu elektrisch auf. Mit durchsichtiger Bluse, einem goldenen Schuppengürtel, der sich wie die Schlange aus dem Garten Eden um ihre schlanke Taille wand, erzeugte sie regelmäßig Schweißausbrüche bei männlichen Kommilitonen und Dozenten. Schon das metallische Klackern ihrer Highheels auf dem frisch gebohnerten Linoleum machte manch einen nervös. Doch tapfer tolerierte man ihre Auftritte. Schließlich, so steht es zumindest in der Bibel, war auch Jesus in puncto Sünderin sehr aufgeschlossen. Außerdem konnte man an Mia bestens die Versuchung wider die Sünde einüben. Mancher fühlte sich wahrscheinlich heimgesucht wie der heilige Antonius, der sich in der Wüste aller nur denkbaren Dämonen, Teufel und Lüste erwehren musste. Kurzum: Mias Erscheinen konnte man auch anders als diabolisch sehen; vielleicht eher als eine von Gott geschickte Bewährungsprobe im Hier und Jetzt – und die galt es eben zu bestehen.

Ich bewunderte Mia. Wie sich herausstellte, war sie sogar schon verheiratet. Mit einem supercoolen Typen. Einem, dessen Gesicht völlig in einem dunklen Gewirr von Haaren und Bart versank. Manchmal wartete er, eine Gauloise zwischen den braungerauchten Fingern, um Mia nach einer Vorlesung abzuholen. Er war ihr Englischlehrer am Gymnasium gewesen. Und wie aufregend! Mit sechzehn Jahren war sie, die Tochter eines Eisenbahners, von zu Hause ausgebüchst und hatte ihren Robert nach einer abenteuerlichen Flucht heimlich im schottischen Gretna Green geheiratet. Erstaunlich: Ihr Lehrerehemann hatte damals völlig unbehelligt seinen Job behalten. Denn eigentlich gab es nichts zu deuten: Mia war mit ihren damals gerade mal sechzehn Jahren alles andere als volljährig. Und die Lovestory hatte ziemlich sicher schon einen längeren Vorlauf. Ein Fall für den Jugendschutz? Heutzutage, wo sich das Netz moralischer Restriktionen manchmal beängstigend zusammenzieht, ganz sicher schon. Genau genommen galt Jugendschutz aber schon immer. Nur damals in den Siebzigern hat man in sogenannt progressiven Kreisen solche Regeln als bürgerlich spießigen Ballast gerne mal über Bord geworfen. Hatte nicht schon der gute alte Freud, der Vater der Psychoanalyse, Jahrzehnte zuvor Kindern höchst wissenschaftlich eine lustvolle Sexualität bescheinigt? Schließlich war jeder Junge beseelt von der Vorstellung, dereinst seinen Vater vom Thron zu stoßen und seine Mutter zu heiraten. Und kleine Mädchen liebten nun mal den Herrn Papa. Deshalb war es nur ein kleiner Schritt, dass die fortschrittlichen Kräfte der Gesellschaft – später wurde diese Position von den 1980 gegründeten Grünen übernommen – für das kindliche Recht auf Sex eintraten. Was Kinder im Allgemeinen betraf, mag da mancher noch zurückgezuckt sein, aber junge Mädchen? Warum nicht?! Zumindest zwischen ihnen und erwachsenen Männern müsse Sex endlich möglich sein. Nichts anderes als eine spießig bürgerliche Moral sprach dagegen. Böse könnte man vielleicht anmerken, dass man damals ein Schlupfloch witterte, um der Pädophilie, dem Umgang mit knackig festem Frischfleisch, Tür und Tor zu öffnen. In der Praxis waren Schulen quasi ein unerschöpflicher Markt der Möglichkeiten für liberale, unverklemmte Lehrer. So hüpften damals viele Pädagogen mit ihren weiblichen Fans auf Klassenfahrten gerne in die Kiste. Jeder wusste das. Auswahl genug hatten die Pädagogen ja. Vor allem in den damals oft noch reinen Mädchenschulen saßen sie quasi an der Quelle. Und mal ehrlich, wer war nicht schon mal in einen Lehrer verknallt?!

Mias Schule scheint in dieser Hinsicht geradezu Avantgarde gewesen zu sein. Mit einem eingeweihten Kreis locker aufgeschlossener Lehrer organisierte man in einer konzertierten Aktion, und das sogar mit Hilfe des Schulleiters, Mias heimliche Heirat und den dazu erforderlichen Schulwechsel. Irgendwie hatte man nämlich schon auf dem Schirm, dass die Angelegenheit schulrechtlich und in puncto Jugendschutz mehr als bedenklich war. Deshalb brauchte das Ganze schnell das Mäntelchen bürgerlicher Legalität. Für Mia war also zwingend ein Schulwechsel angesagt. Am besten sofort. Die Schulummeldung einer Minderjährigen konnte aber nur der Erziehungsberechtigte in die Wege leiten. In noch echt patriarchalen Zeiten war das eindeutig der Vater. Mias weiche Mutter wäre in dieser Angelegenheit in Nullkommanix platt zu machen gewesen. Aber der Vater?! Der musste irgendwie zum Mitspielen gebracht werden, ohne dass er den Braten roch. Völlig ahnungslos wurde der eines

Tages dringend in die Sprechstunde gebeten. Seine Tochter Mia sei Opfer übelster Mobbingattacken ihrer Mitschülerinnen, unterbreitete unisono eine ungewöhnlich große Lehrerrunde samt Schulleiter dem armen Mann. Unbedingt müsse er zeitnah zum Wohle seines Kindes einen Schulwechsel in die Wege leiten. Mehrere Pädagogen redeten gleichzeitig mit sorgenvoller Miene auf den armen Mann ein, der gar nicht wusste, wie ihm geschah. Dem altsozialistischen Eisenbahner, einem sturen noch dazu, konnte man das Ganze aber nicht so einfach verklickern. Denn irgendwie ahnte er, dass da was im Busch war. Aber was? Selbst in seinen kühnsten Träumen hätte er sich die Realität nicht denken können. Aber seine Tochter und Mobbing? Mia hatte sich bislang daheim nicht mit einem Muckser darüber beklagt. Nach den Sommerferien sollte Mias Vater jedoch schlauer sein, nämlich als seine Tochter nach sechs Wochen Abwesenheit wieder auftauchte. Der Mutter daheim hatte Mia spärliche Lebenszeichen geschickt, so dass wenigstens die Gefahr einer Personenfahndung via Polizei oder gar Interpol gebannt war. Als frisch gebackene Lehrersgattin tauchte Mia also Anfang September wieder auf. Eine Love Affair also war des Pudels Kern! Ein Schulwechsel gelang allerdings nur mit quietschenden Reifen. Eine Riege konservativer Altkollegen ihres Mannes an Mias ehemaliger Schule wachten noch eine ganze Weile mit Argusaugen darüber, ob Mia bald ein Kind zur Welt bringen würde. Hätte sich damit eindeutig Geschlechtsverkehr mit der zuvor noch Fünfzehnjährigen nachweisen lassen, wäre es sogar damals ungemütlich für den progressiv unkonventionellen Robert geworden.

Als nun zwanzigjährige Studentin lebte Mia also schon lange nicht mehr bei ihren Eltern oder wie ich allein in irgendeiner mickrigen Studentenbude, sondern in der fünfzehn Kilometer entfernten Großstadt Nürnberg, in einer echten Wohngemeinschaft. Da ging die Post ab, da pulsierte ganz sicher das echte Leben. Recht vage hatte ich eine Vorstellung, was man sich darunter vielleicht vorstellen musste. Berichte über die skandalumwitterte Kommune 1 waren sogar in meiner provinziellen Ingolstädter Schulzeit angekommen, zumindest in Form kopfschüttelnder Kommentare zu diesem Lotterleben von meinen biederen Eltern. Rainer Langhans, Fritz Teufel! Ja eindeutig: Mias Mann sah genauso aus wie die beiden. Uschi Obermayer, Sex and Drugs ... Du meine Güte, wie verrucht! Mias Leben konnte nur aufregend sein! Später stellte sich heraus – ja, es gab dort freie Liebe, es wurde Marihuana geraucht, es wurden Tripps geschmissen. Aber so recht wohl fühlten sich offensichtlich nur wenige damit. Mia jedenfalls nicht. Mit der freien Liebe zum Beispiel dort in der Wohnung am Kirchenweg war das gar nicht so einfach. Manche von Mias früheren Lehrerinnen oder Mitschülerinnen krabbelte zwischendurch aus dem Bett des Gatten. Irgendwie strange, dachte ich mir, bieder wie ich damals war. Aber auch Mia hatte da ganz schön zu schlucken. Und seltsam: Machte es ein Der, war das seine Rebellion gegen scheißbürgerliches Besitzdenken in der Ehe, gegen den unterdrückerischen Charakter spießiger Zweierbeziehungen, machte es eine Die, war sie eine hinterhältige kleinbürgerliche Betrügerin, die man sich im WG-Kollektiv mal so richtig vorknöpfte. Das sollte eine meiner ersten Lektionen sein, die ich in puncto neuer gesellschaftlicher Experimente aus Mias WG zunächst nur so am Rande mitkriegte. Es sollten in Zukunft noch viele andere Lehrstücke folgen. Jedenfalls mündete dieses ganze Nürnberger WG-Experiment im zweiten Semester bereits in Mias Scheidung. Um möglichst schnell aus der Nummer raus zu kommen, nahm sie, gerade erst durch das neue Gesetz von 1974 mit zwanzig vorzeitig volljährig geworden, nach den damaligen Usancen die Schuld an der kaputten Ehe auf sich. Und das, obwohl sie ihren Robert hätte gehörig piesacken können! Hatte er ihr nicht als Minderjähriger Drogen verabreicht ...? Mia war jung und schön. Für einen riesigen Berg schmutziger Wäsche hatte sie keine Zeit und schon gar keine Lust. Von ihren Eltern hatte sie dabei allerdings auch nicht die geringste Hilfe zu erwarten. „Bei der Heirat hast du uns nicht gebraucht, dann brauchst du uns jetzt auch nicht bei der Scheidung", war der knappe Kommentar von Mias beinhartem Vater. Von nun an verkaufte sie neben ihrem Studium Fischbrötchen in einer Filiale der „Nordsee". Damit stotterte sie ihre Anwalts- und Gerichtskosten ab. Ihren Job in der alttestamentlichen Bibliothek hatte sie zwischenzeitlich verloren. Der Wind hatte sich gedreht. War man kirchlicherseits bislang diesem exotischen Geschöpf, dieser wandelnden Versuchung mit Milde und Langmut begegnet, so war das seit ihrer Scheidung vorbei! Sie könne gerne weiterhin Theologie studieren, signalisierte man ihr leutselig, aber später ein Vikariat, gar eine Pfarrstelle? Das solle sie sich gleich mal aus dem Kopf schlagen. Also hängte Mia ihren Traumberuf einer Gefängnispfarrerin an den Nagel und studierte von da an nurmehr Psychologie, ihr bisheriges Zweitfach. Bester Nebeneffekt ihres theologischen Intermezzos: Sie hatte Hebräisch gelernt, und wir beide sind seitdem Lebensfreundinnen.

Als Gunda in Franken! Was ich bei der Wahl meines Studienorts in Franken nicht berücksichtig hatte, ja gar nicht konnte, war mein Vorname: Gunda! Wann immer ich den nannte, wurde das zum Running Gag. „Was? Du heißt Gunda?" Und schon ging mindestens das Gegrinse, im schlimmsten Fall das Gelächter bis zum Schenkelklopfen los. Was war denn an meinem Namen falsch? Schließlich hatte ich keine hundert Kilometer weiter südlich meine ganze Kindheit und Schulzeit als Gunda – und das als einzige in meinem Bekanntenkreis – völlig unbehelligt verbracht. Aber jetzt war mein Name nichts als eine Peinlichkeit. Hier in Franken hießen nur Mägde so, Dienstboten und grobschlächtige Bäuerinnen, klärte man mich auf. Und just zu meinem Studienbeginn trieb eine besonders berühmte Gunda, eine Marktfrau, ihr Unwesen. Sie wurde zu einem fränkischen Original auf dem Nürnberger Hauptmarkt. Später sollte sie sogar mit einem Auftritt in Alfred Bioleks Show und einer Jägermeister-Werbung bundesweit Berühmtheit erlangen. Ihren

Gemüsestand führte sie auf so anarchisch renitente Weise, dass die uniformierten Ordnungshüter ständig anrücken mussten. Es war ein beinahe schon wohl inszeniertes Katz-und-Maus-Spiel. Gunda übertrat eine Regel und die Polizei rückte an. Parallel dazu berichtete die Lokalpresse direkt vor Ort in allen Einzelheiten über diese vierschrötige Jeanne d'Arc des fränkischen Knoblauchlandes. Was kümmerten jene Gunda Herbst Standgrenzen, Schlusszeiten! Nicht einmal hunderte von Strafzetteln und Bußgeldbescheide konnten sie bremsen. Die Grünschnäbel von der Polizei, nichts anderes als dumme Buben waren die für Gunda, und wann immer sie anrückten, kamen die ihr gerade recht. Kurzerhand brachte sie sich, die Hände selbstbewusst in die Hüften gestemmt, in Kampfstellung. Als Erstes duzte sie die Vertreter der Staatsmacht provokant, was damals im Bußgeldkatalog noch als Beamtenbeleidigung gelistet war. Wenn die Ordnungshüter es ihr zu bunt trieben, wurde Gunda auch gerne rabiat und hielt sich das Gesetz mit matschigen Wurfgeschossen aus ihren Gemüsekörben vom Leibe. Irgendwann musste es sein. Ich musste sie mir mal persönlich anschauen – und war entsetzt. Das also war meine Namensvetterin! Eine dralle ältere Frau in zerschlissener Kittelschürze, die Strümpfe runtergerollt, damit die schwärenden Wunden ihrer Beine und das blaulila Geäst ihrer dicken Krampfadern gut belüftet wurden. Das breite Gesicht rot geädert, auf dem Kopf ein Haargewirr wie Putzwolle, mit Steckkämmen seitlich gebändigt.

Nicht nur, dass mein Vater „Barbier" war, jetzt auch noch die Peinlichkeit dieses zufällig urfränkischen Vornamens! Von nun an vermied ich es auch, meinen Vornamen zu nennen – ein etwas schwieriges Unterfangen, bei einem doch unbestreitbaren Interesse an meiner Person. Wie schön wäre es doch gewesen, wenn sich meine Mutter mit meinem Zweitnamen Sabine hätte durchsetzen können! Du meine Güte! Was sollte denn noch alles auf mich zukommen?

Der Mann im Wolfspelz

Zunächst war es der Mann im Wolfspelz. Nicht weit von den geweihten theologischen Hallen gab es eine Cafeteria. Ein leckerer Gewürzkuchen, eine Tasse Kaffee, dazu interessante Menschen in ganz offensichtlich locker heiterer Gesprächsatmosphäre. Schon das eine Versuchung, sich nicht hinter langweiligen Büchern einer theologischen Seminarbibliothek zu vergraben. Zumal man da Gefahr lief, äußerst seltsamen Zeitgenossen zu begegnen.

Unvergessen wird mir ein junger blonder Mann mit Schnauzbärtchen bleiben. Ich dachte mir nichts dabei, dass er den deutsch-kaiserlichen Namen Wilhelm trug. In der neutestamentlichen Bibliothek kamen wir beide eher zufällig ins Gespräch. Ganz offensichtlich hatte ich gerade auf meinen äußerst Vertrauen erweckenden Zuhörmodus geschaltet. So erfuhr ich, dass die Eltern dieses Kommilitonen eine riesige Farm im heutigen Namibia, dem ehemaligen Deutsch-Südwest-Afrika hatten. Wunderbar anschaulich schilderte er mir den Zauber der dortigen Landschaft, der Tierwelt, der unbeschreiblichen Sonnenuntergänge ... Ich war fasziniert von dieser ganz anderen Welt, in die mich dieser junge Mann blicken ließ. Diese Begegnung schien eine Vorwegnahme des zauberhaften Films „Jenseits von Afrika" auf Grundlage der Erinnerungen von Tania Blixen. Ich muss es zugeben: Die Magie der Erzählungen Wilhelms ließen mich gebannt zuhören. Vielleicht hatte ich sogar signalisiert, dass ich ein solches Naturschauspiel auch einmal gerne bestaunen würde. Was für eine Landschaft! Was für eine Tierwelt!

Wenige Tage später allerdings traf mich die Keule. Wilhelms Tutor aus dem evangelischen Werner-Elert-Heim kam wutentbrannt auf mich zu. Ob ich wisse, was ich angerichtet habe! Nein, wusste ich nicht. Er, der Tutor, müsse beinahe Tag und Nacht auf Wilhelm aufpassen, weil der akut selbstmordgefährdet sei. Wie furchtbar! Das tat mir leid. Aber was hatte das mit mir zu tun? Offensichtlich jede Menge. Wilhelm hatte sich unsterblich in mich verliebt. Der Tutor, es war übrigens der Italiener Silvio, war sich sicher, dass ich entsprechende Signale an Wilhelm gesendet hatte. Gemäß südländischem Machismo waren Frauen nun eben mal so, lag das in ihrer Natur! Jetzt ließ ich den armen Wilhelm einfach kalt ablaufen und würde ihn nicht mehr beachten. Wie bitte? Du lieber Gott! Ich war einfach nur platt! Und da sah man es mal wieder: So gefährlich konnte Studieren sein! Ich hütete mich in Zukunft daher ganz besonders vor theologischen Seminarbibliotheken, vor allem, wenn nur ein einzelner junger Mann dort saß.

Meine stundenlangen Aufenthalte in der Cafeteria schienen dagegen völlig harmlos. Mit etwas Glück begegnete man dort den richtig megacoolen Typen aus den höheren Semestern. Einer war da unterwegs, eine Mischung aus John Lennon und Steppenwolf. Runde Nickelbrille, schwarze lange Haare und natürlich Vollbart. Meist allein – zumindest nie in Damenbegleitung – in Jeans und – geradezu göttlich – in einem Wolfsfellmantel. Dass der aus einem ziemlich räudigen Fell zusammengeflickt war, dass das Innenfutter zerfetzt war, das sollte ich erst später mitbekommen. Dann, als er den Wolfsmantel bei mir auszog. Aber das dauerte noch eine ganze Weile. Der Wolfspelz stammte aus Afghanistan, den Otto, so hieß der Träger, sich auf seinem Tripp nach Indien gekauft hatte. Im Nachgang der Flower Power Bewegung wurde diese Fahrt wie dereinst die Kavaliersreise junger Bildungsbürger zur Initiation alternativer Studenten. Was heute die Weinbegleitung der arrivierten jungen Wilden von einst in der gehobenen Gastronomie ist, sollte damals unterwegs der allzeit verfügbare Joint oder Tripp sein. Je weiter man Richtung Indien kam, umso freier wurde der Geist – glaubte man zumindest. Um in diese geradezu elysischen Gefilde weit im Südosten entrücken zu können, bedurfte es aber einer akribischen Vorbereitung. Das Wichtigste war ein fahrbarer Untersatz, der die Tausende Kilometer lange Reise durchhielt. Das hieß in der Regel: Geld zusammenkratzen und einen klapprigen, aber noch weitgehend fahrtüchtigen VW-Bus kaufen, der läuft und läuft und läuft ... (so der alte VW-Werbeslogan). Selbst die Fahrt durch die Türkei muss damals noch ein Abenteuer gewesen sein, erzählte man sich doch von Banden im wilden Kurdistan, die Stahlketten über die Pisten spannten, um Reisende anzuhalten und auszurauben. Otto und seine Jungs waren jedenfalls unbeschadet zunächst nach Afghanistan gekommen, wo sie mehrere Wochen wie wahre Fürsten für wenig Geld in luxuriösen Gasthäusern der ehemaligen britischen Kolonialherren residierten. Glaubt man den damaligen Erzählungen, muss Afghanistan in den siebziger Jahren partentiell ein weltoffenes, liberales Land gewesen sein. Aus heutiger Sicht kaum vorstellbar. Zumindest war es das für durchreisende Europäer, die ganz sicher kaum mehr als Kabul kennen lernten. Somit wahrscheinlich ein falscher Eindruck! Dann Indien, wo eine alte schmuddelige Puffmutter in Erinnerung blieb, die den jungen Männern zwölfjährige Jungfrauen zur Triebbefriedigung anbot. Als die zurückzuckten, wies die Alte ihnen verärgert den Weg zum Eselspuff ...

Was für eine fremde Welt! Die Jungs waren nach drei Monaten voll unvergesslicher Reiseeindrücke zurückgekommen. Und Otto eben mit diesem, zugegeben oberflächlich betrachtet, megageilen Wolfsmantel. Und eines Nachmittags in der Cafeteria fragte mich er, „der Mann im Wolfspelz": „Ist hier noch frei?", und setzte sich neben mich. Ich wusste gar nicht, wie mir geschah, war verwirrt bis beglückt. So ein toller Typ! Und zu mir will der sich setzen ...?

O Gott! Ein Linker! Da ich in der Regel alles andere besser kann als schweigsam dasitzen, kamen wir beinahe zwangsläufig ins Gespräch. Ich weiß nicht wie, aber wir waren recht schnell bei politischen Themen. Und du meine Güte! Otto stand politisch ganz weit links, was seiner Ansicht nach jeder vernünftige Mensch mit klarem Blick auf das Weltgeschehen sein musste. Aha?! Links? Also ein Kommunist? Mir wurde ganz flau. Meine armen Eltern, kam es mir in den Sinn! Ihre einzige Tochter auf solch gefährlichen Abwegen! Hatten die nicht vor weniger als zwanzig Jahren alles in der kommunistischen DDR zurückgelassen, um in Freiheit zu leben. Stramm wählte mein Vater von da an CSU, das vermeintliche Bollwerk gegen den Bolschewismus, und als ihm die noch zu weichgespült waren, später in den frühen 80er Jahren die Republikaner mit Franz Schönhuber. Mutter verehrte unbeirrt ihren Franz Josef Strauß. Und das lebenslang. Im elterlichen Schlafzimmer hing daher kein Hochzeitsbild meiner Eltern oder wenigstens mein Konfirmationsbild. Nein, neben der Ehrenurkunde für den Zuchterfolg unseres Schäferhundes lächelte milde dieses politische Urgestein auf einem handsignierten Druck herab auf das schon längst erkaltete Ehebett meiner Eltern. Das war auch bis zum bitteren Ende so geblieben, bis ich viel später den Haushalt meiner inzwischen alten bzw. verstorbenen Eltern auflösen musste. Sie standen für echte Nibelungentreue zu ihrem Franz Josef – trotz mancher politischer Skandale, in die der streitbare Bajuware im Laufe der Jahre, etwa in seiner Funktion als Verteidigungsminister, verwickelt war. In den sechziger Jahren hatten allein einhundertsechzehn junge Piloten ihr Leben verloren, weil der von Strauß massenhaft gekaufte Starfighter des US-Konzerns Lockheed kein Flugzeug war, das an deutsche Wetterverhältnisse angepasst war. In Kalifornien flog er bestens. Traurige Berühmtheit erlangte dieser Flieger jedoch bei uns als „Witwenmacher". Dass da ziemlich sicher Bestechung im Spiel war ... Das interessierte nicht. Jedenfalls meine Eltern nicht. Hauptsache, da war kein Kommunist am Werk!

Jetzt saß ich also ziemlich verschreckt und kleinlaut neben Otto, dem Kommunisten, und gestand tapfer, dass ich als Erstwählerin bei der Landtagswahl „rechts", also CSU, gewählt hatte. Aber hatte ich nicht jede Menge Munition gegen Ottos Sicht der politischen Wirklichkeit? Jetzt kam mir sehr zugute, dass es aus mir heraussprudelte, dass ich eben ohne Punkt und Komma erzählen kann. Otto hatte ja keine Ahnung! Was Kommunismus wirklich bedeutete, das wollte ich ihm stecken. Ganz abgesehen davon, dass meine Eltern ihre Heimat verlassen hatten

– und das tut bis heute kaum jemand aus Jux und Tollerei. Als Kind war mir selbst eine Episode in ewiger Erinnerung geblieben, die ich Otto quasi als Beleg für seine eigene politische Verblendung unbedingt präsentieren musste.

1964 war meine Großmutter gestorben. Ein Todesfall war einer der besonderen Anlässe, die ermöglichten, dass man selbst als Republikflüchtling – zu dieser Kategorie gehörten meine Eltern für die da drüben – eine Sondergenehmigung zum Verwandtschaftsbesuch bekam. Wir fuhren mit dem Interzonenzug zum Grenzübergang Probstzella. Irgendwann im Dunkel einer Novembernacht das quietschende Bremsen unseres Zuges. Die Gespräche der Reisenden waren mit einem Mal verstummt. Eine bleierne Beklemmung legte sich über alles, das spürte selbst ich als Kind. Der Zug stand. Irgendwo im Niemandsland. Grelles Licht machte den Bahnsteig taghell. Aus den Augenwinkeln beobachteten die Reisenden verstohlen, was außerhalb des Zuges vor sich ging. Uniformierte Volkspolizisten in Reiterhosen und Lederstiefeln patrouillierten an den Waggons vorbei. In der einen Hand eine Taschenlampe, mit der sie die Schienen entlang leuchteten, den Zug genau unter die Lupe nahmen. Das Schlagen gegen Metall war zu hören. Die Räder und die Unterseiten der Waggons wurden mit Eisenstangen nach blinden Passagieren, Schmuggelware abgeklopft. Hundegekläffe hallte durch die Dunkelheit. Wachmänner führten ihre kaum durch die straffe Leine zu bändigenden, nach Beute hechelnden Schäferhunde mit sich. Die Angst aller Reisenden vor dem Ungewissen konnte man förmlich riechen. Nach einer gefühlten Ewigkeit durften wir endlich aussteigen. Alles mitnehmen war die Devise. Keiner wusste so genau, ob er letztlich die Fahrt mit diesem Zug würde fortsetzen dürfen. Alle liefen wir die Rampe zu einer Holzbaracke hoch. Totenstille. Das Trappeln unserer Schritte war das einzige Geräusch. Wir kamen in einen kahlen Raum. Die Holzwände mit eisgrauer Farbe gestrichen, der Boden pissbeiges Linoleum. Auch hier kaltes gleißendes Licht. In der Mitte des Raumes ein langer Tisch, an dem mehrere Uniformierte mit regloser Miene standen. Die Pass- und Gepäckkontrolle war jetzt zu durchlaufen. Wir hatten das Glück, weiter hinten in der Schlange zu stehen. So konnte man noch aus sicherer Distanz beobachten, was einen da erwartete, konnte quasi vorab lernen, wie man sich am besten verhielt. Auch schwang die Hoffnung mit, dass die Grenzpolizisten sich im Vorfeld schon bei anderen Reisenden genügend austoben und mit der Zeit milder gestimmt würden. Dennoch waren meine Eltern sichtbar angespannt, was sich auf mich übertrug. Vor uns wurde jetzt das Gepäck kontrolliert, eigentlich eher „gefilzt" oder ganz einfach, willkürliche Schikane der Reisenden war angesagt. Eine sehr elegante Dame in schwarzem Kostüm, auf dem Kopf ein Hütchen mit Schleier, wurde gerade in die Mangel genommen. Auch der Anlass ihrer Reise unübersehbar ein Trauerfall. Ohne die Frau eines Blickes zu würdigen, öffnete einer der Zollbeamten wortlos ihre Handtasche und schüttete den gesamten Inhalt laut scheppernd auf den farblosen Resopaltisch. Alle hielten den Atem an. Zu hören war nur das Hin- und Herschieben von Gegenständen: ein Parfümfläschchen, eine Puderdose, ein Kosmetikspiegel, ein Schlüsselbund ... Lustlos, beinahe angewidert durchwühlte der Vopo die Dinge kapitalistischer Dekadenz, bis der Lippenstift jener Dame seine ungeteilte Aufmerksamkeit erregte. Der Himmel weiß, was daran verdächtig sein konnte? Jedenfalls zog er einen Kugelschreiber aus der Brusttasche und zerkrümelte, ja zerpopelte damit das verdächtige rote Zeug seelenruhig vor aller Augen. „Machen Se das weg!", schnauzte er die Frau an. Wortlos wischte die mit ihrem Taschentuch die Reste ihres Lippenstifts auf.

„So fühlt sich der reale Kommunismus an, lieber Otto!" Außerdem war nicht erst vor zwei Jahren der russische Dissident Alexander Solschenizyn aus seiner Heimat ausgewiesen worden? Er, der den grausamen Alltag eines sowjetischen Arbeitslagers hautnah erlebt und das in seinem Buch „Archipel Gulag" für alle zum Nachlesen veröffentlicht hatte? Sein „Ein Tag im Leben des Iwan Denissowitsch" hatte ich mir voller Verve einmal zu Weihnachten gewünscht. Das stand aber, das musste ich mir jetzt kleinlaut eingestehen, immer noch ungelesen in meinem Bücherregal.

Und war der Kommunismus, so meine felsenfeste Überzeugung, nicht gerade dabei, sich via SPD mit Willy Brandt und Egon Bahr an der Spitze die Bundesrepublik einzuverleiben? Zumindest in Teilen. Wie sah Otto denn das mit den Ostverträgen? Der Anerkennung der DDR? Also ganz doof war ich ja nun auch nicht, dass letzteres ja dem Grundgesetz widersprach. Darin hatte man sich unverzichtbar auf die Wiedervereinigung festgelegt.

Ich hatte mich so richtig in Rage geredet. Nachdem ich geendet hatte, lächelte Otto milde. Für ihn war das, was ich vor ihm ausgebreitet hatte, alles andere als der wahre Kommunismus.

Man durfte das ganze Große, die reine Idee nicht aus den Augen verlieren. Es ging um weltumspannende Gerechtigkeit, um die Proletarier aller Länder und nicht um irgendwelches nationales Kleinklein, um Abweichungen von der wahren, reinen Lehre. Es war die Anti-Vietnamkrieg-Bewegung der späten 60er Jahre, die Otto und seine Sinnesgenossen geprägt hatte, der Kampf gegen US-Imperialismus und Kapitalismus, so sein Resümee.

Wenigstens konnte ich nach einem unserer Gespräche bald zufrieden festhalten, dass wir uns bei der negativen Beurteilung der SPD durchaus einig waren. Allerdings mit diametral verschiedenen Schlussfolgerungen. Für mich waren die spätestens seit Willy Brandts Warschauer Kniefall Weicheier, während sie für Otto revisionistische Verräter an der proletarischen Weltrevolution waren. Damit war, von welcher Seite man ihn auch betrachtete, zumindest der meine akademischen Freiheiten so rüde einschränkende Juso-Theologiedozent in seinem schick-lässigen beigen Cordanzug fürs Erste eindeutig demontiert. Ich war's zufrieden.

Spuren des Krieges
Von nun an trafen sich Otto und ich häufiger und mir flogen neue Begrifflichkeiten nur so um die

Ohren: Klassenkampf, Werktätige, revolutionäre Massen, die Internationale, herrschende Bourgeoisie, Revanchismus, Revisionismus ... Mir brummte der Kopf. Allmählich wurde mir klar, dass ich als „des Friseurmeisters Töchterlein" eindeutig der Klasse der Kleinbürger zuzuordnen war. Dafür könne ich zwar nichts, tröstete mich Otto. Aber es wäre viel gewonnen, wenn ich kapieren würde, dass diese Klasse, in ihrer ständigen Angst vor dem sozialen Abstieg verbissen antirevolutionär und zutiefst reaktionär agiere. Meine Eltern und damit auch erstmal ich, wir waren ganz klar Bremsklötze des gesellschaftlichen Fortschritts. Otto, ein Abkömmling sogenannter besserer Kreise, in einem altehrwürdigen Nürnberger Gymnasium humanistisch ausgebildet, studierte Medizin. Im Gegensatz zu mir, so sollte sich herausstellen, war er eindeutig „großbürgerlich". In dieser Gesellschaftsschicht hätte er es sich eigentlich gut gehen lassen können. Aber Otto pfiff auf die quasi „naturgegebenen" Privilegien seiner Klasse. Das beeindruckte mich schwer. Ottos Vater war sogar Präsident des Finanzgerichtes. Ich erstarrte vor Ehrfurcht. Dass es diesem hochakademischen Vater allerdings an gutbürgerlicher Grandezza fehlte, irritierte mich dann doch etwas. Erzählte doch Otto, dass der höchstrichterliche Herr Papa eines Tages wegen der „Negermusik" – das nannte man damals nun mal so – die sein „missratener Sohn" so gerne hörte, völlig entnervt ausrastete. Nur ganz nebenbei: Schwarze waren in der Musik da schon weitgehend von bleichgesichtigen langhaarigen Pilzköpfen und anderen rockenden Zottelmähnen abgelöst worden. Egal! Der „Radau" jener jungen Wilden, das war für jenen seriösen Herrn Papa die reine Provokation. Tobend vor Wut hatte er Ottos Transistorradio gepackt, dazu einen Spaten. Im Garten buddelte er ein tiefes Loch und beförderte diese Krachkiste in die ewigen Jagdgründe. Nun gut, wenn auch für mich sehr erstaunlich, so etwas konnte vorkommen. Sogar bei Vollblutakademikern.

Bei vielen Männern dieser Generationen war es, als würde durch eine Kleinigkeit ein Schalter umgelegt und sie gerieten außer sich. Das konnte kein Zufall sein, dämmerte mir bald. Waren nicht Ottos Vater so wie der meine und eigentlich alle Männer dieser Generation jahrelang als Soldaten im Krieg gewesen? Was hatten sie während dieser Jahre erlebt, gesehen oder selbst getan? In Frankreich, in Polen, in der Ukraine, in Russland? Waren nicht viele von ihnen sprachlos und traumatisiert nach Hause zurückgekehrt? Als Täter, aber auch als Opfer. Wenn das Hungern und Frieren, das Vegetieren in schlammigen Schützengräben, das Töten, der Verlust von Kameraden Alltag wurde, dann hatten diese jungen Männer das Grauen erlebt. Aber ein richtiger Mann kam heim aus dem Krieg und sprach nicht darüber. Man begann wieder zu arbeiten, heiratete, gründete eine Familie und blieb weiterhin stumm. Auf den Wohnzimmerkommoden standen sie dann, die Hochzeitsbilder aus den Endvierziger, Anfang fünfziger Jahren. Darauf junge Paare, selten frei und glücklich in die Kamera schauend. Und wie es sich eben gehört, kamen bald die Kinder.

Eine Art von Alltag stellte sich ein. Aber die Schreie der Frauen und Kinder an manchen Abenden, das Krachen und Klirren und Türenschlagen in der Nachbarwohnung verriet, was dort abging. Dann demolierten Herr Rieß, Herr Jenning, Herr Willner ... und wie sie alle hießen, alles Männer, die einst im Krieg hatten ganze Männer sein müssen, in blinder Wut die Wohnungseinrichtung, verdroschen außer sich und nicht selten volltrunken ihre Frauen und Kinder. Es waren dieselben Männer, die wenige Jahre zuvor Angst gehabt, Todesangst, Furchtbares erlebt hatten. Manche hatten im Schützengraben gelegen, andere hatten zusammengekauert in einem engen U-Boot gesessen. Nie wussten sie, was als Nächstes kommen würde. Gefangenschaft? Eine schwere Verwundung? Der Tod? Am nächsten Morgen machten sich dieselben Männer, die sich am Abend zuvor zu Hause wie wild gebärdet hatten, stumm, verlegen, mürrisch, die Aktentasche mit dem Vesperbrot und der Thermosflasche unterm Arm auf ihren Weg in die Fabrik oder ins Büro. Ihre Frauen, hastig und verschämt die Spuren der Gewalt in ihrem

Gesicht versteckend, gingen einkaufen. So als wäre nichts gewesen. Kinder, die die halbe Nacht nicht hatten schlafen können, saßen erschöpft und unkonzentriert in der Schule.

Dennoch: Eigentlich kein Wunder, dass – egal aus welcher Gesellschaftsschicht – viele Männer damals eine brandgefährlich kurze Lunte hatten.

Auch äußerlich war der Krieg, als ich Kind war, noch überall sichtbar. Nicht nur an den traurig in den Himmel ragenden Ruinen der Stadt oder den Häusern mit Einschusslöchern. Durch die Straßen humpelten Einbeinige, gestützt auf Krücken. Frauen führten ihre blinden Ehemänner an der Hand, deren Gesicht nicht selten durch furchtbare Narben entstellt war. Und Herr Dausch, ein Hausmeister aus der Nachbarschaft, entzündete das Feuerzeug für seine Zigarre, indem er damit über den groben schmutzigen Stoff seines Armstumpen wischte.

Rote Socken bei der Professorenwitwe

Zurück zu Otto. Vielleicht hatte der so besehen durchaus Glück gehabt, dass sich sein Vater nur an seinem Transistorradio und ähnlichem austobte.

Auch mütterlicherseits war der akademische Stammbaum Ottos schon seit Generationen lückenlos. Ein Großvater war Chemieprofessor gewesen und noch heute kann man seine Aufzeichnungen von 1908 zum „Thio-y-pyron-Derivat" – was immer das ist – auf der Homepage der Deutschen Chemischen Gesellschaft abrufen. Jener Professor war recht jung gestorben, hatte aber seiner Witwe und seinen vier Kindern ein respektables mehrstöckiges Haus am Erlanger Kirchenplatz hinterlassen. Mit Hinterhaus. Und dort wohnten für eine lächerlich geringe Miete einige von Ottos Medizinkommilitonen, die alle richtig rote Socken waren. Keine Ahnung, inwieweit der gutmütigen alten Professorenwitwe klar war, dass sie da Tür an Tür mit einer „Keimzelle des revolutionären Kampfes" wohnte. Unverdrossen backte sie wöchentlich für all die dauerhungrigen jungen

Männer ihre Obstkuchen mit Eierguss, die ungekühlt nach drei Tagen in schöner Regelmäßigkeit von graublauem Schimmelflaum überzogen waren. Aber das merkten die jungen Revolutionäre während ihrer hitzigen Debatten nicht. Ich allerdings, ganz Tochter meiner pingeligen Mutter, aß davon nicht einen einzigen Bissen. Endlich durfte auch ich die ganze Hinterhausclique kennenlernen. Echte Freunde und einander zutiefst verbundene Gesinnungsgenossen. So dachte ich. Aber der Schein trog. Die Hinterhausjungs hatten samt und sonders eine lupenreine proletarische Herkunft. Im Gegensatz zu Otto. Und das ließen sie ihn immer wieder spüren. An vorderster Front Hagen, eine Art Alphamännchen. Der hatte seinen weniger attraktiven Namen Günther eigenmächtig etwas aufgepeppt. (Sieh da, nicht nur ich, sondern auch andere haderten mit ihrem Vornamen!) Dieser Günther-Hagen hegte trotz einer streng rationalen, pickelhart klaren Analyse kapitalistischer Gesellschaftsverhältnisse eine mythisch verklärte Verehrung germanisch heldischen Reckentums. Vor allem die sagenumwobenen Nibelungen hatten es ihm angetan. Hinter der farblosen Alltagsexistenz seiner Familie, die in einer bescheidenen Mietwohnung im Nürnberger Umland lebte, verbarg sich für ihn Kraftvoll-Geheimnisvolles. Ganz leuchtende Augen bekam er, wenn er von den Seinen daheim erzählte. Was für außergewöhnliche Kraftmenschen das doch waren! Bereits an deren Namen musste das klar werden. So wurde sein Bruder Walter zu Rüdiger und aus Herbert wurde Siegfried. Seine Mutter, eine bedauernswerte Kriegerwitwe aus Oberschlesien, nannte er Brunhilde. Ein wahres Prachtweib sei sie. Die insgesamt doch sehr völkische Wortwahl Hagens ist mir damals nicht im Mindesten aufgefallen. Und wenn er das so sagte, dann musste das wohl mit all dem seine Richtigkeit haben! Das stand für mich fest. Ehrlich gesagt, war ich dann doch leicht geschockt, als sich jene Brunhilde als durch und durch biedere deutsche Hausfrau entpuppte. Da stand sie mit einem großen Weidenkorb voller frisch gewaschener und säuberlich zusammengelegter Wäsche für Hagen im Hinterhaus der Jungs. Mit strammen Armen, die sicherlich gut zupacken konnten. Aber ihre üppigen Hüften und ihre kräftigen Waden ... Zum ersten Mal wurde mir klar, dass ich selbst eigentlich eine durchaus hübsche Mutter hatte.

Hagen selbst hatte zunächst eine Elektrikerlehre absolviert und dann auf dem zweiten Bildungsweg sein Abitur nachgeholt. Er war ganz offensichtlich Nutznießer einer sehr erfolgreichen Reform der Bildungspolitik in den sechziger und siebziger Jahren durch die SPD. Jetzt studierte er Medizin und ihm war eine, soweit ich weiß, glänzende Karriere als Professor der Rheumatologie im Norden Deutschlands vorbestimmt.

Allmählich lernte ich dazu. Zwar habe ich bis heute Schwierigkeiten, das Gesagte nicht immer für bare Münze zu nehmen (siehe Hagens Mutter). Aber das mit den Klassenunterschieden leuchtete mir bald ein. Also ich verstand – großbürgerlich zu sein so wie Otto – damit konnte man auch die falschen Karten haben. Kleinbürgerlich schien da verheißungsvoller zu sein. Denn später sollte ich in einem der Aufsätze von Jean-Paul Sartre entdecken, dass ich rein herkunftsmäßig kein gänzlich hoffnungsloser Fall sein musste. Als Angehörige jener mickrigen Klasse hätte man durchaus das Zeug, durch disziplinierte Arbeit am richtigen Bewusstsein eine echte Intellektuelle zu werden. Vorausgesetzt, ich hatte Sartre richtig verstanden. Man schien in „meiner Klasse" von vornherein freier zu sein von all dem gutbürgerlichen Ballast, in dem man es sich ja prinzipiell recht komfortabel einrichten konnte. Das Kleinbürgertum jedoch lud gerade dazu ein, dessen enge idiotischen Fesseln zu sprengen, vorausgesetzt man hatte sie erkannt.

Eliza Doolittle wird auf Form gebracht

Mein linker Gesinnungswandel sollte ganz allmählich Fahrt aufnehmen, bekam bald eine gewisse Art von Automatismus. Die vielen klugen Studenten, die ich kennen gelernt hatte, konnten nicht irren – und ja, ich wollte Otto natürlich imponieren. Denn nach einem gefühlvollen Abend im Kino – es lief Alexis Sorbas – unvergessen dabei die betörende Liebesszene zwischen der schönen Witwe und dem jungen Lehrer – waren wir ein Paar. Verblasste nun leider der exotische Zauber seines in Wahrheit räudigen Wolfsmantels – er hatte ihn also zwischenzeitlich bei mir ausgezogen – so waren seine messerscharfen Analysen „der bestehenden politisch-gesellschaftlichen Verhältnisse" für mich sehr erhellend und bald überzeugend. Und wie man das damals in linken Kreisen gerne machte, wurde Otto mein Mentor oder anders ausgedrückt: Er war mein Professor Higgins der politischen Theorie und ich die willige Eliza Doolittle. Da ich für nicht ganz dumm befunden wurde, stimmten alle Otto darin zu, dass ich ein klarer Fall für den „Marxismus-Mayer" war, einen völlig humorbefreiten jungen Mann, der „ungeschliffenen Diamanten" wie mir (man konnte ja nie wissen) in Sachen Marx'scher „Kapitalschulung" auf die Sprünge helfen sollte. So rechte Lust hatte ich, wenn ich ehrlich bin, allerdings nicht auf dessen wöchentliche staubtrockenen Lektürekurse. Irgendwie war ich vom Regen in die Traufe gekommen. Ob im Studium oder in der Freizeit, überall umwaberten mich grottenlangweilige Texte.

Aber ich hatte die glorreiche Idee, meinen „glühenden Eifer" anders, quasi mühelos unter Beweis zu stellen. Hatte ich doch meine Tante Uschel in der DDR, die sich jedes Jahr mehrfach die Haare raufte. Denn rückte mein Geburtstag oder Weihnachten näher, stand sie immer vor dem schier unlösbaren Problem, mir aus der nicht vorhandenen Produktvielfalt des Arbeiter- und Bauernstaates „etwas Nettes" zu schenken: geschnitzte Räuchermännchen aus dem Erzgebirge oder aus irgendeinem Süßwarenkombinat „feinstes Marzipan", das zum Verzehr nur bedingt geeignet war. Also von nun an „wünschte" ich mir immer zwei Bände der königsblauen Marx'schen Gesamtausgabe, das Stück für fünf Ostmark. Insgeheim wird meine Tante wohl den Kopf über die Jugend da drüben im Westen geschüttelt haben, aber wenigstens war sie mit einem Schlag ihre Sorge los.

Trotz dieser meiner ehrlichen Versuche wurde aus mir, das

sollten viele meiner noch kommenden „Fehltritte" in Zukunft beweisen, keine „My fair Lady" der linken Szene.

Das Graecum-Debakel

Soweit ein erster Blick in meine politische Kür. Dennoch war es unverzichtbar, weiterhin mein studentisches Pflichtprogramm zu verfolgen. Und das in Zukunft doch mit etwas mehr Ernst, hatten mich doch Politschulungen, aber auch die flotte nächtliche Studentensause immer wieder abgelenkt.

Ein kleiner aufmunternder Lichtblick sollte das Wohlwollen meines Lehrers für Altgriechisch sein. Denn für ein Theologiestudium brauchte es zwingend ein erfolgreich absolviertes Graecum. Das Ganze hatte nur einen Haken: Der Sprachkurs fand jeden Morgen um acht Uhr statt, also für Studentinnen wie mich zu nachtschlafender Zeit. Aber der mir ganz offensichtlich wohlgesonnene Herr Käser schien sich aufrichtig zu freuen, wenn ich wenigstens an zwei der fünf wöchentlichen Kurstermine, und das nur mit einer halben Stunde Verspätung, eintrudelte. Wie schön! Hier war offensichtlich jemand, der meine akademische Freiheit duldete, nein, für den sie selbstverständlich war. Kurz vor der anstehenden Prüfung musste meine Arbeitsweise eine völlig andere werden, denn mein bisheriger Einsatz, das war mir klar, konnte ganz sicher nicht zum Erfolg führen. Also lernte ich eifrig griechische Vokabeln und vor allem diese unseligen Verbformen des Aorist mit Umlauten, Reduplikationen und sonstigen Hinterhältigkeiten. Zielsicher suchte ich mir eine Lernpartnerin, Modell bienenfleißige Studentin. Dafür hatte ich durchaus ein gutes Händchen. Denn mit allen kreuzbraven Theologiestudenten hatte ich es mir vorsichtshalber nicht verscherzt. Auch die gutmütige Monika stammte aus der Riege der eifrigen Pfarrerstöchter. Zur Abiturfeier hatte es für sie nicht das erste Auto gegeben, sondern einen goldenen Verlobungsring. Schon wenig später hatte sie ihrem von „Gott Auserwählten" das Ja-Wort gegeben mit dem bedenkenswerten

Zusatz „bis dass der Tod euch scheidet". Als mehr oder weniger unüberlegtes Beiwerk des Eheversprechens ein Satz mit großer Tragweite. Aber weder Monika noch andere machten sich darüber wohl große Gedanken. Wenigstens war bei ihr zunächst traute Zweisamkeit angesagt und nicht das Sodom und Gomorrha einer Kommune. Diese Monika mit ihrer blassen Haut, den brav in Locken gelegten aschblonden Haarschopf war wirklich ein Gewinn für mich. Alles, was ich bislang im wahrsten Sinne des Wortes morgens verschlafen hatte, holte ich mit Monikas Hilfe Schritt für Schritt nach. Wie erhofft, war sie ein echtes Organisationstalent. Da wurde ein straffer, klar strukturierter Lernplan aufgestellt, dessen Termine pickelhart einzuhalten waren. Andernfalls hätte sie mich in die Wüste geschickt. Mir war klar: Lernen konnte Monika auch ohne mich, aber umgekehrt sah das etwas anders aus. Nach diesem Tandem-Crash-Kurs fühlte ich mich durchaus gut vorbereitet auf meine Griechischprüfung. Meine Übersetzung des schriftlichen Prüfungstextes ergab dann sogar Sinn. Ich war's jedenfalls zufrieden. Wörterbücher, das muss zur Ehrenrettung gesagt werden, gab es damals in keinem einzigen Sprachtest. Vokabeln – um das Gerundiv zu benutzen – waren allzeit zu Lernende und zu Beherrschende. Fehlte eine wichtige in deinem Wortschatz, dann war es Essig mit der Übersetzung. Nun gut, das Ergebnis meiner Prüfung war ein „plus Ausreichend". Nicht prickelnd, aber bestanden war nun mal bestanden. Dachte ich. Nur noch eine kurze mündliche Prüfung – und diese unverzichtbare Hürde für mein zukünftiges Theologiestudium wäre genommen.

Es war ein wunderbarer Sommervormittag, als ich da mit Sonnenhut, indischem Schlabberrock und Reisetasche vorm Prüfungszimmer in den heiligen Hallen des Instituts für neutestamentliche Theologie auftauchte. Genau genommen hatte ich nur wenig Zeit für diese lästige Pflichtübung. Denn gleich danach würde Otto in seinem VW vor der Tür auftauchen und wir würden sofort Richtung Süden in die Ferien düsen. Freizeit duldete keinen Aufschub! Leicht nervös war ich natürlich schon, denn Prüfungen sorgen immer für eine gewisse Anspannung. Die Tür ging auf. Ich erstarrte. Denn nicht mein gutwilliger Griechischlehrer trat mir entgegen, sondern der Gottvater des Neuen Testamentes höchstpersönlich, der Fakultätsleiter. Sekundenlang musterte mich, den nicht zu übersehenden Reisevogel in den Startlöchern, sein eisiger Blick, bevor er mich mit sichtlichem Widerwillen ins Zimmer bat. Da saß ich nun und wusste nicht wohin mit Reisetasche und Florentinerhut. Die endlosen Bücherreihen an den Wänden, mit all dem Wissen, von dem ich bislang nicht den blassesten Schimmer hatte, umgaben mich wie drohende Mauern. Der Professor rückte seinen Stuhl zurecht, strich ordnend über sein pomadisiertes Haar, das er akkurat über seiner Glatze drapiert hatte, räusperte sich kurz und fixierte mich durch seine funkelnden Brillengläser mit kalten mitleidlosen Amphibienaugen. Ganz eindeutig: Der Herr war in Angriffsstimmung. Schweigen. Mir wurde ganz flau. Dann setzte er an – zu meiner Exekution. Verzweifelt suchte ich nach den richtigen Verbformen und Übersetzungen, was mir angesichts der offensichtlich wachsenden „Mordlust" meines Gegenübers immer schwerer fiel. Diese halbe Stunde, die musste doch irgendwie rum gehen, dachte ich verzweifelt. Aber sie zog sich wie Kaugummi. Der Schweiß ran mir von der Stirn und unter den Achseln meines T-Shirts bildeten sich unschöne Flecken. Nun, das Ganze konnte nicht gut enden. Angewidert von meiner unverzeihlichen Leichtigkeit schleuderte mir der Prüfer am Ende der dreißigminütigen Tortur die Note sechs vor die Füße. Ich war wie benommen. Das konnte doch nicht sein! Zaghaft versuchte ich zu protestieren: Ich hatte doch weiß Gott nicht nichts gewusst. Ein paar Verbformen waren doch richtig. Auch der gutwillige Griechischlehrer Herr Käser versuchte vorsichtig zu meinen Gunsten zu intervenieren ... Schließlich hatte ich meine schriftliche Prüfung doch bestanden. Eine klitzekleine Fünf im Mündlichen würde also völlig genügen. Nichts da! Die Sechs stand fest wie in Beton gegossen. Ich hatte nicht bestanden. „Kommen Sie in einem halben Jahr wieder. Einen

Versuch haben Sie ja noch", bellte mich der Professor an und strich offenbar mit sich zufrieden über sein speckig glänzendes Haar. Aber ich ahnte, dass er mir lockeren Vogel auch beim nächsten Versuch keinen Erfolg zutraute: weder im Altgriechischen noch in den höheren Weihen der Exegese neutestamentlicher Originaltexte. Ich war zuvor noch nie in meinem Leben durch eine Prüfung gefallen, nicht einmal durch die Führerscheinprüfung, obwohl ich das mit dem links und rechts Abbiegen selten richtig auf dem Schirm hatte. Sollte ich jetzt, ich, die ich immer eine Eins in Religion gehabt hatte, hier scheitern. Schon als ich das dachte, wusste ich, wie lächerlich und dumm dieser Gedanke war. Geradezu kindisch! Dringlicher sprang mich die Frage an, wie ich das meinen Eltern beichten sollte. Wenn ich das nächste Mal auch versagen würde, dann war es aus mit der Studiererei. Sowohl prüfungstechnisch, als auch finanziell. Sollte mein früherer Englischlehrer am Ende doch Recht behalten? Mir wurde heiß und kalt. Die Urlaubslaune war dahin. Und dieser lächerliche Sonnenhut!

Später, als mein Kopf wieder freier war und das Studium nach dem zweiten geglückten Griechisch-Anlauf nicht mehr in Gefahr war, machte ich mir so meine Gedanken über jenen seltsamen Theologieprofessor. Abgesehen davon, dass eine schlechte Leistung nun mal eine schlechte Leistung ist. Damit hatte ich leben müssen. Aber irgendwas stimmte mit diesem Mann nicht. Auch in Zukunft hatte ich ständig Angst vor ihm. Selbst bestens vorbereitet, kam ich bei ihm immer ins Flattern. In keiner seiner Prüfung erreichte ich je mehr als ein „Befriedigend". War er vielleicht ein Frauenhasser? Keine Ahnung. Aber er hatte sich auffallend viel in seinen theologischen Veröffentlichungen mit dem Apostel Paulus beschäftigt. Bekanntlich sollen bei dem die Frauen in der Gemeinde den Mund halten und sich unterordnen. Dessen eifernde, man könnte sagen ...? Jedes Adjektiv von fundamentalistisch bis jüdisch orthodox würde hier ein Riesenfass aufmachen. Um es kurz zu sagen, durch die paulinischen Schriften, nicht nur den 1. Korintherbrief, wabert eine Haltung

– vorsichtig formuliert – die für Frauen nichts anderes als deren traditionelle Beschränkungen gelten lässt. In seiner Frauen diskriminierenden Theologie gibt der bis heute eine wunderbare Steilvorlage für die vatikanische Personalpolitik und die leidige Diskussion um Frauen in kirchlichen Ämtern. Auch wenn viele Theologen bis heute interpretatorisch um das paulinische Problem rumeiern, so hat es jener religiöse Eiferer nun mal geschrieben und gepredigt! Nicht zu vergessen, dass auch in der evangelischen Kirche erst in den siebziger Jahren ein langsames frauenfreundlicheres Umdenken begann. Sei es wie es sei, jedenfalls schlich dieser professorale Paulus-Experte immer wie ein geprügelter Hund ganz dicht an der Wand entlang, wenn ihm ein weibliches Wesen in einem der langen Korridore der Fakultät entgegenkam. Den Blick starr auf den Boden gerichtet. Dazu biss er sich mit zusammengekniffenen Lippen auf seine Zunge, die er in einem Mundwinkel zu verstecken versuchte. Was für ein seltsamer Mann, aber eine international anerkannte Koryphäe seines Faches! Selbst in seinem Nachruf sollte einmal diskret angedeutet werden, dass das mit dem Zwischenmenschlichen nicht so sein Ding war. Das galt eben besonders für Frauen. Nie habe ich ihn in einem seiner Seminare eine Frau namentlich aufrufen hören, während das bei Männern für ihn immer selbstverständlich schien.

Aber an diesem Sommervormittag half mir diese spätere Erkenntnis rein gar nichts. Ich hatte meine Prüfung versemmelt. Und vor der Tür wartete nun Monika. „Na, wie war's?", fragte sie gespannt. „Durchgefallen!" – „Was?" Ihr fiel die Kinnlade runter und sofort schossen ihr Tränen in die Augen und kullerten ihr weiches Gesicht runter. „Dann schaffe ich es auch nicht!", jammerte sie. Kackmist!, durchfuhr es mich. Mensch, ich hätte weinen sollen! Vielleicht hätten sich meine Prüfer so für die Fünf erweichen lassen.

Die Tür ging wieder auf und von Schluchzern geschüttelt trat Monika ihre Prüfung an. Nach einer halben Stunde muss sie das Zimmer meiner Niederlage allerdings mit großer Erleichterung verlassen haben, denn sie hatte schriftlich wie mündlich bravourös bestanden. Aber da war ich ja bereits auf Reisen.

Auf nach Portugal
Jetzt sollte es mit Ottos VW erstmal auf große Fahrt gehen. Begleitet wurde die Reise von unseren Stoßgebeten, dass das Vehikel trotz gewisser Altersschwächen die Tour durchhalten würde. Denn es war durchaus zu befürchten, dass die rostrote Karre die vor uns liegenden Tausende von Kilometern nicht mehr heil überstehen würde. Nach diesem unsäglichen Griechisch-Debakel setzte ich mich kleinlaut und verstört neben Otto, der schon startbereit vor der Fakultät wartete. Lustlos warf ich meine Reisetasche und diesen blöden Sonnenhut auf den Rücksitz. Das Auto knatterte los, aber ich hatte in diesem Moment so gar keinen Bock auf diese Fahrt ins gelobte Land. Nach Portugal. Denn eigentlich standen nicht Strand und Faulenzen im Zentrum dieser Reise. Vielmehr waren Otto und ich die Vorhut unserer politischen Kleingruppe, um uns dort im Südwesten Europas den revolutionären Prozess genauestens anzuschauen. Auch sollten wir analysieren, unter welchen Umständen in unseren Tagen Freiheitskämpfer selbst in Europa erfolgreich sein konnten und wie letztendlich so allmählich der Kapitalismus einer Diktatur und schwächelnden, ehedem stolzen Kolonialmacht in die Knie zu zwingen war. Denn dort in Portugal hatte im April 1974 eine echte Revolution stattgefunden, eine unblutige noch dazu, der man daher auch den wunderschönen Namen „Nelkenrevolution" gab. Plakate hatten schon bald lachende Soldaten mit einer Nelke im Lauf ihrer Gewehre gezeigt. Nachdem die amerikanischen GIs so ziemlich zur selben Zeit Vietnam als „Ugly Americans" – so der Titel eines Buches – wie geprügelte Hunde verlassen hatten, gab es also jetzt auch revolutionäre, selbstredend gute Soldaten. Ohne einen Schuss war es denen nämlich gelungen, die vierzig Jahre dauernde Diktatur von António de Oliveira Salazar unblutig zu beenden. Aber man wusste ja, dass sich nach so einem Prozess,

die Gegner der Freiheit schnell wieder formieren konnten. Es gab noch genügend Zeitzeugen des spanischen Bürgerkriegs der dreißiger Jahren, die selbst erlebt hatten, wie der damalige Freiheitskampf durch Feinde von innen und außen in die Knie gezwungen wurde. Es hieß also wachsam sein. Denn alles Erreichte war schnell wieder in Gefahr, die Beute konterrevolutionärer Kräfte oder konkurrierender Gruppierungen zu werden ... Die Reise versprach zumindest für Otto spannend zu werden. Ich zockelte in meiner bislang bewährten Rolle als Eliza Doolittle willig mit, aber im Moment akademisch weidwund verletzt.

Es dauerte mehrere Tage, bis wir unser Ziel Lissabon erreichten. Diese endlose Fahrerei, weite Strecken über Landstraßen! Die Monotonie der Landschaft schläferte ein. Viele der heutigen Autobahnen existierten damals in Frankreich und in Spanien noch nicht oder mit ihren Gebühren waren sie schlichtweg für uns Studenten zu teuer. Wir wechselten uns am Steuer ab. Einmal schrie Otto auf, griff mir abrupt ins Lenkrad und riss es nach rechts. Mit quietschenden Reifen landete das Auto wieder hinter dem LKW, den ich gerade versucht hatte zu überholen. „Bist du wahnsinnig!" – „Wieso denn?" Otto war leichenblass. Seiner Meinung nach war ich gerade dabei gewesen, auf der Gegenspur frontal in einen Sattelschlepper zu steuern. Auch im Nachhinein war ich mir dessen nicht bewusst. Ich hatte diesen Truck schlichtweg nicht gesehen. Ganz offensichtlich haben die schnurgeraden Straßen durch die öde karstige Landschaft Mittelspaniens eine hypnotische Wirkung auf Autofahrer. Ich kann mich nicht erinnern, je schlimmere Unfälle gesehen zu haben als jene auf den fast kurvenlosen Straßen Kastiliens. Einmal war ein LKW voller Süßigkeiten von der Fahrbahn abgekommen. Vielleicht war der Fahrer eingeschlafen? Den Anhänger hatte es auf die Seite gelegt. Massenweise Bonbons und Lutscher lagen auf der Straße. Keine Ahnung, woher die aus dieser einsamen Gegend herkamen, aber auf einmal tummelten sich Horden von Kindern auf der Straße und schienen spontan rund um das LKW-Wrack so eine Art kastilisches Zuckerfest zu feiern.

In Portugal dann ging es oft durch bergige Eukalyptuswälder, wo sich das Auto ordentlich in die Kurven legen musste. Wie bei einer Quadriga versuchte ich, war ich am Steuer, dann die Pferdestärken des VWs unter Kontrolle zu bringen. Dabei drückte es uns mit meiner flottjugendlichen Fahrweise ganz schön auf die Seite. Nach hunderten von Kilometern begriff ich endlich, wann und wie man vor und in Kurven bremst bzw. beschleunigt. Eigentlich hatte mich mein Fahrstil wenig bekümmert. Aber es gibt durchaus nützliche Dinge, die man sich von einem Mann abgucken kann, dachte ich so bei mir.

Eigentlich hatten wir ein Zweipersonenzelt im Gepäck. Doch nach der ewigen Fahrerei gönnten wir uns zwischendurch eine einfache Casa de Huéspedes, eine Pension, als Ruheposten. Das war aber gar nicht so leicht. Freie Zimmer hätte es durchaus gegeben, denn allzu oft verirrte sich niemand in diese gottverlassene Gegend. Im Grunde genommen hätten die Wirtsleute jeden Gast mit Kusshand empfangen müssen. Weit gefehlt! Der Zugang zu diesen Gästehäusern wurde oft von einer Art Cerberus bewacht, der Wirtin. Breitbeinig mit verschränkten Armen kamen wir lockeren Reisevögel so einer gerade recht. Wenigstens verstand ich mit meinen rudimentären Spanischkenntnissen einigermaßen, was die Señora so skeptisch auf uns blicken ließ. Denn unterwegs auf der Suche nach der richtigen Route waren uns in den rotbraunen Einsamkeiten irgendeiner Sierra regelmäßig nur irgendwelche uralten Bäuerlein begegnet. Was die uns dann mit a la izquierda, pues a la derecha genau sagen wollten, vernuschelten sie im Nirwana ihres zahnlosen Mundes. Diese Wirtin jedoch sprach deutliches Castellano und war auch in ihrer Mimik nicht misszuverstehen. Mit strengem Blick war die erste Frage: „Matrimonio?" – „Sie will wissen, ob wir verheiratet sind", dolmetschte ich. „So ne blöde Frage! Sind wir hier im Mittelalter?", ereiferte sich Otto. Mit segnenden Händen schaute mild die Jungfrau Maria von der Plaza del pueblo zu uns herüber. „Du sollst nicht lügen!", schien sie mir zuflüstern zu wollen. Auf unserer Suche nach echtem gesellschaftlichen Fortschritt, nach revolutionärer Dynamik wurden wir von so was in diesem hinterwäldlerischen spanischen Dorf ausgebremst. Europa brauchte noch viel Revolution – und das in allen Bereichen! „Si, matrimonio!", sagte Otto kurzerhand. Mir wurde ganz blümerant. „Wenn die nun unsere Ausweise kontrolliert?" Schon tauchten graue Gitterstäbe irgendeines spanischen Verlieses vor meinem inneren Auge auf. Wir waren Betrüger. Niemand würde uns in dieser gottverlassenen Gegend je wiederfinden. Aber nichts geschah. Man ließ uns matrimonio spielen. Abgesehen davon, dass man in Spanien mit Vater- und Gattennamen ein solches Wirrwarr hat, denn dort heißen die Ehepartner sowieso nie gleich. Also unterschiedliche Namen in einem Ausweis besagen da gar nichts. Ob das die Señora überhaupt wusste oder ob doch letztlich ihr Geschäftssinn gesiegt hatte? Mürrisch winkte sie uns in ihr Haus. Meine Bedenken hätte ich mir allerdings sparen können, aber auch unsere Wirtin hätte sich gar nicht so ins Zeug legen müssen. Die Betten, die sie uns zuwies, waren weder für freie noch gesetzliche Liebe tauglich. Bis auf den Boden hängende Gitterroste, die mit Nachtöpfen abgestützt waren, machten bei jedem Umdrehen im Bett einen Höllenlärm. Die Lust auf irgendeine sündhafte Handlung verging da auch so liederlichen jungen Deutschen wie uns. Am anderen Ende von Europa, soviel war klar, also nix freie Liebe … und diejenigen Mitglieder der deutschen „Grünen", die bald ungehindert Sex mit Minderjährigen forderten, hätte die Heilige Inquisition hier umgehend auf jeder Plaza Mayor auf dem Scheiterhaufen verbrannt.

Mir kam in den Sinn, dass auch meine eigene Mutter im fernen Deutschland mit dem „Sexjelumbe" (Sexgelumpe) noch sehr archaische Vorstellungen hatte, die der der spanischen Señora gar nicht so unähnlich waren. Sowas Peinliches erzählte ich Otto natürlich nicht. Aber als ich noch zu Hause lebte, durfte ein Freund – schließlich war ich 1972 mit achtzehn noch nicht volljährig – nie länger als bis 22 Uhr bei mir bleiben. Keine Ahnung, ob es den in diesen Tagen wirklich noch gab, aber

Mutter bezog sich bei ihrem strengen Reglement unbeirrt auf den Kuppelparagraphen. Er ahndete vorsätzliche Förderung oder Vermittlung von Unzucht unter dem eigenen Dach. Letztlich war das wahrscheinlich nur Mutters offizielles Mäntelchen für „Oh, Gott! Was könnten die Leute sagen!"

Im erzkatholischen Spanien herrschten sicherlich noch andere Sitten, aber in Deutschland hatte sich das zarte Pflänzchen der „sexuellen Revolution" langsam auch bis zu Otto Normalverbraucher durchgekämpft. Vor allem die Männer, so mein Eindruck bereits als Halbwüchsige, waren daran besonders interessiert. Mein Vater etwa bewirtete in seinem Friseursalon nach Ladenschluss gerne eine kleine exklusive Herrenrunde. Man tauschte sich aus über diverse einschlägige Zeitschriften und reichte kleine Knipsfernseher rum, die durch ein Guckloch leicht bekleidete bis nackte Damen in allen nur wünschenswerten Posen zeigten. Ich hatte in minutiöser Detektivarbeit dieses Geheimnis meines Vaters geschickt gelüftet. Diese kleinen Pikanterien hatte er wenig fantasievoll in seinem Nachtkästchen versteckt. Als wahrer Segen für die Herrenrunde sollte sich erweisen, dass Vater als Kundschaftslektüre allwöchentlich den Lesezirkel bezog, ein wohlsortiertes Zeitschriften-Abo. Nach den noch prüden beginnenden sechziger Jahren kam endlich frischer Wind in Deutschlands Schlafzimmer. So schien es zumindest. Jetzt gab es – nicht nur unterm Ladentisch – Magazine wie Quick, Praline oder Revue, die nach einigen etwas verschämten Artikeln auf den Innenseiten allmählich immer wagemutiger wurden. Bald schon prangten auf den Titelblättern jeder Ausgabe Frauen mit strammen Brüsten, die offensichtlich für alles zu haben waren. Nur daheim lag im eigenen Ehebett immer noch dieselbe gelangweilte und meist lustbefreite Frau. Wie konnte man aus der endlich auch so eine flotte Sexbiene machen? Völlig außer Acht ließ Mann dabei, dass viele Frauen abends einfach knitterknatterkaputt waren. Nach Arbeit im Büro und Haushalt bis spät abends wie bei meiner Mutter.

Zum Glück gab es Oswald Kolle, den damaligen Sexpapst. Der

schien zu wissen, wie man müde Frauen munter machen konnte. Zumindest in der Theorie. Mit seinen wöchentlichen Beiträgen in verschiedenen Magazinen gab er praktikable Tipps für das lahme Sexleben im miefigen Ehebett. Wahrscheinlich hat der eine oder andere Mann ab jetzt auch versucht, seiner Frau Lust zu bereiten. Was hatte man in dieser Männergeneration denn bislang überhaupt über die weibliche Sexualität auf dem Schirm? Trotzdem nehme ich an, dass diverse neumodische Versuche meines Vaters bei meiner Mutter auch nicht viel ausrichten konnten. Das mit dem Sex, das war nun mal nicht ihr Ding. Nicht zu vergessen, dass jede Ehefrau von damals durchaus wusste, dass es neben Putzen und Kochen auch zu ihren ehelichen Pflichten gehörte, mindestens zweimal pro Woche dem Herrn Gemahl sexuelle Befriedigung zu verschaffen. Gesetzlich scheint sogar der Anspruch des Mannes auf „engagierten ehelichen Beischlaf" seiner besseren Hälfte bis 1966 Geltung gehabt zu haben. Na, wenn so was nicht abturnt! Schon ein „teilnahmsloser Beischlaf" konnte im Fall einer Scheidung für die Frau Unterhaltskürzungen bedeuten. Wieso also regen sich Männer auf, dass viele Frauen ihren Orgasmus bis heute nur vortäuschen? Frau hatte aus der Not eine Tugend gemacht.

Vater gab sich wohl irgendwie Mühe mit Mutter, wenn ihm auch nach wie vor nicht im Geringsten irgendeine Form von Arbeitsentlastung meiner Mutter, also Mithilfe bei der Hausarbeit in den Sinn kam. Wenn ich mich recht erinnere, hatte er sie auch ins Kino geschleppt, um mit ihr den in jenen Tagen ultimativen Skandalfilm zu gucken: „Das Schweigen" von Ingmar Bergman. Alle Welt sprach damals davon. Mutter blieb jedoch auch davon unbeeindruckt. Wahrscheinlich ist sie in ihrem Kinosessel einfach kurz eingenickt. Im wahren Leben stand sie nach wie vor auf die Version schnell mal das Nachthemd hoch und machte sich mit ihrer Wurschtigkeit genau genommen eigentlich „strafbar".

Somit lagen also meine Mutter dort in Deutschland und jene halsstarrige Matrona hier in Spanien, sicher auch keine Rakete im eigenen Ehebett, in ihren Werten und Vorstellungen gar nicht so weit auseinander. Aber in unserer Generation sah das mit dem Sex eben ganz anders aus. Zumindest oberflächlich betrachtet. Und ob das alles wirklich die große Freiheit war, das ist ein ganz anderes Thema.

In Lissabon und am Meer Dann endlich am Ziel: Lissabon, die Wunderschöne, gelegen am Fluss Tejo und am Atlantischen Ozean, dem Tor zur neuen Welt, überragt vom trutzigen Castelo de São Jorge. Wir stellten unser Auto in einer der engen winkligen Gassen der Alfama, der Altstadt von Lissabon, ab und zogen neugierig auf neue Eindrücke los. Einen Riesenhunger hatten wir auch. Bald fanden wir uns in einer urig verrauchten Taberna wieder, deren Lärmpegel exorbitant war, den wir selbst zusätzlich anschwellen ließen. Mit Händen und Füßen, mit Englisch und etlichen Brocken Spanisch kamen wir mit jungen Leuten aus aller Herren Länder ins Gespräch, denn der schwere Rotwein machte die Zunge locker. Das Essen war köstlich und die Stimmung bestens. Wie weggeblasen war mein Kummer über die versemmelte Griechischprüfung. Sollten die mich in Erlangen doch ... Beschwingt machten wir uns nach diesem kurzweiligen Abend auf in Richtung Auto. Fünf Gänge hatten wir gegessen, dazu Wein und Mokka. Was war ich satt! Und das alles hatte gerademal umgerechnet zwanzig Mark für uns beide gekostet. Mit solchen Spottpreisen, dachte ich beseelt, da würden wir von unserer Reisekasse vier Wochen hier wie die Könige leben. Aber was war mit unserem Auto? Irgendwas stimmte nicht. Die Rückbank, die war doch vorher noch dicke vollgepackt. Man hatte beim Einparken doch kaum aus dem Rückfenster schauen können. Aber jetzt alles so licht und leer! Es dauerte eine ganze Weile, bis ich begriff, dass unsere alte Rostlaube von einem VW aufgebrochen war und alles, aber auch alles geklaut war. Nach dem ersten Schreck, fiel mir ein, dass ich meine Reisekasse ziemlich clever in eine schmutzige

Unterhose gewickelt hatte. Die wird doch nicht auch ...? Doch sie war! Alles weg! 600 Mark in Studentenjobs mühsam erarbeitet und zusammengespart! Ich setzte mich auf den Bordstein. Schockstarr. Alle meine Kleider, selbstgenäht, weg! Meine Pullover, selbstgestrickt, weg! Nach dem ersten Entsetzen machten wir Kassensturz. Was war uns noch für vier Wochen geblieben? Sollten wir nicht lieber gleich wieder nach Hause fahren? Nein! Otto hatte sein Geld noch vollzählig in der Brieftasche und das wollte er mit mir teilen. Die Großzügigkeit dieser Geste war mir in diesem Moment völlig egal. In meinem Kopf drehte sich alles um meinen Verlust. Ich tat mir selbst unendlich leid. Vor wenigen Tagen meine Griechisch-Niederlage und jetzt noch das! In einer Sisaltasche unter dem Autositz fand ich dann wenigstens einen Rock, eine frische Unterhose, ein T-Shirt, Rein-der-Tube und die Antibabypille. Das waren mal Diebe, die mitdachten! Wäsche waschen konnte ich also noch und vögeln. Die Schurken mussten sich ausgiebig Zeit gelassen haben. Ihre Auswahl an zurückgelassenen Accessoires zeigte, dass sie ganz sicher den portugiesischen Tourismus nicht schädigen wollten, denn mit einer solchen Minimalausstattung war der Urlaub fortsetzbar. In Ottos Kulturbeutel befanden sich noch unserer beider Zahnbürsten und Ottos Ersatzbrille. Eine mit billigem Kassengestell, die früher jeden Brillenträger extrem bekloppt aussehen ließ. Selbst die und unsere abgekauten Zahnbürsten sollten später auf der Rückreise bei einem zweiten Raubzug auf einem Campingplatz in Sevilla zur Beute werden. Das Verschwinden dieser unserer verbliebenen letzten Habe hatte zwischen Otto und mir noch einen heftigen Streit ausgelöst, unterstellten wir uns doch gegenseitig, den Kulturbeutel verschlampt zu haben. Nein, dem war nicht so! Ein Campingnachbar klärte uns auf. Alle Zelte hatten nachts ungebetenen Besuch gehabt. Überall aufgeschlitzte Zeltwände. Dann entdeckten auch wir die Bescherung. Jetzt hatten wir mit unserer wirklich mageren Ausbeute selbst für ärmste Langfinger zu allem Überfluss noch ein Loch im Zelt.

Mein erster Schreck an jenem Abend in Lissabon war einer unendlichen Wut gewichen. Revolution hin oder her. Was interessierten mich jetzt noch die politischen Fortschritte dieser portugiesischen Diebesbande! Von nun an würde ich nicht ruhen und rasten, bis ich diese Gauner gestellt hatte. Ganz Lissabon, jeden Secondhand-Laden, jeden Trödelmarkt würde ich abklappern. Und wehe, wenn ich ein Teil finde! Ich würde die zur Rede stellen! Und mit der mir eigenen lauten Stimme war das gar keine so windige Drohung. Einmal in Rage, war es mir schon immer gelungen mit den entsprechenden Dezibel, für ungemein viel Aufsehen zu sorgen und mein Gegenüber nachhaltig zu verschrecken. Ich hatte auf jeden Fall aus irgendeinem familiären Genpool einen Hang zu Sophia-Loren-Tobsuchtsanfällen geerbt. Otto ließ mich erstmal meine vorab fantasierten Rachegedanken ausagieren, graste mit mir auch geduldig verschiedene Märkte ab. Vergeblich. Die Diebe waren offensichtlich schlau. Wahrscheinlich hielten die ihre Beute noch gezielt zurück – und zack, in ein paar Tagen würden sie die Verkaufsbuden Lissabons damit überschwemmen. Es brauchte Schläue und Ausdauer ... Aber unter der glühend heißen Sommersonne Portugals schmolz der Elan für meine Verbrecherjagd von Tag zu Tag dahin. Und dann war ja noch der revolutionäre Kampf des heldenhaften portugiesischen Volkes, den es zu beobachten und zu dokumentieren galt. Räuber hin oder her – darauf legte nun mal Otto größten Wert.

Um im Zentrum der heißesten Diskussionen zu sein, bezogen wir strategisch klug Quartier auf dem Campus der Lissaboner Universität. Das war damals im Sommer 1975 während der Semesterferien für junge Polittouristen aus aller Welt geöffnet. Dort also traf sich die linke Internationale, zumindest biwakierte hier ein bunt gemischtes Völkchen von Studenten aus aller Herren Länder. Mit denen konnte man sich bestens über die Beobachtungen und Beurteilungen dieses aktuellen Freiheitskampfes austauschen. Unser Zelt war schnell aufgebaut und um sich in unserem nurmehr spärlichen Hausrat einzurichten, brauchte es nicht viel Zeit. Gerade hatte ich die Schlafsäcke ausgerollt, als ich völlig verdattert auf unser Nachbarzelt starrte. Konnte man dem unseren drei Komfortsterne zubilligen, so war das da eindeutig Kategorie Ein-Stern. So niedrig war es, dass man darin nur auf Ellenbogen vorwärts robbend sich schlafen legen konnte. Vom First dieses Zeltes war eine Leine gespannt. Für die Wäsche. Denen waren beneidenswert viele Unterhosen geblieben, die da im Sommerwind flatterten. Aber alles bebte und wackelte. Auch das Zeltdach vibrierte in einem geradezu abartig hektisch schnellen Rhythmus. Was war denn da los? Das laue Lüftchen konnte doch nicht so eine Kraft entwickeln?! Otto lachte sich halb krank, als er mir erklären musste, dass es so aussieht, wenn man leidenschaftlich auf engstem Raum vögelt. – Aha!

Diskutierten wir gerade nicht mit all den jungen Leuten auf dem Campus, schlenderten wir durch die Stadt. Ich natürlich immer noch nebenbei als Sherlock Holmes in eigener Sache unterwegs. An Kiosken und auf Plätzen standen Gruppen von Männern, Zigaretten im Mundwinkel, ein Glas Rotwein oder eine Tasse Kaffee in der Hand und unterhielten sich. Vielleicht über das Wetter, den Ärger mit der Frau zu Hause, das schleppende Geschäft in der Sommerhitze, vielleicht auch über Politik ... Aber für Otto war alles, was auf der Straße passierte, eindeutig revolutionsgeschwängert. An den Hauswänden standen Parolen von Volk und Freiheit, von sozialistischen Gruppierungen in roter Farbe geschrieben, oder auf einer Mauer ein gemalter Stier, der das Wort Nato auf die Hörner genommen hatte. Plakate, die zu Zusammenkünften aller fortschrittlichen Kräfte aufriefen. Das waren schon mal eindeutige Beweise für das neue sozialistische Bewusstsein des portugiesischen Volkes, vor allem der Bauern- und Arbeiterklasse.

Also eigentlich war Otto, fand ich zumindest, genauso naiv wie ich zuvor mit dem „Wackelzelt". Mein Auftrag war es jetzt nämlich, mich immer ganz dicht, aber unauffällig an diese Männergrüppchen, respektive revolutionären Zellen, heranzuschleichen, um aus deren portugiesischen Unterhaltungen ein paar Brocken herauszuhören. Und zwar die richtigen. Mit meinen Spanischkenntnissen musste da doch Klassenkampf, Solidarität, Arbeiter- und Soldatenräte ... auch im Portugiesischen zu verstehen sein. Untermalt mit geballten Fäusten oder grimmig kämpferischen Mienen hätte das Nonverbale mir ja auch noch als Übersetzungshilfe dienen können. Ehrlich gesagt verstand ich nicht viel mehr als Otto. Da ein Wort, da einen Satzbrocken vielleicht. Dazwischen aber immer wieder Ottos drängende Fragen: „Sag, was reden die! – Sind das Bauern? Arbeiter?" Otto wollte einfach bewiesen haben, dass um uns herum die Revolution brodelte. Er war geradezu beseelt von dieser Idee. Ganz Portugal beschäftigte sich für ihn, immerhin war bereits ein gutes Jahr seit dem Frühjahr 1974 vergangen, immer noch ausschließlich mit dem revolutionären Geschehen.

Um es kurz zu machen, weder fanden Otto noch ich, wonach wir in Lissabon suchten. Ich nicht das Diebesgut und Otto nicht kernige Proletarier, am besten mit Hammer und Sichel in der Hand.

Am Ende siegte auch bei uns der blanke Hedonismus. Bei dieser Hitze – was hatten wir auch anderes mitten im August erwartet – zog es uns an die Atlantikküste, an die Algarve. Abkühlung im Meer. Welche Illusion! Denn auch dort war es unerträglich heiß. Schon frühmorgens ging die Sonne wie ein glühend roter Ball am Himmel auf, dass uns die Stickigkeit unseres Zeltes nach draußen fliehen ließ. Mit endlich mal in den Ferien Ausschlafen war es Essig. Gleich morgens um sieben nichts wie weg an den Strand! Aber auch der kurze Weg von unserem Campingplatz bis zum Meer glich einem Fußmarsch durch Höllenfeuer. Dornengestrüpp zerkratzte unsere Beine. Mannshohe Kakteen flankierten die staubigen Trampelpfade. Selbst am Strand wurden mit höher steigender Sonne die Schatten einzelner bizarrer Felsen immer schmaler und sonnengeschützte Rückzugsorte immer kleiner. Eine Erinnerung an diese Tage: die stehende, flirrende Hitze und ich auf einem Badetuch, alle drei Bände von

Ernst Blochs „Das Prinzip Hoffnung" neben mir. Das hatten die vermaledeiten Autoknacker blöderweise auch nicht geklaut. Was habe ich mich von Seite zu Seite gequält, durch in einander verschlungene Sätze, vorbei an Begriffen, die ich noch nie gehört hatte. Nichts, rein gar nichts wollte davon in meinem Gedächtnis haften bleiben. Und über mir brannte die unbarmherzige Sonne und dampfte meine Hirnzellen ein. Trotzdem, ich wollte da durch, war doch Bloch ein Philosoph, der sich immer wieder auch auf das Alte Testament, vor allem die Propheten bezog. Und gab es nicht in Anlehnung an ihn eine theologische Strömung. Dorothee Sölle, die mit einem provokanten Buchtitel mir ganz persönlich offensichtlich eine Brücke zwischen sozialistischer Polittheorie und Theologie zu bauen schien: „Atheistisch an Gott glauben". So was brauchte ich dringend, um in meinem Kopf irgendeine brauchbare Verbindung zwischen linker Politik und Theologie herzukriegen. Denn dass diese meine Kombination recht konfliktträchtig und widersprüchlich war, das spürte, ja wusste ich durchaus.

Aber all die schlauen Worte und Gedanken Blochs zerbröselten im glühend heißen Sand von Portugal. Wie diese: „Dieses Utopische ist das Paradox in der ästhetischen Immanenz, das ihr selber am gründlichsten immanent ist." (Das Prinzip Hoffnung, Erster Band) Madonna! Was hatte ich mir da bei vierzig Grad im Schatten angetan? Das konnte ja nix werden. Me absolvo! Das verzeihe ich mir wirklich noch Jahre später.

Die Portugal-Nachrichten

Zu Hause angekommen ging das mit der politischen Arbeit erst richtig los. Zwar waren dort die Temperaturen angenehm, aber die Debatten über Portugal waren umso hitziger. Unsere politische Clique war sich einig. Dort im Südwesten Europas wäre beinahe etwas Ungeheuerliches, alle Linken unserer Sorte geradezu Beglückendes passiert: Eine echte friedliche Revolution hätte reale Gestalt annehmen können. Hätte! Aber bereits im April 1975 hatte der Sozialist

Mario Soares die Wahlen gewonnen. Nur was heißt schon „Sozialist"?! Mit Soares war wieder so einer dieser weichgespülten Sozialdemokraten ans Ruder gekommen. Gerade waren die im Begriff, sich in Europa breitzumachen. Ein gutes Netzwerk hatten sie ja mit Willy Brandt in der Bundesrepublik, Olaf Palme in Schweden oder Bruno Kreisky in Österreich ... Durch irgendwelche begrifflichen Verwirrspielchen hatten die den echten portugiesischen Sozialisten, der MFA, der Bewegung der Streitkräfte, den Wahlsieg geklaut, so unsere felsenfeste Meinung. Es war immer dasselbe „Wer hat uns verraten? – Sozialdemokraten!" Empörung machte sich unter uns breit. Einmal persönlich vor Ort gewesen, hatte ich die berechtigte Hoffnung, das Geschehen rund um die Nelkenrevolution zu durchblicken. Ich, in meiner noch taufrischen linken Laufbahn, konnte hier wenigstens in bescheidenen Fußnoten mal ordentlich mit den Wölfen heulen. Bald kam ich auch durch meine „authentische Augenzeugenschaft" in den Genuss, in unserem neu gegründeten Portugal-Komitee mitmischen zu dürfen. Zumindest bildete ich mir das ein. Meine in Zukunft mehr als subordinierten Arbeitsaufträge belehrten mich sehr schnell eines Anderen. Man, also wirklich Mann!, hatte beschlossen, eine Zeitung herauszugeben, die „Portugalnachrichten". Von der Idee her war das in internetlosen Zeiten nichts Neues, gab es doch seit dem Putsch gegen Salvator Allende im September 1973 die Chile-Nachrichten. Ziel solcher Blätter war es, über den Kampf zwischen Gut und Böse haarklein zu berichten. Böse waren damals, selbst aus heutiger Sicht und durchaus berechtigt, vor allem die Amerikaner, die in ihre Panik vor der „roten Flut", der Red Scare, so ziemlich jedes Schurkenregime auf der Welt unterstützten, Hauptsache es war antikommunistisch.

Einmal im Monat berichteten wir nun über die unermüdlichen revolutionären Kräfte etwa unter den portugiesischen Landarbeitern, die sich jetzt zu kollektiven Produktionseinheiten zusammenschlossen. Die alten Großgrundbesitzer und der Klerus waren vertrieben. Wie? Na ja, friedlich! Wahrscheinlich! Nein, es konnte aus unserer Sicht gar nicht anders sein, waren die Linken doch eindeutig die Guten, die Menschenfreunde! In unserem neuen Blatt wurde brandaktuell – jedenfalls gaben wir uns Mühe – über das Gerangel der verschiedenen politischen Bewegungen, bis hin zu irgendwelchen maoistischen Splittergruppen berichtet. Über welche Kanäle wir damals die Informationen bezogen, weiß der Himmel. Denn eins war klar: Otto und ich hatten schon mangels Sprachkenntnissen vor Ort keinen Nachrichtenstützpunkt einrichten können. Und wieder sollte mich die Keule erwischen. Zwar war ich seit Anfang des Jahres 1975 zwanzigjährig mit Verspätung volljährig geworden und eigentlich sollte ich glückliche Nutznießerin des gerade laufenden Internationalen Jahres der Frau sein. Aber die Wirklichkeit sah anders aus, jedenfalls alles andere als weiblich selbstbestimmt. Sagten mir jetzt nicht mehr meine Eltern, wo es langging, so übernahm diese Aufgabe von nun an lückenlos mein politisches Umfeld. Meine Rolle war in Sachen Portugal, trotz meiner „Zeitzeugenschaft", erstmal die einer Tippse der von unseren schlauen Jungs verfassten Artikel. Fast alle hatten zwar nur einen irgendwie angelesenen Schimmer von den Verhältnissen vor Ort, aber den vertraten sie sehr selbstbewusst. Ich war schwer beeindruckt von so viel Durchblick! Unbenommen ließ man mir gönnerhaft wenigstens die reelle Chance zum Aufstieg – bei intellektueller Eignung versteht sich. Meine erste Bewährungsprobe hatte jedoch wenig mit Kopfarbeit zu tun: Im Hinterhaus von Ottos Oma bis tief in die Nacht die frischen Druckbögen voller eindeutig kluger Aufsätze und Kommentare der Jungs zu Zeitungen falten. Von nun an verschlief ich manche Morgenvorlesungen nicht, weil mich die stundenlange große Abtanze in der Disco so ausgepowert hatte, sondern es war mein kräftezehrender Kampf für die revolutionäre Sache. Spätestens am nächsten Mittag hatte ich aber wieder topfit zu sein. Da gings an den Vertrieb der Druckerzeugnisse. Für eine Mark waren die Blätter zu verkaufen. Wahrscheinlich schon damals unterschwellig oder ganz bewusst angedacht „Sex sells", war der Verkauf erstmal

Frauen-, sprich vor allem meine Sache. An besonders exponierter Stelle. Man wies mir die Mensa als meinen Standort zu. Zu der Zeit mit dem meisten Publikumsverkehr. Genauer gesagt, als Hinz und Kunz vom Hunger getrieben an mir vorbeilaufen musste. Mir wurde ganz flau. Wer mich da alles sehen konnte! Was die dann von mir dachten? Professoren, Kommilitonen ...? Es half nichts. Jeder musste für die große Sache Opfer bringen. Also stand ich dann da für alle sichtbar am Eingang der Mensa mit einem Stapel dieser unseligen, in diesem Moment für mich ultrapeinlichen Zeitungen unterm Arm. Mutterseelenallein. Zaghaft hob ich an: „Portugal-Nachrichten! Kauft die Portugal-Nachrichten! Das Neueste über den revolutionären Kampf Portugals ..." Wie blöd und hölzern, so gar nicht kämpferisch diese Worte aus meinem Mund klangen. Bevor ich damit loslegte, schaute ich mich um, ob irgendein bekanntes Gesicht in der Nähe war. Was für ein Eiertanz! Vorbeiziehenden Gesinnungsgenossen würde mein lauwarmes Engagement sofort auffallen und ordentliche Studenten mit Aktenköfferchen und Blazermantel würden die Augen rollen, zumindest innerlich den Kopf über mich schütteln. Ich stand dort eine halbe Stunde, eine ganze Stunde ... Aber mein Sex „sellte" so gut wie nix! Ein schlabberiger Parka und ausgewaschene Jeans waren dafür vielleicht auch nicht das passende Outfit. Diese blöden Blätter, wenig ansprechend in Druck und Aufmachung, wurden einfach nicht weniger. Kein Aas interessierte sich für das Neueste über den heldenhaften Kampf der portugiesischen Proletarier und Landarbeiter. Und schon gar nicht für eine Mark. Fünfzig Pfennig mehr und man bekam ein komplettes Mensamenü. Zwischendurch ein mitleidiges Grinsen, ein Hallo von jemanden, der mich kannte ... Dann auch mal ein Griff nach der Zeitung, ein kurzes Blättern. „Aha!" Keine Ahnung, was man damit sagen wollte. Oft jedoch blieb die nervige Frage nicht aus: „Stehst du denn wirklich hinter dem, was du da verkaufst?" Ich konnte mich drehen und wenden wie ich wollte. Immer dasselbe. Dauernd erwartete man von mir eine Art Bekenntnis. Entweder fragte man wegen meines Theologiestudiums geradezu genüsslich voyeuristisch mein Verhältnis zu Gott ab. Jetzt wollte man auch hier von mir so was wie eine politische Selbstoffenbarung erhaschen. Leider ruderte ich auf beiden Gebieten ziemlich unbeholfen rum.

Der UNO-Generalsekretär

Manchmal hatte ich allerdings Glück. Dann, wenn der Erlanger UNO-Generalsekretär unterwegs war. Auch er wählte gerne publikumswirksam den Platz vor der Mensa zur Mittagszeit, um seine Botschaften an möglichst viele Passanten zu bringen. Das lenkte von mir ab – und ich war nicht ganz allein. Dieser ältere drahtige Mann, eine lederne Rennfahrerkappe auf dem Kopf, mit Knickerbocker und Anorak radelte ansonsten unermüdlich bei Wind und Wetter durch die Erlanger Innenstadt. An einer am Gepäckträger festgezurrten Stange flatterte eine blaue Fahne mit dem UNO-Signet lustig im Wind – die Weltkarte umkränzt vom Friedenssymbol der Olivenzweige. Aber seine Botschaft war alles andere als lustig. Es ging ihm unermüdlich um den Weltfrieden. Sein Fahrradanhänger geschmückt mit bunten Plastikblumen und Plüschtieren transportierte eine Ladung selbst verfasster Flugblätter und Infoschriften, die er verteilte. Kostenlos. Damit wollte er die Welt endlich zur Vernunft bringen, wachrütteln. Denn auch nach Vietnam gab es überall auf der Welt Krieg: im Libanon, in Uganda und Angola, im Kongo, auf Zypern ... Ganz zu schweigen, dass, von dem zarten Pflänzchen der Annäherung an den Warschauer Pakt mal abgesehen, noch immer das eisige Klima des Kalten Krieges, der gegenseitigen atomaren Bedrohung herrschte. Er schämte sich nicht so wie ich. Nein, er war sich seiner Sache absolut sicher, von ihr beseelt. Achselzuckend, gleichgültig ging man an ihm vorbei. Viele belächelten ihn. An manchen Tagen jedoch verkündete er wild gestikulierend und lauthals seine Gedanken wie ein wütender Marktschreier. Dann hatte er volle Aufmerksamkeit und eine Menschentraube umringte ihn. Gerne begaffte man ihn als einen, bei dem einiges unrund lief, der eben eine Schraube locker hatte. Der Bundesrepublik – uns ging es doch gut! Was wollten da solche Spinner? Ganz so intellektuell unbeleckt, auch wenn ich in der Sommerhitze bei Ernst Bloch so kläglich versagt hatte, sollte ich in Zukunft doch nicht bleiben. Dieser UNO-Generalsekretär fand ich heraus, war nämlich das, was Michel Foucault in seinem Buch „Wahnsinn und Gesellschaft" als Opfer unseres Rationalitätswahns bezeichnet. Die „Normalos" verweigern sich geschickt solch „irren" Gedanken. Besser noch, man sperrt solche Menschen weg. In Irrenanstalten. Noch früher setzte man sie in einem „Narrenschiff" aus. Fort mit ihnen, hinaus aufs weite Meer. Gott würde sich ihrer schon annehmen. Soweit die mich später verstörenden Gedanken von Foucault. Wie Don Quijote, dessen Irrsinn darin bestand, nicht anzuerkennen, dass die Zeit edler Ritter vorbei war, so eine traurige Gestalt schien auch der UNO-Generalsekretär zu sein. Er lehnte sich eben dagegen auf, den Zustand des Unfriedens in der Welt als gegeben hinzunehmen. Mit seinem Fahrrad ritt er gegen die Windmühlen modernen Wahnsinns an. Damals noch ziemlich weit entfernt von philosophischer Erkenntnis, heulte ich erst mal sehr bereitwillig mit den Wölfen. Mit all den anderen Voyeuren hielt ich den Alten unisono einfach nur für bekloppt. Noch ungeheuerlicher war allerdings, wie man von „wissenschaftlicher Seite" – ganz sicher immer noch mit einer ordentlichen Prise der guten alten NS-Psychatrie angereichert – mit diesem Mann umging. Im Laufe der Jahre sollte sich nämlich immer deutlicher abzeichnen, dass das beschauliche akademische Erlangen in vielen seiner Fakultäten ein stramm braunes gewesen war. Als „Erste nationalsozialistische Hochschule im Reich" war die Friedrich-Alexander-Universität einst zu zweifelhaftem Ruhm gelangt. In unseren scheinbar bereits so entnazifizierten Zeiten wurde jedenfalls der selbsternannte UNO-Generalsekretär von altehrwürdigen Professoren immer mal wieder als Manifestation klassischer geistiger Umnachtung gegen ein kleines Salär in die Forensische Psychiatrie eingeladen. Wahrscheinlich ein willkommenes Zubrot für diesen alten Mann. Denn viel Geld hatte der gewiss nicht zum Leben, gerade auch wenn man an die Kosten seiner vielen Druckwerke denkt. Bald wurde er zum beliebtesten Studienobjekt für sensationsgeile Medizinstudenten. Mit ihm konnte selbst der langweiligste Professor seinen Hörsaal bis auf den letzten Platz füllen. Das war eine echte Win-win-Situation für alle Beteiligten. Denn mit ihrer Teilnahmebestätigung an dieser kurzweiligen Veranstaltung konnten sich die angehenden Mediziner wiederum psychiatrische Grundkenntnisse attestieren lassen. Selbst Otto und seine Kumpel waren sich dafür nicht zu schade. Und mit ihnen saß auch ich quasi an der Quelle. Ich erfuhr aus erster Hand, wann wieder ein solcher Termin anstand. Wer da wen vorführte? Das war im Nachhinein alles andere als klar. Im weißen Kittel stand da in einer Ecke der Arena, seltsam distanziert, der Lehrende. Im langen strahlend weißen Kittel, skeptisch über die Goldrandbrille blickend, die Hand nachdenklich ans Kinn gelegt. „Da seht ihr ihn, den blanken Irrsinn!", schien er seinen Studenten zuzurufen. Stockte das Schauspiel, bedurfte es nur kleiner wohl dosierter Zwischenfragen des medizinischen Dompteurs. Alles lief ruhig, fast freundlich ab. Nur der Patient da vorne wurde mitunter laut. Redete sich, beseelt von seiner Mission, zuweilen in Rage. Er hatte ja endlich mal andächtig zuhörendes Publikum, wenn auch nicht am Inhalt seiner Botschaft interessiert. Wächter an den Hörsaaltüren standen in Bereitschaft, um bei Gefahr gleich zur Stelle zu sein. Schon durch das Wie und Was seiner Reden, begleitet von sachkundigen Kommentaren des Professors, wurde für jeden klar, dass bei diesem Mann ein psychischer Defekt vorlag, der gewiss auch mit einem fachlichen Etikett versehen wurde.

Ganz nebenbei kam mir schon damals eine Episode aus meiner Kindheit wieder in den Sinn. Was für Vorstellungen machten wir uns eigentlich von der inneren Not, von den furchtbaren Erfahrungen, die solche Menschen in der Vergangenheit gemacht hatten? Traf man hier nicht wieder auf Menschen – heute würde man sagen – die ihre posttraumatischen Belastungsstörungen des letzten Krieges unverarbeitet in ihrem Lebensgepäck mit sich herumschleppten? Das Alter des UNO-Generalsekretärs hätte jedenfalls gepasst.

Ich erinnere mich auch noch sehr genau an eine ältere Frau, die immer wieder scheinbar ziellos während meiner Grundschulzeit durch das Glacis stromerte. Das Glacis ist ein Parkgürtel rund um die Ingolstädter Altstadt, durch das mein Schulweg führte. Wie die Alte schon aussah! Ein faltenzerfurchtes, böse dreinschauendes Gesicht spitzte unter einem dicken Wollkopftuch hervor. Sie war allzeit bekleidet mit demselben Mantel und klobigen Schnürschuhen. Auf ihrem krummen Rücken hatte sie einen Tragekorb, in dem sie weiß der Himmel was durch die Gegend schleppte. Im schnellen Stechschritt durchstreifte sie den Park. Ohne rechtes Ziel wie es schien. Manchmal sah man sie auf den befestigten Wegen, mitunter hörte man nur das Knacken von Ästen, das Rascheln von Laub und sah schemenhaft ihre Gestalt durch das Dickicht pirschen. So als suche sie etwas. Kamen wir ihr näher, hörten wir, dass sie unentwegt Unverständliches vor sich hin brabbelte. War es, weil sie in einer anderen Sprache redete oder weil sie ständig einen qualmenden Zigarettenstummel zwischen ihren Lippen hin- und herschob? Es war auch egal. Bis auf die Zigarette glich sie eindeutig einer Hexe. Wenn ich der Alten im Park begegnete, dann war ich zum Glück nie allein. So konnte man sich bei ihrem Anblick einigermaßen unbedenklich wohligem Gruseln hingeben. Denn war sie an uns vorbei gegangen und lag zwischen ihr und uns ein sicherer Abstand, dann wurden wir plötzlich mutig. Ja, wir liefen sogar hinter ihr her, immer sehr auf der Hut, dass sie keine Kehrtwende in unsere Richtung machte. Wir riefen dieser „alten Hexe" Schimpfworte nach und die Tollkühnen unter uns warfen ihr den einen oder anderen Stein hinterher. Mit Kribbeln im Bauch, stolz auf unseren Wagemut, ließen wir irgendwann von ihr ab und setzten unseren Heimweg fort. Die Begegnungen mit der Alten wurden mit der Zeit immer seltener, bis sie eines Tages im Glacis gar nicht mehr auftauchte. Jahre später sollte ich durch irgendeinen Zufall erfahren, was es mit dieser Frau auf sich gehabt hatte. Wie viele Neu-Ingolstädter stammte sie irgendwo aus dem Osten. Früher war sie verheiratet und die Mutter dreier Söhne gewesen.

Alle vier, Mann und Kinder, seien in den Kriegswirren ums Leben gekommen – erschossen, erhängt, ermordet ...? Keiner wusste das mehr so genau. Ihre Ruhelosigkeit, ihre Schrulligkeit, ihre Verrücktheit? Die Alte vom Glacis so ganz anders als der UNO-Generalsekretär. Oder doch nicht?

Die Schickimicki-Mediziner

Bei all dem Politisieren geriet nicht nur mein Studium in eine gewisse Schräglage, sondern damit natürlich auch mein Plan, mein Streben, mich aus meiner kleinbürgerlichen Existenz zu befreien. Ich musste mir das ständig vor Augen halten und unermüdlich am Ball bleiben. Zwei klassische Wege boten sich hierfür an: erstens die schon in Angriff genommene zukünftige akademische Ausbildung, sprich mein Studium. Leider gestaltete die sich mitunter doch recht mühevoll. Und blöderweise konnte sie nur über Eigenleistung, also über Fleiß und Einsatz gelingen. Da ich allerdings auch ein hübsches Mädchen war, hätte sich auch zweitens der klassische, wie mir schien äußerst komfortable Weg angeboten: die Heirat eines Traumprinzen. Erlangen wimmelte ja von zukünftigen Ärzten, Professoren ..., damals lagen deren zu erwartende Karrieren fast auf der Straße. Als Frau musste man sich da nur geschickt dranhängen. Es war Fakt: Ich war schon mal an der richtigen Quelle. Ich müsste mich nur clever anstellen. Sogar ein dritter Weg schien sich kurzzeitig aufzutun. Offensichtlich grasten irgendwelche Film- und Fotoleute bevorzugt Unistädte ab. Dass es da haufenweise junges Frischfleisch gab, war klar. Und dass viele Studentinnen so wie ich finanziell notorisch klamm waren, war kein Geheimnis. So wurde auch ich auf der Straße angesprochen, ob ich richtig gutes Geld verdienen wolle. Das war ja ein Ding! Einfach so! Na klar! Ob ich denn Fotos von mir machen ließe, oder noch besser in Filmen mitspielen wolle. Mein Herz schlug mir bis zum Hals. Ich war gerade auf dem Sprung, entdeckt zu werden. Vielleicht von einer renommierten Modelagentur. Einfach so auf meinem Weg zur Uni. Das könnte der Beginn einer tollen Karriere sein. Mir wurde ganz schwindlig. Welche Filme das denn sein sollten? Es ging um Sexfilme. Ich sackte sichtbar zusammen. Keine schlimmen, wie mir mein Kontaktmann fast tröstend versicherte. So was ähnliches wie Schulmädchen-Report. Von dieser Serie hatte ich natürlich schon gehört. Allerdings nichts Gutes. Ich bei so was mitspielen? Nie und nimmer. Ich lief puterrot an, drehte mich auf dem Absatz um und rannte klopfenden Herzens wie eine verschreckte Landpomeranze davon. Das war's dann mit der Karriere und dem lukrativen Verdienst. Andere waren, wie ich erfahren sollte, da nicht so prüde. Ich war eben genau besehen entweder total verklemmt oder aber ein Ausbund an Tugendhaftigkeit! Wenn das meine griechischen Vermieter oder die Señora im fernen Spanien wenigstens mal mitbekommen hätten!

Meine Griechen hatte ich allerdings zwischenzeitlich verlassen und ein nettes kleines Studentenappartement sogar mit eigener Dusche und WC bezogen. Die Kacheln meiner Kochecke hatte ich mit bunten Prilblumen aufgemöbelt, die damals unter dem Motto „Fröhliche Küche" als Aufkleber auf den Spülmittelflaschen zu finden waren. Einen schicken weißen Flokatiteppich hatte ich mir auch geleistet, quasi einen zotteligen Hirtenmantel als Bodenbelage auf meinem vom Vormieter doch recht ramponierten Teppichboden. Was für ein Dreckfänger der werden sollte, kam ich spätestens beim nächsten Umzug zu spüren. Beim Ausklopfen blieb mir schier die Luft weg. Aber die nächste Wohnung war noch nicht in Sicht. Noch lebte ich allein. Das große Experiment Wohngemeinschaft lag noch vor mir. Somit hatte ich noch eine ganze Portion otto- bzw. politfreie Zeit zur Eigennutzung und somit die freie Wahl, zwischen den verschiedenen studentischen Welten hin und her zu wechseln. Zwischendurch verabredete ich mich mal wieder mit meiner

„Mitfahrgelegenheit" Heidi. Die tummelte sich natürlich in ganz anderen Kneipen. Irgendwie waren die cooler und wimmelten von Medizinern, die zu einer ganz anderen Liga als Otto und Konsorten gehörten. Hier wollte man reich werden, Karriere machen. Das lag untrüglich in der Luft. Allein schon die Autos! Nicht irgendwelche klapprigen VWs, sondern schicke Alfa Romeos, flache Flundern wie ein Porsche 914, der ohne Dach zum Cabrio wurde und seinem Fahrer den Wind der Freiheit durch das noch volle Haar blies. Außerdem das ideale Auto, um zu sehen und gesehen zu werden. Oder ganz edel ein „spermaweißer" 911er wie der testosteron-strotzende Besitzer stolz die Farbe seines Porsches jedem, der es wissen wollte oder auch nicht, beschrieb. All diese schicken Schlitten parkte man gut sichtbar vorm „Café Leiche", beliebter Treffpunkt nach praktischen Sezierübungen in der Anatomie gegenüber. Nach solchen Kursen strömten vor allem junge Männer den weißen Kittel lässig über dem Arm in rauen Mengen in Richtung Café. Das zog natürlich vor allem hübsche Schwesternschülerinnen geradezu magisch an. Zwar immerhin Studentin und daher nicht ganz so offensichtlich auf der Pirsch, traute ich mich da zunächst nicht hin. Zumindest nicht allein. Aber mit Heidi, die natürlich da keine Berührungsängste hatte und sich trotz ihrer schiefen Nase, wie ich bösartig bei mir dachte, parkettsicher zwischen all den smarten Typen bewegte. Sogar ein blumiges Hippietuch hatte sie sich um die Stirn gebunden und sie trug eine bunte Sommerhose mit Schlag. Ich musste zugeben, dass sie damit richtig cool aussah. Mein Zugeständnis an die Flower Power Mode war, dass ich die Säume meiner Hosenbeine mit bunten Blumenborten aufgepeppt hatte. Das war's dann aber auch. Und Kenner wussten eindeutig, dass das nur der klägliche Versuch einer ärmlichen Studentin sein konnte. Also stylemäßig hatte mich Heidi eindeutig abgehängt.

In diesem Medizinerkreis gefiel mir Gimmy ausnehmend gut. Groß, schwarzhaarig hörte man ihn mit seinen Clogs schon von weitem daher klappern. Mein Herz schlug höher, wenn er mit seiner samtigdunklen Stimme die Runde begrüßte ... Dereinst würden die Beine seiner Patientinnen sicher weich wie Pudding werden, wenn er fachlich notwendig „Machen Sie sich bitte frei!" sagen würde. Ja, ich schwärmte für ihn. Aber zu mehr reichte es mal wieder nicht. So richtige Anmache, kokettes Anflirten, das sollte nie mein Ding werden. Otto hin oder her. Aber dieser Gimmy, der wäre sicher auch nicht schlecht. Ich malte mir aus, dass sich durch Gimmy mit einem Male auch der ganze lästige politische Kladderadatsch von selbst erledigen würde. Dolce vita wäre angesagt. Im Sportwagen zum Atzelsberg düsen, einem Studententreffpunkt im fränkischen Hinterland, – das wäre doch eine feine Sache. Immer schon war ich ziemlich trickreich, geradezu detektivisch begabt, Einzelheiten über das Objekt meiner Begierde in Erfahrung zu bringen. Was ich durch meine Recherchearbeiten über Gimmy zu wissen bekam, war allerdings ernüchternd. Er war mit einer Krankenschwester liiert, die ihm Studium, Alfa Romeo und schicke Klamotten finanzierte. Er hing an ihrem Tropf und da wollte er auch bleiben. Was für eine Mogelpackung! Damit war er für mich erledigt. Abgesehen davon, dass er selbst auch nicht das geringste Interesse an mir gezeigt hatte, wie ich mir gekränkt eingestehen musste. Einziger mickriger Erfolg: Heidi und ich waren mal zusammen mit ihm und einem Freund im Alfa nach Nürnberg in eine Bar gedüst.

Einer der zukünftigen Fachärzte aus dieser Clique allerdings – er sollte in der Tat einmal eine florierende Orthopädiepraxis betreiben – entwickelte mir gegenüber eine für mich lästige Obsession. Wie ein Schuljunge schmachtete er mich laufend in glühenden, immer kühner werdenden Liebesbriefen an und steckte die mir, wenn keiner hinsah, zu. Ein kleiner dicker Knuddel war er, dessen Bauch bereits eindeutig verdächtige Ansätze eines zukünftigen Knödelfriedhof zeigte, wie man ausgeprägte Männerranzen im Fränkischen nennt. Das Gesicht dominiert von wässrigen Schweinsäuglein hinter einer biederen Brille und einer Nase, deren zwei Löcher an eine Steckdose erinnerten. Auch er war bereits liiert. Werden jüdische Ehen, wie man sagt, im Himmel geschlossen, so geschah das zumindest damals in bayerischen Kleinstädten, aus einer von denen dieser Ralph kam, über offen gelegte Bankkonten. Er, der Sohn des größten Autohändlers vor Ort, war verlobt mit der Tochter aus dem größten Sportartikelgeschäft. Daran war nicht zu rütteln. Abgesehen davon, dass ich das gar nicht wollte. Aber jener Ralph in seiner grenzenlosen Selbstüberschätzung glaubte, dass er mich irgendwie trösten müsse. Er war eindeutig infiziert von jenem Mediziner-Hybris-Virus, auf den man in diesen Kreisen besonders häufig treffen konnte. Ohne von mir dazu ermuntert worden zu sein, versprach er mir hoch und heilig, dass ich ganz sicher in Zukunft seine Mätresse werden würde. Ich musste erstmal im Lexikon nachschauen, was das überhaupt ist. Für immer, schwor er! Mich vielleicht mal dazu fragen, das kam ihm überhaupt nicht in den Sinn. Was sollte denn das werden? Gott bewahre! Den Typen musste ich mir vom Leibe halten.

Dennoch sollte es einmal für mich mit ihm brenzlig werden. Zufällig hatte es sich ergeben, dass Ralph mit mir allein in seinem schicken Ford Coupé, ein Geschenk vom Herrn Papa, schon vorab zum Atzelsberg fuhr. Geplant war ein lustiger geselliger Abend im dortigen Wirtshaus. Wir hatten uns noch mit einer ganzen Clique verabredet und wir zwei sollten dort schon mal die Plätze besetzen. Die anderen, einschließlich Ralphs Verlobter, wollten wenig später nachkommen. Die kurvige Straße führte durch einen Wald. Es war bereits dunkel. Plötzlich ruckelte das Auto. Ralph war unvermittelt in einen unbefestigten Feldweg eingebogen. Ehe ich mich versah, klappte mein Autositz nach hinten und ich lag wie ein Maikäfer auf dem Rücken. Ohne Vorwarnung warf sich Ralph schnaubend wie ein Stier auf mich. Scheiß Pille, war mein erster Gedanke. Von wegen Frauenbefreiung! Im Prinzip war man damit allzeit bereit, oder um es passiv auszudrücken, allzeit verfügbar. Wer konnte schon so verklemmt sein und gegen ein bisschen Sex was einwenden, vor allem gegen Sex, bei dem man ja jetzt – wie wunderbar – als

Frau keine Konsequenzen mehr fürchten musste. Einfach der reine Spaß! Aber ich hatte nun einmal überhaupt keinen Bock auf diesen kleinen unappetitlichen Mastbullen. Wie aus dieser blöden Situation rauskommen? Mein Hirn arbeitete fieberhaft. Diesem Liebestollen, dem ich durchaus eine gewisse Gewaltbereitschaft und Brutalität zutraute, konnte ich kaum sagen, dass er mich anwiderte oder zumindest nicht mein Fall war. Und ich fand die Lösung. Ich erzählte ihm wahrhaftig die „Story vom Pferd": Dass ich so Lust auf ihn habe – das machte sich für sein Ego schon mal gut – aber gerade die Pille abgesetzt hätte, dass ich kurz zuvor schon mal abgetrieben hätte, dass gerade jetzt die Gefahr einer erneuten Schwangerschaft besonders groß sei, habe der Arzt gesagt. Und dann mein Joker: Ich würde jetzt ein Kind austragen. Eine erneute Abtreibung würde ich aus religiösen Gründen nie mehr fertigbringen (zu etwas musste mein Theologiestudium doch taugen!). Und Ralph plötzlich Vater! Was würde das für seine Verlobung bedeuten ...? Ich habe geredet wie ein Wasserfall. Schon deshalb wird ihm seine Manneskraft recht bald zusammengesackt sein. Aber der wie ein Menetekel von mir an die Wand gemalte Skandal in seiner sicher spießigen Heimat, das war echt mein Joker ... Wie von Zauberhand klappte mein Beifahrersitz plötzlich wieder hoch. Als sei nichts gewesen, fuhren wir weiter und hatten anschließend mit den anderen noch einen netten Abend. Von da an aber mied ich Ralph wie die Pest.

Abends war zusammen mit Heidi öfter der „Lars" angesagt. Auch das ein Medizinertreff. Da hingen etliche Jungs dann zu fortgeschrittener Stunde sturzbesoffen am Tresen. Der Hosenbund war vom vielen Hin- und Herrutschen auf dem Barhocker bedenklich nach unten gewandert und gab bereitwillig die behaarte Arschkerbe frei. Was dem Träger ausnehmend gut stand und bei der Frauenwelt ganz sicher zum Vorteil gereichte. Manch einer mit burschenschaftlichem Schmiss quer übers Gesicht grölte gerne sein „Gaudeamus igitur" und andere innige Gemeinschaft stiftende Lieder in die Menge. Allerdings mussten diese Jungs sich in öffentlichen Lokalen alkoholmäßig dann doch etwas zurückhalten, denn Rausschmiss drohte. Ganz sicher besser aufgehoben waren sie rein trinktechnisch in ihren Verbindungshäusern der Franconia, Germania, Fridericiana oder wie sie alle hießen. Auch in Sachen bedenklich rechter Burschenschaften war dieses Erlangen seit jeher eine Hochburg gewesen. In deren Räumlichkeiten konnte man saufen bis zum Umkippen. Adressatenbezogen gab es dort nicht nur Piss-, sondern auch Kotzbecken mit zwei Handgriffen, wie man mir sagte. Nur es fehlte dort halt an Frauen. Wenn frau Pech hatte, war sie beim „Lars" ins Visier so eines männlichen Exemplars geraten. Ein Klogang konnte dann für einen schnell mal zum Spießrutenlauf werden. – Kurzum: Das war auch nix für mich. Ich brach das Projekt „Traumprinz" vorzeitig ab. Diese meine Ausflüge in die andere Welt der Medizin hielt ich vor Otto allerdings tunlichst geheim.

Hellas im Deutschen Haus

Aber ich hatte ja auch die Option, mich unter Meinesgleichen zu bewegen, meine Freizeit in den politfreien Phasen zu nutzen und zu genießen. Zwischenzeitlich hatte ich endlich mein Studium nach all dem Hin und Her so ausgerichtet, dass am Ende doch noch was Ordentliches dabei rauskommen konnte. Ich studierte nun neben Theologie Germanistik – zumindest in der Hauptsache – und kämpfte mich jetzt erstmal tapfer durch die Lautverschiebungen vom Alt- zum Mittelhochdeutschen. Das zum Glück mit Erfolg. Auffallend war, dass sich in den sprachlichen Fachbereichen schon damals viele weibliche Dozentinnen tummelten. Allerdings ließen die nicht den geringsten Zweifel daran, dass in ihrem Kurs harte Arbeit angesagt war. Irgendwie schienen mir die meisten dieser Damen extrem spaßbefreit. Ohne den Anflug eines Lächelns und absolut unmissverständlich in ihren Ansagen – so ganz anders wie mein softer Theologiedozent – wusste man bei denen, was Sache war. Zu lesen IST – und dann folgte eine schier nicht enden wollende Literaturliste. Interessanterweise wurde das hier aber in der Praxis gar nicht so heiß gegessen. Im Rückblick war es nirgends schwieriger und arbeitsintensiver, einen Seminarschein zu erwerben, als in der Theologie. Nirgends wurde auf wissenschaftliches Arbeiten so viel Wert gelegt wie dort – und das bei dem letztendlich wenig griffigen „Forschungsgegenstand Gott".

So hatte ich im Laufe der Monate neben Mia noch ganz nette Bekanntschaften in meinen Fachschaften gemacht. Unser Treffpunkt sollte das „Deutsche Haus" sein, das sinnigerweise eine griechische Kneipe war. Anders als das „Café Leiche" oder der „Lars" war dieser Treffpunkt auch für Otto politisch absolut korrekt. Dazu konnte ich mich getrost bekennen. Denn dort zwischen Wirtshausstühlen und Resopaltischen war noch der Geist des Widerstands gegen die 1974 überwundene griechische Militärjunta zu spüren. Griechenland war endlich wieder frei. Vorbei waren die Zeiten von Gefängnis und Folter. Die pure Lebensfreude machte sich hier im mit dicken Zigarettenschwaden vernebelten „Deutschen Haus" breit. An den Wänden jede Menge künstliches Weinlaub und griechische Amphoren, auf denen der dickbauchige Weingott Bacchus uns in bester Laune entgegenlachte. Hier mochte jeder jeden. Aus scheppernden Lautsprechern beschallte die klare dunkle Stimme Maria Farantouris mit Liedern von Mikis Theodorakis den Raum, so dass man kaum sein eigenes Wort verstand. Aber was machte das schon? Alle, die wir hier saßen, waren wir selig und irgendwie Freunde. Dazwischen jaulte immer mal wieder von den ausgeleierten Bändern der Musikkassetten die Bouzouki auf. Christos, der schmalhüftige Kellner mit den dunklen Augenringen, schien vor lauter Freudentaumel kaum noch eine Mütze Schlaf abzubekommen. Er sah so fertig aus. Aber jeden Abend wieder schlängelte er sich mit voll beladenen Tabletts durch die Stuhlreihen: „Mya byra, mya Retsina, mya Bauernsalata ..." rief er seinem Kollegen am Tresen die neuen Bestellungen zu. Im Laufe des Abends wurde die Stimmung oft so ausgelassen, dass man

Stühle und Tische beiseite schob, sich beseelt an den Schultern fasste und gemeinsam mehr oder weniger torkelnd die ersten Sirtakischritte versuchte. Das war Körperkontakt mit meinen theologischen Mitstreitern, der Gott sei Dank weit entfernt war von jenen Vertrauensübungen des ersten Schnuppernachmittags.

Als Studentin sollte auch mein Speiseplan immer internationaler werden. Durch die tapfere Gegenwehr meiner Mutter hatte ich bislang weder Pizza noch Spaghetti kennen gelernt und schon gar nicht griechischen Schafskäse oder gar Gyros und Calamares, was mir jetzt aber ausnehmend gut schmeckte. Bei Mutters Speiseplan schwang immer unausgesprochen mit, dass allein die deutsche Kartoffel in jedweder Form, gekocht, gebraten, zerstampft oder püriert, für unseresgleichen artgerecht war. Da hatte der alte Friedrich in Preußen und darüber hinaus ganze Arbeit geleistet. Die Kartoffel sollte für Mutter lebenslang auf dem Teller unverzichtbar sein. Für mich nicht. Ich kostete jetzt auch schon mal den heute politisch unkorrekten Serbenspieß oder das Zigeunerschnitzel, denn die Gastronomie wurde immer vielfältiger und in der Namensgebung immer fantasievoller. Ja, sie setzte zu wahren Höhenflügen an, wenn man quasi als Fast Food mit den bescheidenen Facilities jeder Studentenbude seinen Gästen auf die Schnelle was total Exotisches zubereiten konnte – den Toast Hawaii.

Somit waren es auch all die kulinarischen Neuheiten, die mich immer mehr von zu Hause entfernten.

Die wahre Liebe Aber noch etwas ganz anderes lernte ich „beim Griechen" kennen. Die ganz große wahre Liebe. Leider nicht für mich, sondern für den Engel unter uns Theologiestudentinnen. Man kann nicht bestreiten, dass Mia, ich und Hilde, unsere Dritte im Bunde, eine schöne junge Frau mit engelsgleichem, goldblonden Haar und strahlend blauen Augensternen, einen gewissen Bekanntheitsgrad als Trio Infernale an der theologischen Fakultät und darüber hinaus hatten. Während jedoch Mia die Rolle der Femme fatale und ich die der Freundlichen, zwischendurch Verpeilten einnahmen, stimmte an Hilde einfach alles. Sie war quasi die Göttliche unseres Dreigestirns. Blitzgescheit, jeder Satz von ihr druckreif im allerbesten Hochdeutsch klar artikuliert, war sie der Star jedes Seminars, jeder Vorlesung. Ob Kirchengeschichte, systematische oder neutestamentliche Theologie ... Alles, was sie von sich gab, war brillant, fand die wohlwollende Zustimmung aller Professoren. Und wenn sie dazu mit klarem Blick ihr Gegenüber ansah, dann wusste jeder, hier war er dem „Schönen und Guten" in Reinkultur begegnet. (Allerdings hatte ich Hilde nie in Interaktion mit meinem neutestamentlichen Schreckensgegenüber erlebt!) Auch Hilde war bereits verheiratet. Irgendwie wurde mir klar, dass alle Frauen, die auf die eine oder andere Weise toll waren, so begehrenswert waren, dass man sie schon mal vorsorglich vom Fleck weggeheiratet hatte. So eine durfte einem kein anderer vor der Nase wegschnappen. Mir war das nicht passiert! Mit mir konnte es also nicht so weit her sein. Dennoch gönnte ich den beiden Freundinnen ihr Glück, mit dem es allerdings dann doch nicht so gut bestellt war. Abgesehen davon, dass beide in ihren Beziehungen schwanger wurden. Trotz „geordneter Verhältnisse" wollte keiner der zukünftigen Kindsväter sich offensichtlich jetzt schon mit plärrenden Bälgern belasten. Das bedeutete für Hilde und Mia „ab nach Holland"! Mias eheliche WG-Turbulenzen waren für mich bald kein Geheimnis mehr, aber bei Hilde schien alles in Ordnung zu sein. Schien! Ihr Mann Gerd, ein erfolg- und damit brotloser Bildhauer, war von seiner schönen Frau so überzeugt, dass er bald Hammer und Meißel beiseite legte und mit ihr zusammen Theologie studierte. Da saß er nun neben ihr in den Seminaren und Kursen und war für jeden nichts weiter als „der Mann von Hilde". Zwischendurch versuchte er auch irgendetwas Schlaues zu sagen. Aber wie jämmerlich und hölzern nahm sich das alles gegen Hildes geistige Höhenflüge, gegen ihre wohl gesetzten Worte aus. Jeder war beinahe peinlich berührt, wenn Gerd mit hochrotem Kopf zu sprechen anfing. Es roch so penetrant nach „ich will auch mit!", und es war für uns alle greifbar, dass diese Situation für Gerd eigentlich entwürdigend war. Jedoch, kaum einer hätte es für möglich gehalten, sollte es nicht lange dauern, bis Gerd sich geradezu brachial von Hilde emanzipierte. Denn er hatte erkannt, dass er mit Anpassung und Unterwerfung bei seiner Frau nur wenig ausrichten konnte, dass er in diesem Wettbewerb nicht annähernd gleichziehen konnte. Ihre Verachtung für ihn wurde für alle und für ihn am allermeisten immer greifbarer. Wie ein Hund an der Leine hatte er sie durch die Gänge der Fakultät begleitet. Zudem grollte Hilde mit ihm noch wegen dieser kürzlichen Abtreibung, wie sie uns, ihren Freundinnen, gestand. Um es kurz zu machen: Auch bei diesen beiden wurde schon bald das Ehe-Aus mit kurzer schmerzloser Scheidung eingeläutet. Für Gerd sollte das beruflich ein Segen werden. Er studierte im Anschluss an seine Bildhauerei hilde-befreit Medizin und sollte in Zukunft ein vielbeschäftigter Mann werden, der als begnadeter plastischer Bildhauer-Chirurg vielen entstellten Unfallopfern ihr Gesicht wieder zurückgab.

Also das mit Gerd, das war sie natürlich noch nicht gewesen, jene ganz große Liebe für Hilde. Aber schon bald war ich auserwählt, die leibhaftig bezeugen zu können. Zusammen mit Mia. Und zwar wie schon gesagt in jenem „Deutschen Haus". Hilde hatte ihren Neuen zu einem unserer Stammtische abends schon angekündigt. Wir waren gespannt. Herein kam, schon das hätte mich warnen können, eine Kopie meines verhassten Juso-Theologie-Dozenten: selber Vollbart, wie jener auch eine Pfeife im Mundwinkel, dazu der unvermeidliche legere pissbeige Cordanzug. Halblanges braunes Haar, wohlgescheitelt und somit alles andere als eine aufmüpfige Haartracht, dazu den echten intellektuellen Touch mittels einer Hornbrille. Auch er ein Theologiestudent, allerdings in einer männlicheren Variante als sie mir bislang begegnet war. „Das ist er! Mein Hajo!" Hilde strahlte übers ganze Gesicht, ihre blauen Augen schauten voller

Stolz auf ihre neue große – davon war zumindest im Moment auszugehen – immerwährende Liebe. An diesem Abend bekamen Mia und ich eine ausführliche Lektion darüber, was es hieß, in dem uferlosen Heuhaufen der beziehungstechnischen Möglichkeiten endlich seine, die eine Stecknadel gefunden zu haben. Ich wurde bei diesem Liebesevent meinem Image der Naiven, Unbedarften voll gerecht, denn ich war geradezu verzückt über die wunderbaren Worte, mit denen die beiden vor aller Augen ihre Liebe zelebrierten. Der große chilenische Lyriker Pablo Neruda, in dessen Gedichten ich gerade sehnsuchtsvoll schwelgte, hätte ihre Gefühle nicht treffender ausdrücken können. An diesem Abend war für mich „Todo el amor en una copa, anche como la tierra ... Die ganze Liebe in einem Becher, so weit wie die Welt ..." Also zumindest Schluck für Schluck erschlürfte ich mir solch tiefe Erkenntnis an diesem Abend aus meinem Retsina Becher. Denn das, was ich da sah, machte mir selbst Hoffnung. Eines Tages würde auch ich dieses große Glück finden. Der meist staubtrockene Otto konnte es sicher nicht sein. Man musste sich nur Mühe geben und Geduld haben. Diese liebevollen Blicke, die streichelnden Hände, übers Gesicht, übers Haar, dazwischen ein inniger Kuss. Und ich durfte in der ersten Reihe sitzen und zusehen. Bald zog sich das junge Glück zurück. Geradezu beseelt wollte ich mich mit Mia über dieses kleine Wunder austauschen. Und Mia? Mit versteinerter Miene saß sie da und zog an ihrer Zigarette, deren Filter wie immer durchtränkt war vom Saft Tausender toter Cochenilleschildläuse oder anders gesagt vom satten Rot ihres dunklen Lippenstifts. Manchmal hatte sie damit auch noch ihre Eckzähne eingefärbt, was ihr in solchen Momenten das Aussehen von Draculas frisch gesättigter Schwester gab. Gelangweilt blickte sie den Rauchkringeln ihrer Zigarette nach. Was dieses Schmierentheater denn solle, fragte sie leicht entnervt mit rauchiger Stimme und nippte an ihrem Glas. Ich war platt. Völlig verdattert stolperte ich durch erklärende Sätze und versuchte verzweifelt die Fahne dieser wahren Liebe hochzuhalten. Bei Mia nichts zu machen. Es wurde ein echter Schlagabtausch. Mia zerstörte nicht nur diese groß- und einzigartige Love Story brachial vor mir, sondern zertrümmerte damit in einem Atemzug auch meine eigenen rosaroten Wolkenschlösser, die mir an diesem Abend als Verheißung in den Kopf gestiegen waren. Für Mia waren schon auf dem Höhepunkt dieser Love Story die Zeichen des Verfalls eindeutig auszumachen. „Glaub doch das nicht! Die machen sich doch was vor mit ihrem Gesäusel ...", war ihr nüchternes Fazit. Nein, Mia, würde schon sehen. Eines Besseren würde sie belehrt werden, dachte ich trotzig. Wie Philemon und Baucis, die ewig einander Liebenden, würden auch Hilde und Hajo nach ihrem Tod als ineinander verschlungene Bäume enden.

Zuerst schien ich auch recht zu behalten. Das junge Theologenpaar war jetzt zu zweit das hell leuchtende Gestirn am Himmel unserer Fakultät. Wie geradezu perfekt sie einander geistig ergänzten, das spürten alle im Seminar. Für mich mittelschwer befremdend allerdings war, dass man sich bei spontanen Besuchen bei den beiden zu Hause plötzlich zusammen mit einem honorigen Professor auf dem IKEA-Sofa im kargen Nordmannstil wiederfand. Mir wurde ganz ungemütlich. Was sollte ich kleine unbedeutende Studentin schon mit diesen Koryphäen des Geistes besprechen können. Das Beste war, wenn ich mich an meinen Teller mit Zwiebelkuchen krallte und mir möglichst schnell immer den Mund vollstopfte, um nichts sagen zu müssen. Wahrscheinlich ziemlich blöde grinste ich den altehrwürdigen Systematik-Professor an, der freundlich zurücklächelte. Wie es schien, hatte auch er nur wenig Lust auf ein Gespräch. Allerdings war nicht ganz klar, ob das was mit mir zu tun hatte. Denn er mühte sich fast verzweifelt mit Weinglas und Teller ab, hatte er doch seit einem Unfall eine verkrüppelte Hand. Hätte ich ihm irgendwie behilflich sein sollen? Aber selbst dazu fehlte mir der Mumm. Ein Glück, dass mir wenigstens mein Angstgegner, mein verhasst-gefürchteter Griechischprüfer, menschenscheu wie der war, als dortiger Gast erspart blieb. Allerdings zwang sich mir im Laufe des Abends immer mehr die Frage auf, wie man es anstellte, dass Professoren Studenten wie unsereinen zu Hause besuchten. Also in mein kleines Appartement würde sich keiner von denen je verirren, auch wenn ich mit Ansage eine leckere Quiche backen oder ganz hip Toast Hawaii anbieten würde. Das war mal klar. Und wie thematisierte man so eine Einladung überhaupt? Etwa nach dem Motto: „Sie, Herr Professor, hätten Sie Lust, bei uns zu Hause heute zu Abend zu essen?" Mia auf ihre pragmatische Art bezeichnete das ganze Szenario als geschicktes frühzeitiges Basteln an der eigenen Professorenkarriere. Erst zig Jahre später sollten Mia und mir auffallen, dass trotz Hildes Scheidung von Gerd niemand von der evangelischen Theologenschaft je auf die Idee kam, der brillanten Hilde nahezulegen, ihr frommes Studium aufzugeben. So hatte man es ja unverzüglich Mia nach ihrer offiziellen Trennung von Robert dringend empfohlen, ja beinahe schon befohlen. Hilde würde man also nach dem Studium kein Vikariat verweigern. Schon irgendwie komisch!

Aber es gab noch andere skurrile Begebenheiten im Hause dieses jungen Glücks. So etwa eine regelrechte Schlamm-, ja fast körperliche Schlacht zwischen Hajo und einem liebestollen enttäuschten Assistenten der Kirchengeschichte. Der führte vehement ins Feld, dass er ältere Rechte auf Hilde habe. Was sollte das denn werden? Hilde wurde dabei gar nicht gefragt. Irgendwann im Laufe der Auseinandersetzung attackierte jener toll gewordene Platzhirsch auch Hilde. Sie habe ihm unmissverständlich schöne Augen gemacht. Basta! Na, solche „Argumente" kannte ich ja schon selbst zur Genüge von meinem südafrikanischen Intermezzo mit Suizidandrohung. Jedenfalls was ich an jenem Abend – akademisch ausgedrückt: coram publico – sah, hörte und erlebte ... mir blieb echt die Spucke weg! Man konnte nur das Weite suchen, weil die Szene gewalttätig zu eskalieren drohte. Die verzeihende, versöhnende Liebe Jesu schien in solchen Momenten den Beteiligten völlig wurscht zu sein. Unter all dem frommen Überbau brodelten wahre Vulkane, sogar solche der blinden Leidenschaft. Erstaunt rieb ich mir die Augen.

Ich selbst sollte auch noch mal eine recht seltsame Theologenerfahrung machen. Da gab es einen, der sich eines Tages aus der Deckung wagte und mir gestand, dass er mein Gesicht so faszinierend fand. Ob es mich denn sehr stören würde, wenn er mich ab und zu zum Kaffee einladen würde. Er wolle mich nur anschauen. Sonst nichts! Wirklich nicht, denn schließlich sei er verheiratet. Na gut! Aber nur stillsitzen und mich angucken lassen! Wie langweilig! Das war nun wirklich nichts für mich. Also nahm ich kurzerhand meine Freundin Mia auf einen Plausch mit. Da saßen wir nun und unterhielten uns angeregt und er durfte mich angucken. Genauso wie vereinbart. Der Brief, der mich dann von diesem Verehrer erreichte, war so hasserfüllt, so bitterböse. Er schimpfte über meine grenzenlose Arroganz und überhaupt, was für eine gefühlskalte Frau ich sei ...! Da hatte mich meine grenzenlose Naivität mal wieder in einen extragroßen Fettnapf tappen lassen. Nach dieser Episode dachte ich so bei mir: Vielleicht haben die Katholiken mit ihrem Zölibat doch nicht so unrecht?! Manche Theologen, so meine Erfahrungen, können wohl in puncto Frauen ganz schön unrund laufen.

Aber zurück zu Hildes und Hajos großer Liebe, der ganz sicher niemand je etwas anhaben könnte. Damit die beiden in nächster Zeit ungestört, sich geistig und körperlich vereinen konnten, zogen sie in ein kleines Holzhaus in der Fränkischen Schweiz. Eine wahre Idylle am Waldrand mit drei schlanken Birken vor dem Eingang. Gut geeignet auch als sogenanntes Austraghäusel, wo man seinen Ruhestand hätte verbringen können, oder auch als Klause, um sich vom Treiben der schnöden Welt zurückzuziehen. Man war sich einfach selbst genug. Schneewittchen mit den sieben Zwergen hätte nicht kuscheliger wohnen können. Die Krönung der Liebe sollte bald Hildes Schwangerschaft sein. Ein Kind, für das man bereit war, gemeinsam die Verantwortung zu übernehmen. Wie wundervoll!

Es wurde geheiratet. Zu Gast eine Menge pickelgesichtiger Kommilitonen und im Laufe der Feier ihre Blockflöten traktierende Studentinnen in braunen Schnürschuhen. Eindeutig hatte man gegen alle irdische Schönheit der seelischen den Vorzug gegeben. Aber die konnte ich Banause mal wieder nicht erkennen. Die Hochzeitsgesellschaft hatte sich in einem kargen Raum des evangelischen Studentenheims versammelt. Man saß auf Reihen von Stühlen aus uringelbem Fichtenholz mit dezent olivgrünen Sitzpolstern. Was für eine lustbefreite Pfarrhausatmosphäre! Meine einst kindliche Vorstellung vom evangelischen Pfarrhaus als Hort der Freiheit und Großzügigkeit geriet immer mehr in bedenkliche Schieflage! – Zwei wachsweiße Kerzen auf dem kleinen Altar. Ein mickriges Gesteck blassgelber Chrysanthemen, die bei uns zu Hause immer als Totenblumen bei Beerdigungen zum Einsatz kamen. Hilde mit dickem Bauch. Und was hatte sie mit ihren Haaren gemacht? Die goldblonde Lockenpracht war einem aschfarbenen praktischen Kurzhaarschnitt gewichen. Damit schien mit einem Mal ihre sprühende Lebendigkeit abgeschnitten. Auch ihr Lachen war anders geworden. Fast wie eine fest gefrorene Grimasse nahm es sich aus, als sie all die guten Segenswünsche, bei denen der liebe Gott nie fehlte, entgegennahm.

Nach der Hochzeit erschien sie immer seltener im theologischen Seminargebäude. Hajo hingegen war präsent wie eh und je. Mit ihm lernte ich sogar treu nach meinem Motto „nur die Besten sind für mich theologischen Dünnbrettbohrer gut genug", um mich auf eine Prüfung vorzubereiten. Es dauerte eine ganze Weile, bis sich in mir die Erkenntnis durchsetzte: „He? Der weiß ja viel weniger als du selbst!" Ich wollte mir selbst nicht trauen. Hajo? Wirklich eine taube Nuss? Fast konnte ich es nicht glauben.

Bald entband Hilde ihre kleine Lara. Wieder ein Anflug, als sei das Glück in dem kleinen fränkischen Holzhaus ein vollkommenes. Aber Hilde wurde dünner und dünner. Sie bekam Venenentzündungen und musste ihre Beine bandagieren, lag tagsüber auf der Couch, die nuckelnde Lara an der Brust. Hajo blieb ganz einfach in den Seminarbibliotheken, um dem Babygeplärre zu entfliehen, um in aller Ruhe zu studieren, während Hilde unendlich erschöpft verzweifelt versuchte, den Anschluss an ihr Studium nicht zu verlieren. Es ging ihr sichtbar miserabel. Aber Mia und mir gegenüber lächelte sie alles weg mit dieser maskenhaften Miene, deren dunkle Augenringe eine ganz andere Sprache sprachen. Das begriff jetzt selbst ich. Und dennoch sollte Hilde dereinst ein hervorragendes Examen machen, während das ihres Mannes so mittelmäßig wie das meine war. Vielleicht war es diese narzisstische Kränkung, vielleicht auch anderes ...

Nach dem Studium hatten wir drei Frauen uns für eine Weile aus den Augen verloren. Als wir uns Jahre später wiedersahen, wurde klar, dass diese furchtbar unromantische Mia recht behalten hatte. Die große Liebe hatte es also auch für Hilde nicht gegeben. Im Schlepptau seiner brillanten Frau (nicht anders herum!) hatte Hajo an einer evangelischen Akademie eine gut dotierte Stellung bezogen. Neben dem lieben Gott und seiner Modelleisenbahn, der er mehr Aufmerksamkeit widmete als seinen zwischenzeitlich drei Kindern, liebte er vor allem die Frauen. Weniger dominante, für ihn weniger beängstigende als seine hochintelligente Frau. Es waren junge Vikarinnen oder Akademie-Dozentinnen, mit denen er gerne auf Dienstreise ging. Bevorzugt nächtigte er mit den Damen einvernehmlich im Doppelzimmer. Es war ein stilles Agreement, dass Hilde die doppelten Spesen ihres Mannes bei der Sekretärin der Akademie wortlos abzeichnete. Allen war jedoch längst klar, Hilde war nicht die Begleitung ihres Mannes. Aber jeder schwieg dazu. Eine Vereinbarung zwischen dem Herrn Pfarrer und seiner Gattin, vielleicht? Wer konnte das schon wissen?

Und dann plötzlich tat Hilde etwas Ungeheuerliches. Sie knipste den Schalter des ewigen Vertuschens und Weglächelns mit einem Mal um und verweigerte sich. Sie habe keine Ahnung, wer da mit ihrem Mann in trauter Zweisamkeit auf Dienstreise gewesen sei und könne daher die Spesenrechnungen nicht abzeichnen. Die Bombe platzte zu einem denkbar ungünstigen Zeitpunkt, denn pikanterweise stand ihr Mann gerade vor einem großen Karrieresprung in seiner Landeskirche. Aber mit diesem nun durch die eigene Ehefrau öffentlich gewordenen Skandal? Graue Herren von der Landeskirche bedrängten Hilde, doch stillzuhalten. Wenigstens dieses eine Mal noch, bis das Berufliche des Gatten in trockenen Tüchern sei. Hilde jedoch blieb von nun an halsstarrig. Sie verweigerte eine weitere Duldung dieser ihrer Erniedrigung, machte die Angelegenheit weiter öffentlich, ließ den Skandal ungebremst laufen. Hajo rastete aus. In blinder Wut schlug er seine Frau grün und blau. Was fiel ihr eigentlich ein, ihm so in die Quere zu kommen?! Und wie schon einst bei Mias Scheidung zeigte jetzt auch hier bei Hilde die evangelische Kirche ihre damals hässliche frauenfeindliche Fratze. Hilde, die Nestbeschmutzerin, wurde wie dereinst Eva aus dem Paradies vertrieben: Sie, nicht der männliche Delinquent, musste ihre Sachen packen, verlor ihre kirchliche Anstellung. Hajo musste nur mit einer, wenn auch ihn zutiefst kränkenden Degradierung zum einfachen Gemeindepfarrer klar kommen. Die Familie wurde auseinandergerissen: der Sohn blieb beim Vater, die beiden Töchter, die nie mehr mit ihrem Vater irgendetwas zu tun haben wollten, gingen mit der Mutter. In die anonyme Großstadt, wo sich Hilde mit ihren Mädels mehr schlecht als recht mit irgendwelchen Gelegenheitsjobs über Wasser hielt. Soweit Hildes Erzählungen. Aber auch hier wieder Mias kritische Anmerkungen, dass Hilde schon immer zu einer gewissen Theatralik geneigt habe. Ich kann es weiß Gott nicht beurteilen, wie dramatisch sich Hildes nacheheliche Situation wirklich ausgenommen hatte. Ob sie sich und ihre Töchter tatsächlich zunächst als Putzfrau durchbringen musste?! Ich weiß nur, dass an Hilde eine brillante Wissenschaftlerin und Hochschullehrerin verloren gegangen war, dass diese von Anfang an so minutiös geplante Unikarriere wie eine Seifenblase zerplatzt war. In Anbetracht der Ewigkeit und des Alters kann man darauf relativ entspannt zurückblicken. Fakt ist, dass diese einst so großartige Liebesbeziehung in totaler Feindschaft endete. Und beide sollten letztendlich, als Gras über die Sache gewachsen war, wieder Fuß im kirchlichen Dienst fassen. Auch Hilde. Irgendwo in den rauen Gegenden der Nordseeküste tingelte sie zwischen mehreren verstreuten Kirchengemeinden als einfache Dorfseelsorgerin mit befristeten Verträgen hin und her, traute und beerdigte Bauern und Fischer, taufte deren Kinder.

Wochenende ohne Sonnenschein

Als Erst- und Zweitsemester war es quasi für mich noch Pflicht, die Wochenenden und Semesterferien zu Hause bei meinen Eltern zu verbringen, abgesehen von Zeiten, in denen ich verreist war. Zwischenzeitlich hatte mein Vater sein Friseurgeschäft aufgegeben. Wirtschaftliche Turbulenzen der Audi-Stadt an der Donau hatten meinem Vater wiederholt finanzielle Berg- und Talfahrten beschert, auf die er irgendwann keine Lust mehr hatte. Die Leute sparten zuerst offensichtlich den Gang zum Friseur ein, wenn es in der Haushaltskasse knapp wurde. Man drehte sich die Haare selbst auf Lockenwickler und für die richtige Farbe sorgte das Heimset von Polycolor und eine helfende Nachbarin. Hatte man sich verfärbt, konnte man den karottenroten oder pechschwarzen Haarschopf notfalls immer noch beim Fachmann korrigieren lassen. Aha! Ganz nebenbei schien sich meine gerade gelernte politische Theorie zu bewahrheiten: der Kleinbürger – also meine Eltern – war stets vom gesellschaftlichen und sozialen Abstieg bedroht.

Vater hatte nun einen weniger qualifizierten Job in einem Sanitärgroßhandel übernommen. Von nun an ging es zu Hause bescheidener zu. Vorteil für mich aber war, dass ich in Vaters neuer Firma als Studentin während der Semesterferien gutes Geld verdienen konnte. Dort, in einem Großraumbüro, eröffnete sich mir der Blick in eine ganz andere Welt. Neben mir überbrückten junge Frauen, Töchter erfolgreicher Installateur- und Spenglermeister, als Bürohilfen die Zeit bis zu ihrer Hochzeit. Immerhin war man schon so weit, dass man sie nicht mehr zu Hause an der Aussteuer sticken ließ. Unvergessen für mich die gerademal sechzehnjährige Anita, der man allerdings die zukünftige Matrone an ihrer Pausbäckigkeit, ihrem Brust- wie Hüftumfang schon ansah. Für sie und ihren Zukünftigen stand bereits lange vor der Hochzeit der Rohbau des gemeinsamen Bungalows, finanziert von den Handwerkervätern, von denen sich finanziell keiner lumpen ließ. Während ich an der Schreibmaschine eine Rechnung nach der anderen in die Tasten tippte, wurde ich Zeugin wahrer Dramen. Anita war also verlobt und im Nebenberuf stolze Bauherrin. Daher hatte sie telefonisch eine Menge zu organisieren und zu klären. Mit Maurern, Polieren oder Schreinern, aber vor allem mit ihrem Liebsten. Da ihr Vater ein VIP-Kunde des Sanitärgroßhandels war, wurde das auch während der Arbeitszeit toleriert. Rund um Anita bekam jeder mit, worum es gerade, nein ohne Unterlass, ging. Dieses „junge Glück" stritt wie die Kettenhunde um: Dachrinne aus Kupfer oder lieber verzinkt, das Schlafzimmer eher glänzender cremefarbener Schleiflack oder gediegene Eiche? Und welches Parkett sollte es im Wohnzimmer sein? Kein liebes Wort zwischendurch, kein zärtliches Gesäusel. Denn ob renitenter Bräutigam oder säumiger Handwerker, Anita machte da keinen Unterschied. Alle wurden zusammengestaucht. Wutentbrannt knallte sie jedes Mal den Telefonhörer auf die Gabel. Ich war entsetzt. Die andere Variante war Annegret, unsere Buchhalterin. Mit dem Gesicht einer Spitzmaus, das obendrein von fetten Aknepusteln verwüstet war, gehörte sie eindeutig zur damaligen Kategorie: Gott sei Dank, mit über dreißig auch noch unter die Haube gekommen! Gerade aus den Flitterwochen zurück, schwärmte sie unentwegt von ihrem Hubert. Auf Dauerwolke sieben ging es von morgens um acht bis Büroschluss um fünf: „Mein Hubert da, mein Hubert dort!" Keiner konnte den Namen mehr hören und alle verdrehten nurmehr die Augen. Er war ganz offensichtlich ein wunderbares Exemplar der Spezies Mann, für den Annegret alles tat. Morgens die Vesperbrote schmieren, ihm abends sein Bier und was Leckeres zu essen auftischen ... Durch diesen Bürojob abgetaucht ins ganz normale Leben, staunte ich Bauklötze. Wo war sie denn – die wahre Liebe? Wenn das hier die alltägliche Zweisamkeit war – dann konnte man sie dort wirklich nicht finden! Da war mir mein freies studentisches Experimentieren wirklich lieber.

Abends dann nach Büroschluss wieder zu Hause. Die sprichwörtlichen Füße unter Vaters Tisch waren jetzt nurmehr schwer erträglich für mich. Und es gab kaum eine Escapemöglichkeit, erwarteten doch meine Eltern, dass ich, wenn schon wieder in Ingolstadt, meine Abende mit ihnen und nicht mit meinen früheren Mitschülerinnen in irgendwelchen Kneipen verbrachte. Wie grausig war das denn! In mir brodelte quasi ein „anderes, neues Bewusstsein", das ich besser unter Verschluss hielt, um Ärger zu vermeiden. Dass ich mit Otto einen Sohn mit vollakademischer Herkunft an Land gezogen hatte, das wurde geschätzt. Aber den politischen Überbau dieser neuen Beziehung, den konnte ich nur in homöopathischen Dosen rauslassen. Der Mief in den Köpfen meiner Eltern war immer noch derselbe und sollte es lebenslänglich bleiben. Nach der großen Sexwelle wurde Deutschland nun ganz allmählich von der neuen Frauenbewegung gepackt. Daheim war davon nichts zu spüren. Da blieb alles beim Alten. Wie festgeklebt saß Vater den ganzen Abend in seinem Fernsehsessel, die Bierflasche immer trinkbereit auf dem kleinen Nierentisch. Daneben der von Kippen überquellende Aschenbecher, in dem pausenlos eine Zigarette vor sich hinglimmte. Die Luft zum Schneiden. Warum ich als Kind ständig wegen Bronchitis das Bett hatte hüten müssen, war also kein Wunder. Bewegen musste Vater sich abends nur minimalistisch – um Biernachschub zu holen oder für den Gang zur Toilette. In puncto Haushalt fühlte er sich nach wie vor nicht zuständig! Schließlich hatte er Ablass geleistet. Hatte er Mutter doch einen praktischen Servierwagen zum Geburtstag geschenkt! Damit sie beim Tischdecken nicht mehr so oft zwischen Küche und Wohnzimmer hin- und herlaufen musste. Auch eine Geschirrspülmaschine gab es zwischenzeitlich. Aber die war nichts anderes als ein Platzfüller in der Küchenzeile, denn benutzt wurde sie so gut wie nie. Mutter misstraute dem neumodischen Zeug. Ihren Hygieneansprüchen konnten nur Scheuerpulver und Topfschwamm genügen. Dabei schimpfte sie unentwegt vor sich hin über ihre Doppelbelastung in Haushalt und Beruf. Vater schaltete auf Durchzug. Diese beklemmende Stimmung war die ständige Grundmelodie, wenn ich zu Hause war. Aber Vater war nun mal eindeutig im Recht! Und das noch bis Mitte 1977. Schön, dass Mutter was dazu verdiente. Das Geld konnte man gut gebrauchen. Aber streng genommen war ihre Berufstätigkeit nur statthaft, wenn sie ihre hausfraulichen Pflichten daheim nicht vernachlässigte. Also was jammerte sie? Aber auch als sich die Gesetzeslage zugunsten der Frau geändert hatte, blieb für Vater und Mutter alles beim Alten.

Abends entspannte sich die Situation, denn ab zwanzig Uhr mit der Tagesschau war Fernsehschauen angesagt. Da saß ich nun also wieder wie früher in einem Sessel, trotz Schonbezug jämmerlich abgewetzt, und guckte mit meinen Eltern an langweiligen Samstagen irgendwelche langweiligen Fernsehübertragungen: Schunkelsendungen wie „Zum Blauen Bock", krachlustige Komödien mit Willi Millowitsch oder dem Team des Hamburger Ohnsorg-Theaters mit Henry Vahl und Heidi Kabel. Gerne auch bayerische Stücke aus dem Komödienstadel mit dem allzeit bauernschlauen Max Grieser oder der resolut grantelnden Erni Singerl, einer „mit dem Herzen auf dem rechten Fleck". War Fasching, dann grölte die Stimmungskanone Sigrid Sponheimer ihr Lied „Gell, du hast mich gelle gern" in unser Wohnzimmer. Meine Eltern waren begeistert. Ich nicht.

Ich kannte von klein auf alle Showmaster der damaligen Zeit. Hans-Joachim Kulenkampff mit seiner Sendung „Einer wird gewinnen" war zu meiner Studentenzeit schon Vergangenheit. Allerdings erfuhr man quasi im Nachgang häppchenweise einiges über dessen Vita. So war auch er – er, der allzeit vor der Kamera so gut gelaunt schien – einer jener traumatisierten Männer des Krieges. Als Teilnehmer der Kesselschlacht von Demjansk 1942 hatte er die Zehen erfroren, die er sich selbst amputiert haben soll. Wiederholt müssen seine negativen Äußerungen über den zurückliegenden Krieg im öffentlich-rechtlichen Fernsehen für Aufsehen gesorgt haben. Vor allem für Verärgerung bei Ewiggestrigen. Verabschiedet wurde er in jeder seiner Sendungen mit einer Art Ritual von Butler Herrn Martin. Dieser Martin Jente – auch das kam ans Licht – war einst Mitglied der SS und Adjutant im Führerhauptquartier gewesen. Das hatte er lange erfolgreich verheimlichen können – vielleicht hatte es auch niemanden interessiert – und war gefragter Fernsehproduzent des Hessischen Rundfunks geworden. Sendungen wie jener „Blaue Bock" oder TV-Renner wie „Ein Platz für Tiere" mit dem „Tierpapst" Bernhard Grzimek entstanden unter seiner Ägide. Also die „braune Soße", gegen die sich rebellierende Studenten seit den sechziger Jahren empörten, waberte in der Tat noch allerorten durch die Gegend.

Wie gesagt, die gemeinsamen Fernsehabende daheim waren für mich die reinste Qual, weil für mich die auf Knopfdruck angesagt gute Laune meiner Eltern immer verlogener schien. Allmählich aber, mit der nun durch meine linken Umtriebe andere Sichtweise, war das, was Vater und Mutter beim Fernsehschauen immer wieder als Kommentare von sich gaben, durchaus erhellend. Quasi eine Schulung in politischer Bildung mit Blick auf den bundesrepublikanischen Alltag. Es schärfte das Bewusstsein für das, was unter der biederen Oberfläche schwelte.

Die Reaktionen meiner Eltern etwa auf die medialen Berichte über die Studentenbewegung bzw. auf die damals immer aktiver werdende Rote Armee Fraktion waren befremdlich. Worum es dabei ging? Hätte ich das meine Eltern befragt, so hätten sie keine Antwort gewusst. Diese Radaubrüder und -schwestern störten ganz einfach nur die Ordnung. Das Schlimmste an ihnen schien für meinen Vater deren langes Haar zu sein. So unrecht hatte er genau besehen gar nicht, denn mal abgesehen vom biblischen Samson und seiner haarigen Manneskraft, war spätestens seit dem Musical „Hair" klar, dass langes Haar für Freiheit und Rebellion stand. Vater spürte offensichtlich instinktiv, dass es mit diesen wilden Mähnen mehr auf sich hatte. Oberflächlich besehen widersprach das Ganze jedoch vor allem seiner Friseurehre. Dass man mit so „ungepflegten Zotteln", noch dazu als Mann, unterwegs war, machte ihn fuchsteufelswild. Für ihn hatte Mann einen akkuraten Fassonschnitt zu tragen. Die zunehmenden politischen Gewalttaten gegen Menschen waren weit weniger Thema zu Hause als vielmehr das Demolieren von Gegenständen. Umgeschubste Telefonhäuschen, eingeschlagene Fensterscheiben oder in Brand gesteckte Autos empörten meine Mutter maßlos: „Die armen unschuldigen Sachen", so ihr Kommentar. Dass Menschen etwa bei Demonstrationen zu Schaden kamen, dass es politische Morde gab, schien weit weniger schlimm.

Auch wurde mir vor allem an jenen Abenden daheim nur allzu deutlich, dass der Antisemitismus zum festen Bestandteil des deutschen Spießerbewusstseins gehörte, zumindest bei mir daheim. Aber warum sollten meine Eltern da eine exotische Ausnahme gewesen sein?

So rastete mein mittelstark alkoholisierter Vater regelmäßig wie auf Knopfdruck aus, wenn ein Jude oder einer, den er dafür hielt, auf dem Bildschirm erschien. Der „Fernsehjude" war eindeutig zu erkennen: große Nase, dazu geduckte Haltung, näselnde Stimme und irgendwie verschlagen. Sammy Drechsel, Heinz Maegerlein – beides Sportreporter – oder Peter Merseburger, Korrespondent im Ersten Deutschen Fernsehen, und andere, das waren unsere „Hausjuden". Obwohl von manchem keineswegs sicher war, ob das mit der jüdischen Herkunft wirklich stimmte. Aber egal, Hauptsache sie taugten bestens als Stereotypen. Für meinen Vater war nur wichtig, dass er sich lautstark an seinen Klischees abarbeiten konnte. Auch Robert Lembke mit seinem heiteren Beruferaten „Was bin ich?" brachte Vaters Blut in Wallung. „Der heißt Weichselbaum", giftete Vater jedes Mal dem Fernseher entgegen. Mutter widersprach dem allem nicht. Auch für sie waren Juden irgendwie ein ganz besonderer Menschenschlag. Obwohl? Hatte man beim alten Nathan in ihrem

Heimatort nicht immer gut und günstig eingekauft? Zumindest hatte das die Großmutter immer lobend erwähnt. Dass der eines Tages nicht mehr auftauchte, darüber scheint sich niemand einen Kopf gemacht zu haben.

Auch mit Mutters Antisemitismus-Resistenz war es nicht zum Besten bestellt. Unvergessen schon seit Kindertagen sollte für mich eine immer wieder von ihr erzählte Episode bleiben. Beinahe aus dem Nichts ploppte die fast als eine Art Selbstgespräch auf. Warum wohl? Damals während der NS-Zeit, als sie im Vorzimmer des Bürgermeisters als Verwaltungsangestellte arbeitete: „Die Klaps-Rese!", fing Mutter in ihrem nie abgelegten Dialekt unvermittelt zu schimpfen an. „Was habe ich denn dafür jegonnt?! Kommt die uf ema zu mir in de Amtsstuwwe und plärrt mich an: ‚Was ham Se mit mei'm Vater jemacht?' – ‚Was wees ich? Ich habe nur seine Formulare ausjefüllt und weiterjejem!' Da packt die mich am Arm und brüllt weiter ..." Diese „Formulare" müssen wohl den Abtransport eines alten Juden aus Teutschenthal, einer mittelgroßen Gemeinde in der Nähe von Halle, in irgendein KZ amtlich und verwaltungstechnisch begleitet haben. Jedenfalls war der alte Mann nach diesem Amtsakt für immer verschwunden. Und dessen Tochter hatte lautstark und empört dagegen protestiert. Ja, was konnte meine Mutter dafür? Sie als blutjunge Gemeindesekretärin? Das war ganz einfach ihr Job gewesen. Und so griff damals ein Rädchen ins andere.

Aber die Zeiten hatten sich geändert. Denn auf einen ließ meine Mutter nichts kommen, bezog gegen die Randale meines Vaters tapfer Position und setzte durch, dass das Fernsehprogramm nicht umgeschaltet wurde. Bei ihr gab es einen TV-Edeljuden. Wie einst Adolf Hitler einen gewissen Doktor Bloch, der seine krebskranke Mutter kostenlos behandelt hatte, so liebte meine Mutter Hans Rosenthal. „Dalli, dalli!", Rosenthals „Fragespiel für Schnelldenker" war ihr absolutes TV-Highlight. Auch dessen Redewendung „Das war Spitze!" wurde für sie von da an fester Bestandteil ihrer Alltagssprache. Sie kaufte sich sogar seine Biographie und bedauerte das furchtbare Schicksal dieses jüdischen Berliner Jungen Hans, der mutterseelenallein, versteckt in einer Schrebergartensiedlung überlebt hatte. Und wie furchtbar: Man hatte Hans Rosenthal zuvor von seinem kleinen Bruder getrennt, der wenig später im KZ Majdanek umgebracht worden war. Mutter tat so, als ob sie über diese Gräueltaten zum allerersten Mal hörte. Abgesehen einmal von ihrem eigenen Erlebnis in ihrer Amtsstube, hatte ich nicht selbst, damals als siebenjähriges Kind beeindruckt miterlebt, als Adolf Eichmann wie ein aus dem Nest gefallener Vogel in einem Glaskasten eines Jerusalemer Gerichts vor aller Welt via Fernsehen zur Schau gestellt wurde? Die perfekte Verkörperung von Hannah Arendts „Banalität des Bösen". Er, der seit der Wannseekonferenz von 1942 mit der Massendeportation und Vernichtung von Juden maßgeblich befasst war. Meine Mutter – für mich unvergessen – hatte damals bei jedem seiner TV-Auftritte über „den armen Mann" lamentiert, den man doch endlich mit dem „Juden-Jelumpe" in Ruhe lassen solle? „Wie lange soll denn das noch gehen?", so ihre ständig empörte Frage. – Das war Anfang der sechziger Jahre Standardmeinung. Viele der Täter von damals sollten noch lange unbehelligt leben.

Was für eine wahnwitzige Schere hatten Menschen wie meine Eltern da im Kopf? Dass sie ganz sicher nicht die einzigen waren, das beweist der bis heute latente und in jüngster Zeit wieder salonfähige Antisemitismus.

In meiner Studentenzeit entwickelte sich gerade in der politischen Linken ein interessantes Phänomen. Offensichtlich vermischten sich da zwei Dinge. Einerseits ganz sicher die beschriebenen antisemitischen Altlasten, die jeder von uns aber empört von sich gewiesen hätte. Andererseits war seit vielen und besonders seit Ende der sechziger Jahre der Befreiungskampf der Palästinenser äußerst präsent. Deren Organisation die PFLP, die Volksfront zur Befreiung Palästinas, die sich bald der PLO anschloss, kämpfte dafür, die Juden mit Stumpf und Stiel aus Israel zu vertreiben. Dieses Ziel verfolgten sie radikal und militant. Dabei definierten sie sich zur Freude der westdeutschen

Linken als antikapitalistisch und marxistisch-leninistisch. Israel hingegen wurde als vom westlichen Kapitalismus implantierter Fremdkörper im Nahen Osten angesehen. Gewissermaßen eine „Spezialität" der PFLP sollten Flugzeugentführungen werden, die im Laufe der Jahre zur Freipressung internationaler Gesinnungsgenossen mehr oder weniger erfolgreich eingesetzt wurden.

Bald ergaben sich enge Kontakte zwischen deutschen und palästinensischen Terroristen. Es wurde Usus, dass sich Mitglieder der RAF im Nahen Osten in speziellen Trainingslagern kämpferisch ausbilden ließen, dass sie von dort auch für ihren „Guerillakrieg in den Städten" Waffen bezogen.

Was kam davon in unserem Alltag Mitte der siebziger Jahre an? Zunächst einmal ganz banal wurde die schwarzweiße Kufiya, besser bekannt als Palästinensertuch, modern. Bald nurmehr modisches Accessoire, war die gewiss anfänglich ein politisches Statement gewesen.

Seltsamerweise erinnere ich mich selbst nur schemenhaft an die spektakulären, sicherlich medienwirksam inszenierten Flugzeugentführungen jener Jahre. Heute fast vergessen, müssen sie mich doch nachhaltig beeindruckt haben. Anders kann ich mir nicht erklären, dass ich die Autobiographie „Mein Volk soll leben" der palästinensischen Terroristin Leila Khaled geradezu verschlungen habe. Es jammerte mich vor allem der palästinensischen Kinder, deren entwurzeltes Leben Khaled als eines in Zelten und mit nackten Füßen auch im härtesten Winter beschreibt. Sie selbst hat ihr Kindheitstrauma, als sie mit ihren Eltern vierjährig ihre Heimatstadt Haifa verlassen musste, nie verwunden.

Bis heute sind die jüdisch-palästinensischen Verhältnisse schwer zu entwirrende geblieben. Für die eine oder die andere Seite Partei zu ergreifen, hat sich im Laufe der Jahre für Außenstehende als immer schwieriger erwiesen. Aber im Zuge der damaligen linken Studentenbewegung hatten viele von uns, ganz gewiss Kinder unserer Eltern, oft noch latent antisemitisches Gedankengut im Gepäck.

Ein eigenes Auto
Etwas Gutes hatten meine „Heimaturlaube" allerdings doch. Ich konnte wie gesagt jobben und eine ganz ordentliche Summe Geldes verdienen. Endlich war es so weit: Ich leistete mir den Luxus eines eigenen Autos! Einen weißen VW 1300. Wie wunderbar! Von nun an war ich autark und verabschiedete mich allmählich von Heidi. Unsere Gemeinsamkeiten wurden immer weniger. Nur ein Band bestand noch und das für eine ganze Weile: Es war Walter. Auch er Mediziner, aber das Exemplar „gutmütiger Teddybär". Es war klar, dass er dereinst nichts anderes werden konnte als ein gemütlicher Landarzt in einem beschaulichen fränkischen Dorf. Aus unerfindlichen Gründen hatte dieser Walter – verheiratet mit einer Chemielehrerin und bereits Vater eines Kindes – uns beide Jungspunde ins Herz geschlossen. Keine Ahnung, wo wir Mädels den aufgegabelt hatten oder der uns? Jedenfalls, wann immer Heidi und ich uns gemeinsam oder einzeln in echt oder vermeintlich prekäre Abenteuer stürzen wollten, mussten wir nur bei ihm klingeln. Den Anorak übergezogen und raus mit uns Küken in die feindliche Welt da draußen. Er war unser Kindermädchen – und das jederzeit gerne. Dann saß er quasi versteckt in einer Ecke der Kneipe unseres Abenteuers, nuckelte an einem Bier und begleitete uns am Ende eines umtriebigen Abends unversehrt bis vor meine Studentenbude bzw. bis zu Heidis Auto. Mitunter gab es auch vor Walters Haustür kurze Beratungsgespräche, um uns vor den gröbsten Dummheiten zu bewahren. Selbst bei Minustemperaturen verzichtete er dabei auf einen Schal oder was Wärmendes. Denn moppelig wie er war, kamen wir ihm oft recht gelegen. Er wolle nämlich abnehmen, sagte er dann mit klappernden Zähnen. Und wenn er draußen fror, verbrannte er eindeutig mehr Kalorien, so seine Theorie, als drinnen am Schreibtisch hockend. Eine echte Win-win-Situation. Für ihn und vor allem für uns.

Aber zurück zu meinem neuen Auto. Was war ich stolz! Selbst erarbeitet! Es war die ganz große Unabhängigkeit! Einfach hineingesetzt und abgedüst. Ganz nach gusto an jedem beliebigen

Tag, zu jeder Uhrzeit die hundertzwanzig Kilometer nach Erlangen abschrubben. Meist bester Laune fuhr ich in Richtung Freiheit, also zumindest befreite ich mich, wann immer es mir zu viel wurde, ganz schnell von der engen Welt meiner Eltern. Die ganz andere Spießigkeit meiner Erlanger Mitstreiter, ja die bald so schmerzlich erlebte menschliche wie auch politische Enge, hatte ich da noch nicht auf dem Schirm. Jedenfalls trat ich auf meinen Fahrten ordentlich ins Gaspedal und das Ding sauste mit gut 140 Sachen den Kindinger Berg Richtung Nürnberg runter. Damals noch ohne Gurtpflicht, die wurde erst wenig später 1976 eingeführt, fühlte sich das an wie völlig losgelöst. Ich befand mich zweifelsfrei in einer Art Geschwindigkeitsrausch. Seltsam war, dass ich immer wieder von „benachbarten" Autos mit Lichthupe bedacht wurde. Mancher zeigte mir auch im Vorüberfahren einen Vogel. Warum bloß? Wirklich keine Ahnung! Ich war mir sicher, dass ich mir bei Top Speed meines rasenden Käfers das Recht auf die äußerst linke Spur, zumindest aber auf den Mittelstreifen erobert hatte. War die rechte Spur auch völlig frei. Es dauerte schon ein Weilchen, bis mich jemand über diesen meinen Irrtum aufklärte.

Aber schon bald sollte meine Autoseligkeit einen unsanften Dämpfer erfahren. Es schüttete an jenem grauen Herbsttag in Strömen. Meine Eltern redeten auf mich ein wie auf einen kranken Gaul, daheim zu bleiben. Aber es war nichts zu machen. Ich hatte einen wichtigen Termin in Erlangen. Die neueste Ausgabe der Portugalnachrichten war zu falten und am kommenden Tag unter die Leute zu bringen. Die revolutionäre Pflicht rief nun mal.

Als ich so auf der Autobahn fuhr, wunderte ich mich, dass sich die Lenkung von Zeit zu Zeit so schwammig anfühlte, dass das Auto immer mal wieder einen Drall hatte. Es gab da irgendwelche Rillen auf dem Asphalt, die meine Reifen magisch anzogen. Das Regenwasser klatschte von der Fahrbahn auf die Front- und die Seitenscheiben. Die Wischerblätter kamen kaum hinterher, mir freie Sicht zu schaffen. Und plötzlich – es muss auf der

Höhe von Allersberg auf der A9 gewesen sein – drehte sich mein Auto wie ein Kreisel mehrmals um die eigene Achse, prallte an die linke Leitplanke, ratterte an dieser eine gefühlte Ewigkeit entlang, um endlich in umgekehrter Fahrtrichtung zum Stehen zu kommen. Wie zur Salzsäule erstarrt blieb ich in meinem Auto sitzen. Ich begriff nicht gleich, was passiert war. Unbeirrt bewegten sich die Scheibenwischerarme hin und her. Laut prasselte der Regen auf das Dach meines bewegungslosen VWs. Wie in Trance starrte ich vor mich hin. Jemand öffnete die Wagentür und zog mich sanft aus dem Auto, nicht wissend, ob ich verletzt war. Mit Entsetzen sah ich jetzt, dass nur wenige Meter frontal vor meinem Auto ein Trucker angehalten hatte. Das klackernde Geräusch des Dieselmotors war noch nicht abgestellt. Ein verstört dreinblickender LKW-Fahrer sprang aus seinem Führerhaus. Langsam sickerte in mein Bewusstsein, dass ich wohl gerade nochmal dem Tod von der Schippe gesprungen war. Ich muss leichenblass gewesen sein. Meine Beine fühlten sich an wie Pudding und aus meinen Händen war alles Blut gewichen. Der hilfsbereite Autofahrer hatte mich in der Zwischenzeit auf die zerbeulte Leitplanke neben meinem Auto gesetzt und über mir einen Regenschirm aufgespannt. All das Sirenengeheul, die vielen blauen und gelben Blinklichter – alles wegen mir? Die auf der nassen Fahrbahn reflektierenden Lichter gaben dem ganzen noch eine besondere Dramatik. Als klar war, dass ich mit dem Schrecken davongekommen war, ging alles ganz schnell: Unfallaufnahme durch die Polizei, Heranfahren des Abschleppautos. Unfallursache ganz klar: abgefahrene Reifen, mit denen das Aquaplaning auf der Autobahn lustig Rutschpartie gespielt hatte. Bei aller Freundlichkeit der Polizisten musste ich doch einige bittere Pillen schlucken: die Reifen – das gab Punkte in Flensburg. Außerdem würden mir von nun an drei Autobahn Leitplanken, an denen ich entlang geschlittert war, persönlich gehören. Demoliert wie die waren, hatte ich die nämlich zu ersetzen.

Als wieder Blut in Kopf und Händen einigermaßen pulsierte, musste ich mein weiteres Vorgehen planen. Das Auto ließ ich in die Ingolstädter Werkstatt verfrachten, bei der mein Vater Kunde war. Aus! Mein wunderbarer Autotraum! dachte ich, als das jämmerlich zerbeulte Ding da an Ketten in der Luft hing, um auf die Ladefläche des Abschleppers verfrachtet zu werden. Aber ich? Was sollte ich jetzt mit mir anfangen? Zurück nach Hause? Nein, noch nicht. Das Donnerwetter konnte ich mir noch früh genug abholen. Außerdem, in Erlangen wartete man schon auf mich. Also nahm ich das Angebot einer Mitfahrgelegenheit Richtung Norden an.

Mein Unfall machte nur wenig Furore, als ich in Erlangen eintrudelte. Ran an die Druckbögen der neuesten Portugalnachrichten hieß es und falten. Die Revolution duldete mal wieder keinen Aufschub. Man war gar nicht erfreut, dass ich für den nächsten Tag meinen Verkaufsdienst absagte und dann doch mit dem Zug nach Hause fuhr. Telefonisch hatte ich meine Eltern schon über mein Unglück informiert. Zuhause angekommen sperrte ich mit klopfendem Herzen das Gartentor auf und begann fürchterlich zu weinen, als mir meine Eltern entgegenkamen. Ich war totunglücklich.

Aber es war wie ein Wunder: Das Donnerwetter blieb aus. In dieser Sache bewiesen beide, Vater und Mutter, echte Grandezza. Das Auto wurde repariert, ein Satz neue Reifen aufgezogen, die Leitplanken erneuert, und alles haben sie bezahlt. Ich glaube, beide waren einfach nur froh, dass mir trotz der Dramatik des Geschehens nichts passiert war.

Im Endeffekt war mit meinem Kauf des Autos und mit der von meinen Eltern bezahlten Reparatur eindeutig, dass es sich bei diesem weißen VW 1300 um nichts anderes als Privatbesitz handelte. Und das quasi im doppelten Sinne. So klar sollte das in Zukunft aber für mein politisches Umfeld nicht sein.

Der Besessene in der Höhle

Nach diversen Schnupper- und Sprachkursen kam jetzt die Phase für theologisch Fortgeschrittene. Auch ich hatte die irgendwann erreicht. Das

bedeutete richtig viel Arbeit, vor der man sich leider nicht weg-
ducken konnte. Zwei Proseminararbeiten waren innerhalb weniger Wochen abzuliefern. Jede sollte mindestens vierzig Seiten
Umfang haben. Dio mio! Was da alles zu lesen, zu exzerpieren
und letztlich fachlich qualifiziert anzuwenden war. Mir wurde
ganz schlecht. Ich schaute neidvoll auf die Medizinerclique um
mich herum. Klar, auch die hatten ne harte Studienzeit hinter
sich. Das Physikum, eine Art Zwischenprüfung in der Medizin,
war alles andere als leicht gewesen. Aber jetzt im zweiten Teil
ihres Studiums schoben die Herren echt eine ruhige Kugel. Gerade schrieben sie ihre Doktorarbeiten. Beanspruchte das Dr.
vor dem Namensschild in philologischen Fächern gut und gerne
an die drei Jahre, war diese akademische Weihe für unsere Jungs
innerhalb weniger Wochen, ja manchmal nur Tage zu erreichen.
Der Geschickteste von ihnen promovierte gerademal mit etwas
mehr als zwanzig Seiten. Irgendwas über die männliche Sexualität war sein Thema. Clever gewählt, denn einer seiner Kumpel
in damals noch West-Berlin hatte nahezu dasselbe Gebiet be-
ackert. In Zeiten, in denen man noch nicht mittels Plagiator alle
wissenschaftlichen Veröffentlichungen durchleuchten konnte,
hatte man gute Chancen, mit geschickter Paraphrasierung und
einem anderen Titel eine bereits vorhandene Arbeit zur eigenen umzuschreiben. Nur die Statistik wollte unser schwarzer
Lockenkopf Striezi – so hieß der wegen einer gewissen Schlitz-
ohrigkeit – ehrenhalber noch ein bisschen aufpeppen. Das bedeutete, dass er und ein paar seiner Kumpel sich wissenschaftlich
begleitet um eine Spermaprobe erleichtern mussten. Ganz seriös
in sterile Reagenzgläschen. Im fachbezogenen medizinischen
Institut, in einer schmucklosen Kabine versteht sich, aber in
Stimmung gebracht durch entsprechende Sexheftchen. Es waren erstaunlich wenige Proben, die es als statistisches Material
für Striezis „bahnbrechende medizinische Neuentdeckung"
brauchte. Und zack – quasi im Handumdrehen war der zum honorigen Dr. med. auf Lebenszeit geworden.
Angefressen saß ich in meiner einsamen Studentenkemenate

und konnte von solch leicht errungenen akademischen Meriten nur träumen. Da lag so ein Fitzelchen griechischer Text vor mir, eine sogenannte Perikope, die es wissenschaftlich zu untersuchen galt. Nicht dass genau die nicht schon tausendmal zuvor interpretiert worden wäre, aber jetzt war ich an der Reihe. Zeig, was du gelernt hast, hieß die Devise! Am Ende all dieser Mühen wartete nichts anderes als ein „Schein" auf mich. Mit dem konnte ich dann wie beim „Mensch ärgere Dich nicht" ein paar Felder nach vorne ziehen. Ich hatte die Textstelle über den „Besessenen von Gerasa" vorliegen. Der in einer Höhle vor sich hin randalierte, niemanden an sich ranließ – und klar, als Jesus endlich zu ihm gekommen war und ihm die Hand auflegte, gab dieser neutestamentliche Rowdy endlich Ruhe. Blöderweise musste ich parallel zur Übersetzung dieses Passus entscheiden, welche Textvariante am ehesten dem Original entsprechen konnte. Die Schwierigkeit war nämlich, dass Jesus, nachdem der Erste auf die Idee gekommen war, über ihn zu schreiben, bereits rund vierzig Jahre tot war. Wie bei der stillen Post war alles im Laufe der Jahre rund um den geglaubten Messias immer wunderbarer geworden. An allen Ecken und Enden wurde auch Gottes Eingreifen immer deutlicher herausgestellt. Aber man konnte sich drehen und wenden wie man wollte, Texte des allerersten Schreibers, also eines Herrn Markus, Beruf Evangelist, waren bislang nirgends aufgetaucht, sondern nur die von mehr oder weniger begabten Kopisten. Von denen ließen manche jedoch gerne in ihrem Feuereifer Sperriges, gar den Glauben Störendes weg oder fügten erbauliche Details hinzu. Nicht zu vergessen ihre Flüchtigkeits- und Rechtschreibfehler. Wollen wir nicht hoffen, dass nicht sogar Legastheniker unter den eifrigen Schreibern waren. Ich arme Spätgeborene hatte nun zunächst einmal plausibel zu begründen, welche der vielen Abschriften dem „Original" am nächsten kam. Im Vorfeld hatten das bereits viele kluge Männer erforscht, so dass ich deren glasklare Ergebnisse nurmehr mit eigenen Worten geschickt bestätigen musste. Ja, es waren ausschließlich Männer, die damals den Kurs aller theologischen Wissenschaften bestimmten. Nicht ganz! In Erlangen gab es immerhin eine Ausnahme: Lilly, wie sie von allen genannt wurde. Eine kernige Dame, stammend aus einem alten deutschbaltischen Adelsgeschlecht. Sie betreute als Professorin das Nischenfach Theologie des christlichen Ostens, das ich nie besuchte. Schließlich galt es kräftesparend zu studieren und in Lillys Fach, die eigentlich mit Vornamen Fairy hieß, brauchte ich keinen Schein. Klar war mir schnell: Frau und Theologieprofessorin? Das war in jener Zeit etwas Besonderes. Und in der Tat war sie die erste Professorin an einer evangelischen Fakultät in Deutschland, allerdings hatte man zünftig patriarchal im guten traditionellen Bayern erstmal ihre Ordination nicht anerkannt. Für mich interessant waren natürlich einige Histörchen rund um diese Dame, denn das war ja nun immer mal die Würze des oft so staubtrockenen Theologenalltags. So kursierte das Gerücht, dass jene Lilly, ab 1942 Witwe eines deutschen U-Boot-Kommandanten, im Vorkriegs-Osten des Deutschen Reiches, dereinst in der Clique von Vicco von Bülow, besser bekannt als Loriot, rauschende Tanzabende gefeiert haben soll. Geradezu legendär wurde sie allerdings an der Fakultät durch einen Besuch des Katharinenklosters am Sinai. Mit zwei Studentinnen wurde sie damals in den siebziger Jahren von Mönchen nur widerwillig in einem Korb über den felsigen Abgrund nach oben gehievt. Lilly aber hatte, durchsetzungsstark wie sie war, darauf bestanden. Frauen wollte man dort in der Einsamkeit dieses menschenfernen Adlerhortes nur sehr ungern zu Gast haben. Ganz offensichtlich wollte die Professorin jenen Ort, an dem man den Codex Sinaiticus, eine der ältesten, fast vollständigen Bibelhandschriften gefunden hatte, selbst in Augenschein nehmen. Außerdem waren gerade erst 1975 zwei weitere Blätter dieser Schrift auf dem Sinai aufgetaucht. Die wollte die resolute Dame wohl unbedingt höchstpersönlich begutachten. Das bisherige Original des Codex war auf sehr verschlungenen Wegen zu niemand anderem als Josef Stalin gelangt, der ihn 1933 nach London verkaufte. Seither lagert das teure Stück dort in einem wohltemperierten Tresor. Lilly war also gewissermaßen bis an den verbrieften Fundort eines neutestamentlichen „Originals" gelangt. Als Studentin hatte ich wie gesagt alle bereits gemachten Forschungsergebnisse in meiner neutestamentlichen Arbeit nur zur Kenntnis zu nehmen. Aber eins hatte ich zumindest gelernt: Der Sinaiticus war bei der Quellenanalyse gerade in einer unbedeutenden Proseminararbeit fast immer eine idiotensichere Wahl.

Um es kurz zu machen, denn es folgten in diesem wissenschaftlichen Vorspiel ja noch eine ganze Menge komplizierter Arbeitsschritte: Was für ein Aufwand an Zeit und Mühe, um auf vierzig Seiten hieb- und stichfest einfach nur wiederzukäuen! Und was hätte es an dieser Bibelstelle auch im inhaltlichen Ergebnis zu deuten gegeben. Es war wie immer klar: Am Ende fiel es dem Glaubenden, denn diese Gesinnung wurde ja insbesondere bei Theologiestudenten vorausgesetzt, wie eine reife Frucht in den Schoss: Jesus, der Herr, macht alles und jeden heil. Auch jenen Rowdy in seiner Höhle.

Andere theologische Themen sollten da durchaus mehr Spielraum für wagemutige Forscherinnen wie mich bereithalten.

Marx hat voll Recht Also eindeutig spannender gestaltete sich das mit meiner zweiten Arbeit. Die schien mir in ihrer Thematik unendlich viel kreativer. Es ging um meinen ersten Schein im Fach Kirchengeschichte. In einer Liste von Themen, die von den alten Kirchenvätern über die Inquisition bis hin zu Karl Marx und seiner Religionskritik reichten, konnte ganz sicher jeder etwas Interessantes finden. Freudestrahlend zeigte ich Otto meine Wahl: natürlich Karl Marx und seine Religionskritik. Hier hatte ich in jedem Fall einen Platzvorteil, konnte ich doch das beim Marxismus-Mayer bereits Gelernte quasi eins zu eins zum Einsatz bringen. Und hatte es nicht in der Vorbesprechung mit dem Assistenten des Professors eindeutig geheißen, die gestellten Aufgaben seien ergebnisoffen zu behandeln. Mit seinem karottenroten Haarschopf und den vielen Sommersprossen im Gesicht schien der mir auch sehr viel vertrauenswürdiger als mein Juso-Feind der ersten theologischen Schnupperstunde. Was für intellektuelle Höhenflüge sollten Otto und ich in den kommenden Tagen haben! Ganz aufgeregt malten wir uns aus, wie wir es den „Himmelskaspern" – so der despektierliche Name meiner naturwissenschaftlichen, linkslastigen Freunde für Theologen aller Art – mal zeigen wollten. Wir, nein ich, wollte Furore machen, die verschlafene kirchengeschichtliche Fakultät mal so richtig aufrütteln. Mich hatte der Ehrgeiz gepackt, mein politisches Dünnbrettbohrer-Image als linke Pamphlet-Tippse und Zeitungsfalterin endlich ordentlich aufzumöbeln. Zu meiner Ehrenrettung muss ich sagen, dass ich für diese Arbeit wirklich fleißig gelesen hatte. Zum Beispiel „Das Wesen des Christentums" von Ludwig Feuerbach. Geradezu fasziniert saugte ich das dort dargestellte Ineinander verschiedener religiöser Mythen auf. Judentum, Christentum und die ägyptische Religion so dicht miteinander verwoben! Die Ähnlichkeit der Namen Moses und Thutmosis ein Zufall? Gewiss nicht! Ich war platt. War das alles mit dem Glauben dann nicht wirklich ein menschliches Konstrukt? Und wozu war das alles nützlich? Profitierte da jemand davon? Das „Forschungsergebnis" meiner Arbeit fiel eindeutig aus: Religion ist menschengemacht und Karl Marx hatte richtig diagnostiziert: Religion ist „Opium des Volkes" oder ein „Eiapopeia vom Himmel" wie Heinrich Heine sie in seinem „Deutschland. Ein Wintermärchen" nennt. Keine Ahnung, ob ich in meinem Übereifer überhaupt irgendein Handwerkszeug der kirchenhistorischen Methode angewandt hatte. Ich war einfach nur beseelt von meiner Erkenntnis. Hatte wirklich noch niemand in meiner Fakultät diesen Budenzauber hinterfragt? Ich kam mir vor wie eine Pionierin in einer terra incognita. Ganz anders sah das mein sommersprossiger Assistent. Nachdem er die Arbeit durchgelesen hatte, lud er mich mit ernster Miene zu einer Besprechung. Sein Urteil war vernichtend. So könne ich meine vierzig Seiten nicht abgeben. Die seien im höchsten Maße unwissenschaftlich – und außerdem: das Ergebnis könne so nicht stehen bleiben. Mir wurde heiß und kalt. Meine bisherige Tollkühnheit, es den Theologen mal so richtig zu zeigen, wich einer Beklommenheit, die in mir schon wieder die Angst vor dem Ende meiner akademischen Laufbahn hochkommen ließ. Ohne den politisch so sattelfesten Otto im Hintergrund fühlte ich mich unendlich unbedeutend und dumm. Im Gespräch mit meinem rothaarigen Gegenüber, das von meiner Seite nur ein mit vielen „Ähs" gespicktes Gestammel war, wurde mir klar: Aha, Marx, den hättest du widerlegen müssen! Abgesehen davon, dass eine solche Aufgabe im Nachhinein betrachtet für eine Proseminararbeit ganz gewiss eine Nummer zu groß war. Vielleicht steckt dahinter aber auch die christliche Hybris, dass mit diesem lausigen fehlgeleiteten Denker Marx jeder theologische Anfänger fertig werden würde. Wie auch immer, um akademisch weiterzukommen, musste ich klein beigeben. Denn wieder war es eine dieser bekloppten Hürden, die das Zeug hatten, mir das Genick zu brechen. Keine Ahnung mehr, was ich am Ende alles für Verrenkungen und Verbiegungen in der Korrektur meiner Arbeit machen musste, um wenigstens eine ausreichende Note zu bekommen. Der Fachbereichsprofessor, ein kleines graues, ständig schlecht rasiertes Männchen, schaute mich von da an immer sehr milde mitleidig an. Schon wieder hatte ich mir einen theologischen Malus eingehandelt. Zum Glück sollte ich den etliche Semester später im Fach Kirchengeschichte mit einem „Sehr gut" im Staatsexamen wett machen.

Immer aber wenn Otto nach der Reaktion auf meine skandalöse Arbeit fragte, druckste ich rum, versuchte ich das Thema zu umgehen, bis es ganz in Vergessenheit geraten war. Die vierzig Seiten „meiner verruchten Häresie" versteckte ich irgendwo zwischen meinen Büchern und habe sie nie mehr wieder gelesen. Mein ernüchterndes Fazit: Vielleicht taugte ich wirklich nur zum Tippen von Protokollen all der schlauen politischen Statements meiner Umgebung. Als Stütze der Marx'schen Theorie war ich eindeutig gescheitert.

Go West-Berlin! So! Nach dieser akademischen Ochsentour war endlich wieder etwas Freizeit angesagt! Bevor das in wenigen Monaten mit dem großen Lernen fürs Medizinexamen bei Otto und seinen Kumpeln losgehen sollte, gönnten wir beide uns ein paar Tage Berlin – genauer gesagt West-Berlin, denn damals war die Stadt noch eine geteilte.

Ich war richtig aufgeregt, denn Berlin, das war wie eine Insel, eine andere Welt und ich war noch nie dort gewesen. Ganz so stimmt das zwar nicht, denn meine Eltern waren 1958 mit mir über den Bahnhof Friedrichstraße in den Westen „abgehauen" und wir hatten in Berlin-Marienfelde etliche Wochen in einem Flüchtlingslager gewohnt. Aber das war lange her. Das neue Berlin, das der siebziger Jahre, das hatte ich noch nicht erlebt. Es war laut, bunt, frech, schrill und politisch nicht nur alternativ, sondern punktuell auch gefährlich radikal. Vor nicht allzu langer Zeit hatten Linksextremisten den damaligen dortigen CDU-Vorsitzenden Peter Lorenz entführt. Ein Foto, auf dem er mit Pappschild vor sich auf einer Matratze saß, ging durch die Presse. Man wollte mit dieser Aktion sechs Terroristen der Roten Armee Fraktion freipressen. Zum Glück war diese heiße Phase fürs Erste wieder vorbei, in der hunderte Berliner Polizisten auf der Suche nach dem Entführten viele Wohngemeinschaften durchkämmt hatten.

Von der Frechheit und Unerschrockenheit der Berliner hatte ich ein paar Jahre zuvor allerdings schon einen kleinen Vorgeschmack bekommen. Meine einst beste Freundin Mucki war mit ihren Eltern nach Berlin gezogen. Ihr Vater, ein mit der Zeit immer berühmter werdender Architekt, hatte den Ruf als Professor an die dortige Universität der Künste erhalten. Er war ein äußerst streitbarer Mann, der die städtebauliche Planung der Stadt bis über den Mauerfall hinaus federführend bestimmte. In den späten sechziger Jahren hatte er die geplante Kahlschlagsanierung verhindert und sich dabei äußerst hitzig mit den Stadt- oberen in die Wolle gekriegt. Kreuzberg, Charlottenburg, der Wedding ... viele Berliner Viertel haben ihm zu verdanken, dass eine Menge Häuser von der Abrissbirne verschont und auf seine Initiative in Absprache mit Mietern und Vermietern die Wohnungen dort bezahlbar blieben. Liebevoll wurde er dafür von den Berlinern „Papa Gustav" genannt, obwohl das mit seinem wirklichen Namen nicht das Geringste zu tun hatte. Ich hatte mich immer ein wenig vor ihm gefürchtet. Wie ein Pirat hatte er nämlich nurmehr ein Auge, das andere hatte er im Krieg verloren und die leere Höhle war von einem Hautlappen kaschiert. Vielleicht war es das renitente Wesen ihres Vaters oder das aufmüpfige Flair Berlins – jedenfalls sollte ich Mucki noch einmal in Ingolstadt begegnen. Sie hatte ihren Vater zur Einweihung unserer neuen, von ihm entworfenen Schule begleitet. Als ich sie wieder sah, war ich entsetzt, befremdet, irritiert. Sie hatte sich völlig verändert. Statt eines von ihrer Mutter selbst genähten karierten Rocks, allzeit kombiniert mit dunkelblauen Nickipullovern, trug sie jetzt ein schrill farbenes Maxikleid mit seltsam psychedelischen Mustern. Ihre Augen waren mit schwarzem Kajalstift dick umrandet. Ihr einstiger burschikoser Kurzhaarschnitt hatte sich in eine wuchtige Afromähne verwandelt, die sie mit einem breiten Band bändigte. Als quasi Ehrengast saß sie neben ihrem Vater in der ersten Reihe unserer neuen Schulaula. Was heißt da sitzen! Sie fläzte sich im Schneidersitz auf den Stuhl und weigerte sich, dem jovial auf sie zukommenden Chef unserer Schule die Hand zu reichen. (Der war übrigens der Vater von Heidi, der Begleiterin meiner Erlanger Tage). Respektlos schaute Mucki ihn aus ihren wunderschönen großen blauen Augen von oben bis unten an. Sie sagte kein Wort und schon gar nicht „Grüß Gott". Nach einer gefühlten Ewigkeit beendete der Schulleiter gequält lächelnd diese peinliche Situation. Zumindest eines hatte sich nicht geändert: leiden hatte Mucki den noch nie können.

Machte dieses wilde Berlin also aus braven Mädchen wie Mucki flippige Hippie-Girls? Ich war aufgeregt. Diese Stadt musste in jedem Fall etwas Besonderes an sich haben, etwas Verbotenes. Bekannt war, dass sie ein Sammelbecken aller derer war, die ohne irgendwelche blöden Anhörungsverfahren oder ein Verlegenheits-Theologiestudium ihren Dienst bei der Bundeswehr verweigern wollten. Gab es in Erlangen und Umgebung durchaus langhaarige, bärtige, alternative, coole Typen legten die in Berlin noch ne Schippe drauf. Da war man megacool, lebte in gigantischen Altbauwohnungen und gefühlt nur in Wohngemeinschaften.

Mich hatte vor unserer Abfahrt vor allem die Frage aller Fragen geplagt, die des ewig Weiblichen (was ich natürlich nie hätte zugeben dürfen): Was sollte ich anziehen, damit ich nicht als bayerisch-fränkische Landpomeranze da ankam? Ich nähte mir noch schnell ein sehr figurbetontes Mieder mit gewagtem Ausschnitt und sehr, sehr knapp. Dass ich damit meine damals noch reichlichen Fettröllchen rund um die Hüfte besonders zur Geltung brachte, störte mich wenig. Eine knackige Jeans tat ihr Übriges. Das mit den megaengen Jeans war damals Kult. Mia, dafür schon lange Spezialistin, hatte mich wissend eingeweiht. Jeans konnte man nur zu zweit kaufen, im Handgepäck die Beißzange. In der Umkleidekabine des Kaufhauses legte man sich irgendwie quer auf den Boden und die gute Freundin zog schnaufend und keuchend den Reißverschluss mittels Zange Zentimeter um Zentimeter nach oben. Diese Prozedur sprach eindeutig für die Qualität der Reißverschlüsse. Reingepresst wie eine Knackwurst, fast bekam man keine Luft mehr, ging es nach Hause. Was unterschied uns eigentlich von den Frauen der Jahrhundertwende, die sich bis zur Ohnmacht in Korsetts die Taille zusammengeschnürt hatten? War das in der Umkleidekabine bisher nur die Pflicht gewesen, so folgte jetzt die Kür. Damit das Ding wirklich richtig straff saß, legte man sich damit in die Badewanne in möglichst heißes Wasser. Danach musste die ideale Jeans mit Hilfe eines Föns am Körper trocknen. Keine Ahnung, wie man aus dieser Rüstung ohne Hilfe je wieder rein- oder rauskam. Allerdings war ich von meinem Outfit her, glaubte ich zumindest, jetzt für die Berlinfahrt bestens gerüstet.

Da sich die Nachricht von unserer Berlinfahrt schnell rumgesprochen hatte, mussten wir noch einen Mitfahrer mit an Bord nehmen. Das war Ehrensache. Für mich ein Glück, denn so saß ich auf der Rückbank und konnte mir mit geöffnetem Reißverschluss etwas Erleichterung von dieser knallengen Jeans verschaffen. Auch stimmungsmäßig galt es, sich auf Berlin ein-zustellen. Ab Erlangen röhrte daher der Kassettenrekorder vor allem Lieder der Gruppe „Ton Steine Scherben" und machte uns seltsam aufgekratzt. In Endlosschleife plärrte oder eier-te der Sänger Rio Reiser uns sein provokantes „Macht kaputt, was euch kaputt macht!" entgegen, allerdings immer wieder ge-stoppt, wenn sich das Tonband zu einem fast unentwirrbaren Bandsalat im Recorder verheddert hatte.

Seltsam beklommen machte mich der Grenzübertritt in Erin-nerung an meine Kindheitserlebnisse mit meinen Eltern. Dieses Mal ging es nicht mit dem Zug über Probstzelle in die DDR, sondern per Auto über Rudolphstein / Hirschberg. Schon von Weitem sah man hohe Betonkästen in den Himmel ragen. Die Wachtürme. Reihen von endlosen Metallzäunen und Stachel-draht, dazwischen der Todesstreifen, von dem man wusste, dass unter dem harmlosen Grün der Grasnarben tödliche Minen ver-buddelt waren. Oben in den Türmen Wachsoldaten, die Gegend von ihren Gucklöchern aus in allen vier Himmelsrichtungen im Blick. Ihre Ferngläser blitzten im Sonnenlicht. Wir passierten auf der asphaltierten Piste die Grenze. Bange Stille hatte sich unter uns breit gemacht; sogar Rio Reiser grölte nicht mehr aus den scheppernden Boxen. Auch dieses Mal völlig emotionslose Kontrolleure, die barsch nach unseren Reisepapieren verlangten. Danach machte ein großes Schild uns eindeutig klar, dass wir in der Deutschen Demokratischen Republik angekommen waren. Aber das roch man auch schon. Unmittelbar hinter der Grenze fing er an, der unverwechselbare Geruch nach Braunkohle und den daraus hergestellten Kunststoffen, nach Pulax und Imi, mit denen man das ganze Land blitzblank schrubbte. Zusammen mit den Abgasen der vielen Trabis und wenigen Wartburgs wa-berte im Sommer wie im Winter diese eindeutige olfaktorische

Erkennungsmarke über die ganze DDR. Vorab hatten wir uns über die strengen Regeln für Transitreisende nach Berlin-West schlau gemacht. Nur Tanken oder Essenfassen, hieß es, in einer der Autobahnraststätten sei erlaubt. Gespräche mit Bürgern der DDR waren strengstens untersagt. Trotz dieser rigiden Auflagen hatten wir irgendwann Hunger und verließen an einer Raststätte die Autobahn. Denn das hatte sich auch rumgesprochen: Man kam im Osten unverschämt billig an ein Mittagessen. Im Angebot war eine ausnehmend zähe Rinderroulade, angereichert mit einer zu Brei zerkochten Sättigungsbeilage. Der violettgelbe Pamp, das waren Salzkartoffeln mit Rotkohl. Zumindest wusste ich von nun an, warum Mutters gekochte Beilagen auch immer so aussahen. Das schien Landessitte zu sein. Unsere Zeche war dann wirklich unglaublich niedrig. Fast lachen mussten wir über die komischen Preise: ein Glas Brause für 36 Pfennige oder unser Mittagsteller für 2,87 Mark – Westmark versteht sich.

Es ging weiter mit dem gemächlichen Tempo von 100 Stundenkilometern. Eine höhere Geschwindigkeit hätte sicherlich die Achse unseres altersschwachen VW zerlegt. Denn auf dieser zweispurigen Strecke gab es noch die alten Autobahnen der dreißiger Jahre, die alle paar Meter durch eine Holperfuge unterbrochen waren. Und das rumpelte ganz schön. Wir fuhren durch eine andere Welt. Kleine geduckte Dörfer mit verwitterten Fachwerkhäusern, farblich dominiert von einem schmutzigen Grau und Beige. Tristesse pur. Die Zeit schien hier still zu stehen. Bauten neueren Datums waren hässliche graue Barackenanlagen, in denen die LPG-eigenen Kühe, Schweine und Hühner den sozialistischen Fünfjahresplan zu erfüllen hatten. Fremd waren auch die an Brücken angebrachten Ertüchtigungssprüche der DDR-Führung an alle Werktätigen in landwirtschaftlichen Genossenschaften und Industriekombinaten. Sogar Werbung gab es, die uns, gewöhnt an die Verlockungen der westlichen Konsumgesellschaft, wenig sagte. Was hätten wir auch mit „Plaste und Elaste aus Schkopau" anfangen sollen?

Am Ende unserer Reise der zweite Grenzübergang. Danach

waren wir angekommen: in West-Berlin! Keine Ahnung mehr, ob ich in meinem Outfit jetzt wirklich großstädtisch rüberkam. Meine Eindrücke dort verwischten sowieso. Jeden Tag lauter neue Gesichter, neue Gedanken ... Bücherläden mit Bergen von marxistischer Literatur, rübergespült aus Ost-Berlin, erhältlich zu Spottpreisen. Denn ideologisch wollte man den Westen damit platt machen. Ungerührt vergrub sich Otto hier stundenlang. Ich wäre lieber auf dem Ku' Damm flaniert. Aber dieser Ort westlicher Dekadenz war ein zu boykottierender. Imbissbuden, die einem bis morgens um fünf noch Buletten und Bier verkauften, jeden Tag zu Besuch in einer anderen Wohngemeinschaft, wo man sich abends gerne in netter Runde zu einer Art Smoke-in traf. Selbstgedrehte Haschischtüten machten ständig irgendwo die Runde. Keine Ahnung, wie ich es damals geschafft hatte, nicht einen einzigen Zug davon abzukriegen? In den wenigen Tagen war ich einfach nur platt von all den neuen, ganz anderen Eindrücken. Berührt war ich natürlich von der Berliner Mauer. Als Siebenjährige hatte ich die dramatischen Umstände ihres Baus im August 1961 jeden Abend im Fernsehen zusammen mit meinen Eltern quasi live verfolgt. Und jetzt zog sie sich beinahe selbstverständlich durch die Stadt, ja hatte durch die vielen bunten Graffitis auf der Westseite ihren Horror ziemlich eingebüßt. Da drüben, irgendwie völlig fremd, hinter Panzersperren und Stacheldraht patrouillierten Uniformierte mit Schäferhunden an der Leine, das Gewehr über der Schulter. Sie schienen aus einer anderen Welt zu sein.

Skiurlaub in Garmisch

Als wir zurückkamen, hatte ich noch Semesterferien und etwas gespartes Geld. Da die Medizinerjungs sich jetzt mit voller Kraft auf ihre Examensvorbereitungen stürzen mussten, beschlossen Sigrid und ich noch ein paar Tage Mädels-Skiurlaub in Garmisch zu machen. Sigrid war auch eine jener „tollen Frauen", die schon verheiratet waren. Mit Albert, einem aus der Männerclique, der nach bestandenem

Examen bald Arzt sein würde, und Sigrid dann eben automatisch Arztgattin. Wie schön! Damals in den Zeiten, als man noch per Heirat promovieren konnte und als Arztgattin gerne beim Metzger hörbar für alle als Frau Doktor begrüßt wurde ... Zunächst einmal war Sigrid allerdings nur Postbeamtin. Eigentlich die einzige „Werktätige" von uns allen, für die ja schließlich unser revolutionärer Kampf gedacht war. Nur als Beamtin war sie nicht Fisch, nicht Fleisch. Gewiss arbeitete sie schon irgendwie unter menschenunwürdigen Bedingungen. Selbstentfremdet, wie der Fachausdruck dafür hieß. Aber ihr Beamtenstatus, so die Diagnose, hatte ihr das Bewusstsein dafür schon bedenklich vernebelt. Sie merkte nichts mehr, sie war bereits vom System korrumpiert. Sie war halt nun mal keine echte Proletarierin. Außerdem, da biss die Maus keinen Faden ab, war sie auch keine Akademikerin, der man das mentale Zeug zur Aneignung des richtigen Bewusstseins zutrauen konnte. So hatte man ihr in unseren Kreisen nur eine Art Nischenexistenz zugestanden. Klein und moppelig wie sie war, dazu ein dezent-praktischer Kurzhaarschnitt fiel sie nie so richtig auf. Und als eine, die den ganzen Tag einem geregelten Beruf nachging, war sie eben auch zeitlich ziemlich eingeschränkt, also nur sehr sporadisch mit uns allen unterwegs. Zeitungen falten, Portugal-Nachrichten verkaufen, das ging bei ihr einfach nicht, selbst wenn sie gewollt hätte. Sie brauchte auch nicht bis spät in die Nacht an irgendwelchen Politzirkeln teilnehmen, denn schließlich musste sie als „Werktätige" früh am Morgen aus den Federn. Auch zum Marxismus-Mayer wurde sie nicht geschickt. Allerdings hatte sie ganz offensichtlich andere Qualitäten. Sie hatte etwas Kuschelweiches, Anschmiegsames an sich, dazu ein süßes Lispeln. Sie war einfach das, was man lieb nennt. Und das ließ nicht wenige Männer dahinschmelzen. Das sollte ich bald erstaunt und leider auch neidvoll selbst feststellen müssen. In jenem Winter war sie die Einzige, die sich Urlaub nehmen konnte, um mit mir Skifahren zu gehen.

Durch einen Studentenjob in einem Statikbüro hatte ich Beziehungen zu einem jungen Mann, dessen bereits verstorbene Großmutter in Garmisch in einem alten Holzhaus gelebt hatte. Jetzt idealer Ausgangspunkt für dessen Freunde und Bekannte, um die Skier anzuschnallen und rund um die Zugspitze die verschneiten Hänge runterzuwedeln. Sepp, so hieß der junge Mann, gab mir völlig selbstverständlich den Schlüssel zu diesem Haus. Wie toll war das denn! In einem richtig urigen Tiroler Holzhaus mitten in der Schnee-Einsamkeit ein paar erholsame Tage verbringen. Und alles umsonst. Nur zwei Kumpel würden da gerade auch Urlaub machen, merkte Sepp beiläufig an, aber es gäbe genug Platz für uns alle. Die würden uns nicht stören.

Irgendwann am Nachmittag hielt ich meinen VW vor dem Landhaus in den oberbayerischen Bergen an. Mein Auto hatte sich den Weg hoch bis vor die Tür durch den knirschenden Schnee gekämpft. Wie ein dunkles Hexenhaus mit kleinen Sprossenfenstern, die Scheiben mit Eisblumen zugewuchert, ragte es in die weiße Winterlandschaft. Dicke Eiszapfen hingen vom Dachgiebel herab. Wir stiegen aus. Leicht beklommen. Der bleigraue Himmel kündigte neuen Schnee an. Kaum waren unsere Autotüren ins Schloss gefallen, standen sie auch schon vor der Tür: unsere zwei Mitbewohner der kommenden Tage. Solche Freunde hatte der brave Sepp?! Uns verschlug es die Sprache. Es empfingen uns zwei stiernackige Jungbullen, hemdsärmelig völlig unempfindlich für die lausige Kälte. Nachlässig das T-Shirt in die Jeans gestopft, fiel der eine schon durch einen gewichtigen Bierranzen auf. Bereits jetzt am frühen Nachmittag waren beide ganz offensichtlich gut mit Bier und Schnaps vorgeglüht, wie ihre roten feisten Gesichter eindeutig verrieten. Einer der beiden hatte eine riesige Narbe quer über die rechte Backe. Diese Blessur rührte gewiss von keiner studentischen Verbindung, sondern war eher einer deftigen Wirtshausschlägerei oder einem bajuwarischen Initiationsritual geschuldet. Sigrid und ich sahen uns an. Ohne Worte waren wir uns einig. Aus der Nummer mussten wir so schnell wie möglich wieder raus. Offensichtlich recht angetan von uns, den neuen Mitbewohnerinnen, lallte der eine: „Jo, kimmt's nur glei eini!" Kein einziges Gepäckstück nahmen wir aus dem Auto, ließen uns aber freundlich zugewandt gerne die Räumlichkeiten zeigen. Die Stube mit dem Kachelofen und dem Herrgottswinkel, von dem herab Jesus mitleidig auf unsere vermaledeite Situation herabzublicken schien. Rauf ging es die knarzende Holztreppe bis hoch ins Dachgeschoss. Mir wurde flau. Es war, als ob man uns in unsere Gefängniszelle führte. Von unseren Fluchtfantasien durften diese Kerle jedoch nicht den Hauch einer Ahnung kriegen, sonst würde die Falle gleich jetzt hinter uns zuschnappen. Theoretisch war für uns beide also eine Schlafkammer unter dem Dach ohne jegliche Escape-Möglichkeit vorgesehen. Die war eiskalt und einmal unter die rotkarierte Bettdecke gegriffen, war klar: Die Federbetten waren unangenehm feuchtklamm. Wehmütig dachte ich an Mutters allzeit bereite Wärmflasche, denn kalte Betten, das gab es zu Hause nie. Aber auch hier würde dieser Ungemütlichkeit ganz sicher im Laufe der Nacht Abhilfe geschaffen, allerdings mit körperlicher Wärme. Da würden sich die zwei gestandenen Mannsbilder gewiss nicht lumpen lassen. Es lag förmlich in der Luft, dass wir auf einen feuchtfröhlichen Abend zusteuern würden, der uns im Nachgang noch unliebsame Kuscheleinheiten abverlangen würde.

Zum Glück hatte ich die rettende Idee. Die Flucht nach vorne war angesagt. Damals war das mit der „Pille" immer eine bombensichere Sache. „Ui, Kackmist!" Hatte ich doch vergessen, mein Rezept dafür noch in der Apotheke unten im Ort einzulösen. Da müssten wir schnell nochmal hin, bevor die Geschäfte schließen. Gleichzeitig hatte ich so den Jungs nicht ganz ungeschickt signalisiert, dass da was gehen könnte ... Und auspacken würden wir dann später! Gesagt, getan! Wir düsten davon – zunächst unauffällig, nicht allzu eilig, aber dann unten auf der Straße trat ich ins Gaspedal, als sei der Leibhaftige hinter uns her. Wir hatten es geschafft. Erleichtert über unseren gelungenen Coup fuhren wir in die Ortschaft. Die würden blöd schauen, die zwei üblen Kerle da oben in ihrer Einöde, wenn ihnen dämmerte, dass wir sie ausgetrickst hatten. Aber was nun? Eine Bleibe für die Nacht hatten wir nicht. Für ein Hotel oder eine Pension war unser Budget zu knapp. Zunächst drückten wir uns bei Kaffee und Kuchen in einem biederen Café für ältere Herrschaften rum. Wir mussten uns unter Damen mit Hut, Pelzjäckchen und klirrenden Goldkettchen mischen, die ganz offensichtlich hier einen ihrer vielen langweiligen Nachmittage breitsaßen.

Als das Café punkt sechs Uhr schloss, verlagerten wir unseren Standort in eine noch menschenleere Diskothek. Wenigstens hatte die schon geöffnet, aber es würden noch Stunden vergehen, bis dort was los war. Bis zur morgendlichen Sperrstunde konnten wir uns da in jedem Fall aufhalten. Und wer weiß, vielleicht würde sich ja noch die eine oder andere nette Bekanntschaft ergeben. Für Sigrid, die anschmiegsame Kuschelmaus, sollte das kein Problem sein. Nachdem sich das schummrige Dunkel der Disco im Laufe des Abends allmählich mit Gästen gefüllt hatte, saß Sigrid in Nullkommanix knutschend in der Ecke mit einem richtig gutaussehenden jungen Mann. Ich hatte nicht das Geringste mitgekriegt, wie die zwei Turteltauben so schnell zueinander gefunden hatten. Ich war sauer. Eins war Fakt, der junge Mann schmachtete Sigrid an und hielt sie fest umschlungen. Was hatte sie, was ich nicht hatte? Gelangweilt und mies gelaunt saß ich alleine in einer Ecke und nuckelte an meinem Drink, der aus Kostengründen wenigstens ein paar Stunden reichen musste. Aber auch ich sollte bald Kontakt kriegen. Nur den einer etwas anderen Art. Mit einer schwedischen Jungengruppe. Die hatte nichts Besseres zu tun, als mich mit einem provokanten „Heil Hitler" zu begrüßen, als sie sich sicher waren, dass ich Deutsche war. Ich war empört, versuchte mich verbal zu wehren. Aber bald begriff ich, dass ich das sein lassen konnte. Erstens waren die Jungens vor lauter Freude über den billigen deutschen Alkohol so zugedröhnt, dass sie weder ihrer Beine noch ihrer Zunge so recht mächtig waren. Außerdem schienen sich ihre deutschen Sprachkenntnisse vor allem auf den

Satz „Du Nazi" zu beschränken, den sie zu meinem Ärgernis mir immer wieder an den Kopf warfen. Es machte ihnen sichtlich Spaß, mich damit zu ärgern. Jetzt war meine Laune völlig im Keller, zumal Sigrid von all dem nichts mitbekam und unbehelligt weiterknutschte, während ich für die Übel des 1000-jährigen Reiches alleine geradezustehen hatte. Irgendwann verloren die Smörrebröds, die eigentlich schnuckelig aussahen – groß gewachsen, blond, blauäugig – die Lust, mich zu piesacken.

Aus den Lautsprechern röhrte Whole Lotta Love, Kung Fu Fighting… Im Halbdunkel drehte sich eine Discokugel und zauberte mit ihren Spiegeln Glitzerlichter auf die Tanzfläche. Als Jane Birkin dann ihr „Je t'aime" hauchte, wiegte sich Sigrid eng an ihre neue Bekanntschaft geschmiegt im Takt.

Na, endlich! Da hatte doch noch jemand an mir Interesse gefunden. Nur war der gar nicht mein Typ. Schlecht sah er bei genauerem Betrachten eigentlich nicht aus. Dennoch verströmte er mit seinem Vollbart und seinen halblangen, ordentlich gescheitelten Haaren eine gewollte Coolness, was seine ganz offensichtliche Biederkeit und Langeweile noch besonders unterstrich. Das verbesserte meine schlechte Laune nicht wesentlich. Doch gottergeben fügte ich mich letztendlich in mein Schicksal, denn es war allemal besser, mit dem Typen den Abend irgendwie rumzukriegen als alleine dazuhocken. Auch wir beide landeten irgendwann auf der Tanzfläche, nur das mit einem Schmusetanz konnte für mich nicht klappen. Ich blieb auf Distanz, wehrte mich dezent, aber bestimmt gegen jeden Umklammerungsversuch. Schließlich konnten wir uns ja auch nett unterhalten. Zu erzählen hatte ich ja immer einiges. So erfuhr der junge Mann von unserer misslichen Lage. Auf den Kopf war er wenigstens nicht gefallen, denn schnell begriff er, dass Sigrid und ich irgendwie die Nacht, eine lausig kalte noch dazu, rumbringen mussten. Schlechtestenfalls im Auto. Nein, das kam für den jungen Mann überhaupt nicht in die Tüte. Er hatte einen wunderbaren Plan – und das muss man festhalten: Er war kein windiger Spruchbeutel, denn er setzte das Gesagte auch völlig selbstverständlich sofort in die Tat um. Spät nachts, nachdem sich Sigrid von ihrem verhinderten One-Night-Stand tränenreich verabschiedet hatte, schnappten wir Mädels uns unsere Kulturbeutel aus dem Auto und tappelten meiner Abendbekanntschaft hinterher. Wir landeten vor einer wunderschönen alten Villa, sicher gebaut in einer Zeit, als Garmisch noch ein Nobelurlaubsort war. Später hatten es die Nazis mit „Kraft durch Freude" und den Olympischen Winterspielen von 1936 dem Massentourismus preisgegeben. „Das Haus meiner Großmutter!", wie uns der junge Mann aufklärte. Er würde erst mal reingehen und gucken, ob die Luft rein war, sprich, ob die Frau Großmama nicht noch irgendwo herumgeisterte. Wenig später lotste er uns ins Haus. Mit dem Finger auf dem Mund signalisierte er uns, dass wir uns mucksmäuschenstill zu verhalten hatten. Wir schlichen auf Zehenspitzen durch einen Gang, was völlig unnötig war, dämpften doch dicke erlesene Teppiche unsere Schritte. Es ging vorbei an alten Kommoden und Schränken, ehrwürdigen Ölgemälden, Kristalllüster hingen von der Decke ... Schließlich wies er uns eines der vielen Zimmer zu. Zwei frisch bezogene Betten warteten da auf uns. Es war wie im Wunderland. Alles pikobello, beinahe unwirklich. Also duschen könnten wir leider nicht, wurden wir aufgeklärt, das bliebe ganz sicher von der Großmutter nicht unbemerkt. Aber für Frühstück könne er in jedem Fall sorgen. Er habe eben von der frischen Bergluft einen Riesenhunger, würde er behaupten. Und tatsächlich tauchte meine nächtliche Eroberung am nächsten Morgen mit einem Tablett auf, auf dem zwei Teller mit Marmeladenbroten und sogar zwei Tassen mit dampfendem Kaffee standen. Ein echter Gentleman! Den Rest des Tages fuhren wir dann wirklich noch Ski, bevor wir unseren sehr kurzen Ausflug in die Berge dann am frühen Abend doch besser beendeten.

Das mit der Gynäkologie
Als wir beiden Mädels nach Erlangen zurückkamen, rauchten unseren Medizinern die

Köpfe. Das Staatsexamen rückte immer näher. So waren die frisch gebackenen Herren Doctores im Nebenberuf eben auch noch Examenskandidaten und mussten nun rund um die Uhr lernen: Dermatologie, Innere Medizin, Anästhesie, Chirurgie, Orthopädie ... Im Moment lagen deshalb kaum noch Bücher mit politisch-revolutionären Themen oder Flugblätter auf ihren Schreibtischen rum. Auch für abendliche Politzirkel blieb keine Zeit mehr, was mir eine unverhoffte Verschnaufpause bescherte. Überall nichts als die blauweißen Medizinfachbücher des Springer-Verlags, der allerdings rein gar nichts mit der bei uns allseits verhassten BILD-Zeitung aus einem gleichnamigen Verlag zu tun hatte.

Otto hatte in der Zwischenzeit bei mir Quartier genommen, denn die bislang sehr reizende und tolerante Großmutter war aus unerfindlichen Gründen mit einem Mal äußerst ungehalten gegenüber mir. Hatte sie sonst jeden Morgen frische Brötchen und Kaffee für Otto und mich mit einem freundlichen „Guten Morgen" in ihrer guten Stube serviert, grollte sie jetzt sichtbar vor sich hin. Mir gegenüber wurde sie geradezu barsch und wenn sie mich ansprach, was sie zu vermeiden suchte, zitterte ihre sowieso schon brüchige Stimme vor ärgerlicher Erregung und ihre wässrigen blauen Augen blitzten mich wütend an. Am liebsten wäre ich unsichtbar gewesen und in den Kissen ihres altmodischen durchgesessenen Kanapees versunken. Nur, was war überhaupt los? Vielleicht sollte ich ihr beim Tischdecken und anderen kleineren Diensten mehr zur Hand gehen? Schließlich ließen wir uns beinahe alle selbstverständlich von der alten Dame bedienen, ließen sie auf ihren krummen Beinen tagein, tagaus zwischen Küche und Wohnzimmer hin- und herwuseln. Für die Jungs mochte das ja angehen, aber für mich als Mädchen? Damals eigentlich unüblich. Otto tat alles als Launen seiner Großmutter ab und wollte sich damit nicht weiter befassen. Im Klimakterium war sie nun wirklich nicht mehr. Jetzt litt sie eben an irgendeiner Form von seltsamem Altersstarrsinn, so seine Diagnose. Ich gab mich damit jedoch nicht zufrieden und hörte nicht auf zu bohren. Ich wollte wissen, was da plötzlich los war. Irgendwann muss sie vor Otto endlich damit rausgerückt haben. Er sähe immer schlechter aus, brach es aus ihr heraus, würde trotz ihrer nahrhaften Vollpension zusehends dünner. Den Hosengürtel hatte er schon ins letzte Loch verstellen müssen. Sie sähe das ganz genau. Und der Hintern war aus seiner Jeans fast ganz verschwunden. „So kann es nicht weitergehen!", schimpfte sie, einmal in Fahrt gekommen. Und wer war schuld? Natürlich ich! Jede Nacht mit ihrem Enkel zusammen in einem Bett saugte ich dem wie ein unersättlicher Sexvampir ganz eindeutig die Mannes- und damit die Lebenskraft aus. Da konnte sie hinfüttern, was sie wollte. Sogar der alltägliche Nachmittagskuchen, nun immer öfter mit einer extradicken Schicht aus Vanillepudding, konnte dagegen nichts ausrichten. Otto war sauer über diese „gequirlte Kacke" seiner Großmutter, wie er das nannte. Noch saurer wurde er, als ich etwas schuldbewusst meinte, dass wir uns vielleicht derzeit doch weniger sehen sollten. „Altes Weibergeschwätz!", schimpfte er, „und du gehst darauf noch ein!" Ja, für ihn wie auch die anderen Jungs war die Zeit der Examensvorbereitung extremer Stress. Von morgens bis abends nichts als lernen. Das war es, was an ihm zehrte! Von nun an bestrafte er seine Großmutter mit nächtlicher Abwesenheit und schlief nurmehr bei mir in meinem kleinen Appartement. Allerdings hatte das zur Folge, dass wir jetzt beide wirklich jede Nacht grottenschlecht schliefen und gerädert aufwachten. Denn von nun an lagen wir gequetscht wie die sprichwörtlichen Heringe in meinem Bett von gerademal neunzig Zentimeter Breite. Das von Otto hingegen in Großmutters Wohnung hätte das bequeme Maß von einem Meter zwanzig gehabt. Es sollte eine ganze Weile dauern, bis wir uns an diese spartanischen Verhältnisse gewöhnt hatten. Zunächst raubten wir uns jetzt wirklich gegenseitig die Nachtruhe mit unseren rumfuchtelnden Armen, schubsenden Beinen und dem ständigen Hin- und Hergewälze. Du meine Güte, jede halbe Stunde war einer von uns wach! Aber ich versuchte das wenigstens tagsüber für Otto wettzumachen, indem ich mich ihm stundenweise als eine Art „Klagemauer" zur Verfügung stellte. So bequasselte er mich mit meinem laienhaften Nichtmediziner Verstand tagtäglich mit seinem gerade angelernten medizinischen Fachwissen. Ich war quasi die Assistenz seines Repetitoriums. Das hätte seine Großmutter mal mitkriegen sollen!

Für mich besonders interessant wurde das Fach Gynäkologie. Staunend vernahm ich da, was ein Arzt alles zu beachten hatte, wenn er einer Frau irgendein chemisches Verhütungsmittel, sprich die Antibabypille, verordnen wollte. Vorangehen musste unverzichtbar für jede Patientin eine ausgiebige Differentialdiagnose. Den jungen Frauen drohten nämlich je nach körperlicher Konstitution Thrombosen, Lungenembolien und andere gefährliche Komplikationen. Das Präparat musste exakt auf die jeweils individuellen Gegebenheiten und Bedürfnisse angepasst sein, hörte ich da. Während Otto die entsprechenden Punkte dazu runterratterte, wurde mir ganz flau. Ich erinnerte mich mit Entsetzen, wie leichtsinnig wir damals als Mädchen mit siebzehn Jahren die Pille – und zwar irgendeine – eingeworfen hatten und das immer noch taten. Keine von uns hatte hierzu je eine eingehende ärztliche Beratung oder gar Untersuchung erfahren. Nicht einmal unsere jetzt Fast-Ärzte hatten je den geringsten Gedanken darauf verschwendet, ob das, was die Freundin da allmorgendlich so für die gemeinsame Lust schluckte, das Gelbe vom Ei für ihre Gesundheit war.

Das ganze Thema Sex hatte mit etlichem Vorgeplänkel bei uns Mädchen so ab der elften, zwölften Klasse seinen Praxislauf genommen. Irgendwann hatte auch ich endlich einen festen Freund und sollte damit bald zum erlauchten Kreis derer, die „schon mal hatten", gehören. Die Schulturnstunden verbrachten die obercoolen Mädchen aus meiner Klasse natürlich schon längst nicht mehr mit spießigen Leibesübungen, sondern sie drückten sich „dauerblutend", oft mit gefälschten Unterschriften ihrer Mütter im Menstruationheftchen, auf den Zuschauerbänken am Rande der Turnhalle herum. Die gefrusteten Turnlehrerinnen hatten ihren aussichtslosen Kampf gegen diesen offensichtlichen Ruf der Natur längst resigniert aufgegeben. Während einige wenige Schülerinnen brav den Felgaufschwung am Reck einübten oder mit perfektem Strecksprung ihre Bodenübung beendeten, lernten die Lebenshungrigen am Rande des Sportfeldes weit Wichtigeres. So erfuhr ich schon in meinen leider allzu seltenen Auszeiten auf der Bank zwei, drei Jahre zuvor (ich war zu feige gewesen, die Unterschrift meiner Mutter zu fälschen), was das etwa mit so einem Zungenkuss auf sich hatte. Wie eklig ist das denn, war meine erste Reaktion auf die detaillierten Beschreibungen der Kennerinnen. Spucke zu Spucke! Igitt! Aber irgendwas musste vorab mit Angie oder Birgit passiert sein, dass sie mit geschlossenen Augen minutenlang wonnevoll leidenschaftlich gerne rumknutschten. Und jetzt schwärmten sie im Nachgang immer noch vor uns Unwissenden von ihrem letzten ausgiebigen Kuss. Allerdings waren die Umstände nicht immer ganz so romantisch. Angie zum Beispiel musste oft nach der Schule ewig Rolltreppe im einzigen Kaufhaus unserer Stadt fahren. Ihr Angebeteter war nämlich Lehrling in der dortigen Herrenkonfektionsabteilung. Nur in seiner Mittagspause ergab sich mal die Gelegenheit für ein solches ... na ja, wie sollte man dazu überhaupt sagen? Zwischen Tür und Angel in irgendeinem zugigen Treppenhaus ...? Der Abteilungsleiter durfte davon nicht das Geringste mitkriegen und Hemd und Anzug des Lehrlings durften mitnichten die kleinste Spur seiner liederlichen Nebenbeschäftigung aufweisen. Diese wenig romantische Situation war vor allem dem geschuldet, dass Angies Bus nur einmal nach der Schule in ihr entlegenes Kaff Karlskron fuhr. Wann und wo hätte sie also ihren Angebeteten sonst treffen können? Wegen seiner ausgeprägten Elvis-Haartolle hatte der angehende Anzugverkäufer als „Donauwelle" fast schon eine gewisse Berühmtheit erlangt. Genau genommen war er bekannt wie ein bunter Hund. Er muss mehrere Mädchen in unserer Stadt von seinem Können in Sachen Zungenkuss überzeugt haben. Donauwelle hin oder her – irgendwas war ja vielleicht doch dran an dieser Knutscherei. Kam Zeit, kam Rat, und auch ich würde es eines Tages erfahren.

Noch interessanter wurde es dann später mit dem Geschlechtsverkehr. Im Vorfeld hatte ich meine Eltern immer mal wieder versucht festzunageln, mir zu erklären, was da zwischen Mann und Frau so ablief. Sie sollten mich endlich mal ordentlich aufklären, so wie es damals in jedem Familienratgeber dringend empfohlen wurde. Ihre Reaktionen waren meist irgendein Rumgedruckse oder aber ein verklemmtes Gefeixe. Es war klar: In der Angelegenheit musste ich mir woanders Hilfe suchen. So hatten wir Mädchen uns im Laufe der Jahre gegenseitig schlau gemacht. Wie aufregend waren nicht jene Abende im Skilager gewesen, als wir damals als Fünfzehnjährige die Ehezeitschrift „Jasmin" gekauft hatten. Jeder hatte von seinem Taschengeld was zugesteuert und dann lagen wir nach der Guten-Nacht-Runde unserer Lehrer mit Taschenlampe gemeinsam unter der Bettdecke. Do mit ihren fettigen Haaren und den vielen Pickeln im Gesicht, die nun beileibe noch nicht an Sex zu denken brauchte – da waren wir anderen uns einig – war völlig aus dem Häuschen. Da stand doch, dass „die Frau beim GV ihre Beine idealerweise in einem Winkel von sechzig Grad spreizen solle". Do schrie entsetzt auf. Nein, wirklich nicht. Einen Winkelmesser, dieses Monstrum aus dem allseits verhassten Matheunterricht, würde sie unter keinen Umständen mit ins Ehebett nehmen.

Wenige Jahre später, also als Schülerinnen der Oberstufe, waren wir natürlich bereits viel weiter. Da gab es bei einigen Mädels bereits praktische Feldstudien, denn Birgit hatte schon mal, Angie natürlich schon längst und jetzt sogar Buchi, die eigentlich Sandra hieß, vom Land kam und eher naiv-unbedarft wirkte. Es wurde zu einer Frage der Ehre innerhalb der Klasse, nicht allzu lange Jungfrau zu bleiben. Blöd war sicherlich das mit der Entjungferung, denn nach einhelliger Meinung sollte das ganz schön ziepen. Nur Buchi beteuerte, dass sie davon gar nichts gemerkt hatte. Wahrscheinlich – das war ihr zuzutrauen – hatte sie das Ganze, verpeilt wie sie oft war, einfach verpennt. Aber so konnte es also auch gehen, wenn man Glück hatte. Blieb nur das leidige Problem der Verhütung, denn so kurz vor dem Abitur wäre eine ungewollte Schwangerschaft der absolute Horrortrip. Nur eine in unserer Klasse hatte wohl Nerven wie Drahtseile. Christa war ein Mädchen mit durchaus hübscher Figur gewesen. Mit einem Mal allerdings wurde sie fett und fetter. Keiner kam auf die Idee, dass dahinter etwas anderes als maßlose Fresssucht stecken könnte. Hinzu kamen plötzlich auffallend viele Fehltage in der Schule, die vor allem unseren Deutschlehrer zur Raserei brachten. „Wo ist Christa schon wieder?", donnerte er und knallte seine Mappe aufs Pult. „Diese Verantwortungslosigkeit! So kurz vor dem Abitur!" Er, ein älterer Mann, der als russischer Kriegsgefangener etliche Jahre in einem Bergwerk unter Tage gefristet hatte und noch vor seiner Pensionierung an Lungenkrebs starb, konnte die Pflichtvergessenheit von Christa überhaupt nicht verstehen. Nun, des Pudels Kern: Christa hat kurz vor der Prüfungsphase ein Kind entbunden, was wir allerdings alle erst im Nachhinein erfahren sollten. Ein schwarzes noch dazu, war doch der Kindsvater ein GI der US-Army mit entsprechender Hautfarbe. Zur Abiprüfung war sie mit einem Mal wieder gertenschlank und topfit. Trotz ihrer vielen Fehlzeiten erzielte sie ein durchaus passables Ergebnis. Also Christa – das war eine kaltblütige Ausnahme. Wir anderen wollten unbedingt verhüten. Und dazu brauchten wir Buchis Rat und Hilfe. In der Stadt gab es einen praktischen Arzt, über den man die Pille beziehen konnte. Was? So einfach konnte das sein? Ohne Rezept? Von da an pilgerte auch ich, wie etliche andere aus meiner Klasse, zum ersten Mal in Begleitung von Sandra zu diesem Arzt. Seine Praxis lag in einer kleinen Gasse der verwinkelten Altstadt. Schon Buchis Wissen um den Weg dahin, vorbei an einem Striptease-Lokal, hatte etwas Verruchtes. Dort angekommen wurde man von einer verhuschten Sprechstundenhilfe in ein kleines dunkles Zimmer abseits der Praxisräume verfrachtet. Offensichtlich sollte man uns nicht sehen. Wir warteten. Das Gefühl, etwas Verbotenes zu tun, wuchs von Minute zu Minute. Ich konnte mir nicht helfen, aber das Ganze hatte etwas von einer Drogendealer-Szene. Irgendwie war es das ja auch. Dann endlich erschien der Arzt. Er kramte in der Tasche seines Kittels. Heraus holte er zwei kleine Schachteln, eine für Buchi und für mich dieselbe. Meine allererste Pille. Jede von uns drückte ihm wortlos sieben Mark in die Hand. Der Herr versilberte geschäftstüchtig ganz einfach die Musterpackungen, die ihm ein Pharmareferent überlassen hatte. Die Aufschrift „Muster" war mit Kugelschreiber durchgestrichen. Aber wen kümmerte das schon? Wir alle waberten in einer Art Grauzone. Niemand sollte davon wissen. Buchis Präparat musste also auch für mich und alle anderen aus meiner Klasse taugen. Alternativen gab es nicht – jedenfalls keine heimlichen – und, wie gesagt, weder Sandra noch ich, noch die anderen Mädchen waren je einer sorgfältigen gynäkologischen Untersuchung oder Beratung unterzogen worden. Dazu hätten wir ja über unsere Eltern einen ordentlichen Arzttermin vereinbaren müssen. Sich den Eltern anzuvertrauen, das hatte damals niemand gewagt. Und unser „Dealer" hatte uns nicht den geringsten Hinweis auf die Risiken solcher Präparate gegeben ... Das alles lernte ich jetzt entsetzt bei der Examensabfrage Ottos.

Im Nachhinein war es also kein Wunder, dass es mir damals nach Einnahme meiner ersten Pillen sauschlecht ging. Ich war geruchsempfindlich wie eine Schwangere und übergab mich, als meine Mutter einmal mittags Pfannkuchen brutzelte. Der intensive Duft des Butterschmalzes ... Ich konnte nicht schnell genug auf die Toilette rennen. Stirnrunzelnd beobachtete Mutter, was sie da so sah. Und natürlich hatte sie Lunte gerochen, machte sich ihre Gedanken. Ihr Alptraum natürlich, eine Schwangerschaft! Nie vergessen werde ich, als ich wenige Tage später nach Hause kam. Ich spürte es schon atmosphärisch. Es lag Spannung in der Luft. Oben im ersten Stock das leise Surren der Trockenhaube. Mutter hatte sich gerade die Haare gemacht. Aber etwas war anders als sonst. Beklommen ging ich die Stufen nach oben. Da saß Mutter mit ihren Lockenwicklern und weinte. Aber wieso? Zu ihren Füßen lag unser Hund. Selbst der: Traurig, ja vorwurfsvoll schaute er mich an. Der Grund: Mutter hatte ganz zufällig – nein! Sie hatte danach ganz klar gesucht – die Pille gefunden. Angeblich war die beim Putzen meines Zimmers aus meiner Schultasche gefallen. Das konnte nicht sein, denn die hatte ich so akribisch versteckt ... Jedenfalls weinte Mutter Rotz und Wasser. Ein jämmerlicher Anblick. Ich hatte meine Unschuld verloren, klagte sie. Was? Solche Gedanken spielten bei ihr noch eine Rolle? Das konnte ich gar nicht glauben. Da prasselten mit einem Mal Moralvorstellungen von anno Tobak auf mich ein, wie ich es nicht mehr für möglich gehalten hätte. Und das 1973! Es gab die Pille! Es gab Kommunen und ihr Postulat nach freier Liebe, Partnertausch ... Alltäglich flimmerte das über den Bildschirm auch ins biederste Wohnzimmer. Und es gab meinen Freund Erwin, einen sogar in den Augen meiner Eltern „grundanständigen, verlässlichen jungen Mann". An diesem Tag kam sogar mein Vater tief traurig angedackelt und merkte an, wie ich Mutter nur so hätte enttäuschen können, und selbstredend ihn auch. Ich war erschüttert. Schwor meinen Eltern hoch und heilig ... Ja, was hätte ich denn schwören müssen, sollen, können? Vielleicht von nun an in ewiger Jungfräulichkeit ins Kloster zu gehen? Aber da war man ja katholisch! Und Katholiken? Das waren doch für meine protestantischen Eltern allezeit Antichristen gewesen. So erhielt ich an diesem Tag eine Lektion über den Mann an sich. Also die Jungs, die müssten ihre Triebe abreagieren, das sei bekannt und immer schon so gewesen. Dazu gäben sich naive Mädchen wie ich hin. Die schlauen würden sich für die Ehe aufsparen. Denn später – Mutter schluchzte auf – würden nur die sauberen Mädchen geheiratet werden. Soweit die Theorie. Ironie der Praxis: Irgendwann hatte ich mich von Erwin getrennt, der das leider viele Jahre nicht verwinden sollte. Vielleicht sogar bis heute nicht, denn er hat mir vor gar nicht langer Zeit mal wieder geschrieben. Immer wieder besuchte er meine Mutter, die mir dann in den Ohren lag, was ich dem armen Jungen nur angetan hätte ... Ich rieb mir verwundert die

Augen: Was für eine verquere Welt! Zuerst dieser junge Kerl in den Augen meiner Eltern nichts anderes als der Räuber meiner Unschuld und nun ein bedauernswertes Opfer meiner weiblichen Launenhaftigkeit!

Bei den Theologen brennt's

Es muss um die Zeit des Mediziner-Staatsexamens gewesen sein, als an meiner Fakultät, der theologischen, der Teufel los war. Die Aufregung war riesig. Arbeitsgruppen formierten sich. Hilde und Hajo, das Dream Team, natürlich mit an vorderster Front. Wie aufgescheuchte Hühner eilten die Granden und ihr Gefolge von Sitzung zu Sitzung, gab man Presseerklärungen. Die Zeitungen waren voll davon. Schonungslose Aufklärung und Aufarbeitung war angesagt. Eigentlich hätte die Bombe schon eher platzen müssen. Aber erst mit ein paar Jahren Verzögerung zeigte eine Dissertation über „Die Erlanger Studentenschaft 1918 – 1945" ihre Wirkmächtigkeit. Es ging darin, jetzt akribisch recherchiert und belegt, um den braunen, undemokratischen Sumpf von Studenten, Burschenschaften und Professoren während des Dritten Reiches. Und wie erstaunlich?! Sogar zwei theologische Schwergewichte hatten stramm nationalsozialistisch agiert. Wir befanden uns zwar bereits Mitte der siebziger Jahre, aber es war nicht ungewöhnlich, dass unentwegt braune Soße nach oben gespült wurde. Bis heute! Man denke an die neuesten Diskussionen um den Abriss der ehemaligen Pflege- und Heilanstalt „Hupfla", in der man um die tausend geistig und körperlich behinderte Menschen während des NS-Regimes vorsätzlich den Hungertod sterben ließ. Mit ärztlich wissenschaftlicher Begleitung, versteht sich. Erlangen, diese auf den ersten Blick so beschauliche mittelfränkische Stadt, mit ihrer lustigen Bergkirchweih, das kam immer wieder ans Tageslicht, war ohne jeden Zweifel einst ziemlich reaktionär gewesen. Aber offensichtlich hatte es hier länger gedauert als an den großen Unis in Frankfurt oder Berlin, bis man den „Muff unter den Talaren von 1000 Jahren" – wenigstens den der jüngsten Vergangenheit – weggefegt hatte!

Wie hatte man sich das denn so vorgestellt, wie akademische Biographien nahtlos in die bundesrepublikanische Zeit herübergerettet worden waren? Ich gehörte zwar eher zur Spezies „naive Studentin", aber darüber hatte ich mir nie Illusionen gemacht. Im Gegenteil. Das mit Deutschlands jüngster Geschichte trieb mich immer wieder um. Dass die nicht vorbei sein konnte, hatte ich ja hinreichend in der Banalität und Omnipräsenz von braunem Gedankengut und Rassismus hautnah zu Hause immer wieder erleben dürfen.

An der Universität hatte ich selbst wiederholt bleibende Eindrücke, die mich nachdenken ließen. Wie etwa die öffentliche Zurschaustellung des „Uno-Generalsekretärs. Oft traf ich im Kollegienhaus, dort wo in Erlangen alle philologischen Vorlesungen abgehalten wurden, auf ein kleines graues Männchen. Meist den Blick auf den Boden gerichtet, eine dicke Mappe mit seinen Aufzeichnungen unter den Arm geklemmt, eilte er die Stufen hoch zu seinem Hörsaal. Es war der Professor für Religions- und Geistesgeschichte. Wegen der Nähe zu meinem Fach hatte ich seine Veranstaltungen auch immer auf dem Schirm. Wie schon gesagt, als kräftesparend agierende Studentin hatte ich mich dazu nie eingeschrieben. Außerdem hielt auch dieser Professor seine Vorlesungen meist zu nachtschlafender Zeit: morgens um acht Uhr! Ich hatte erfahren, dass dieser Dozent Jude war, und damit interessierte mich seine Vita. Kaum glauben konnte ich, dass er schon 1950 wieder seinen Dienst an der Erlanger Uni angetreten hatte. Gerade mal fünf Jahre nach dem Ende des Holocaust. Umgeben von Tätern? Mitläufern? Ich fand das ungeheuerlich. Keine Ahnung, wie viele seiner Familienangehörigen der Schoah zum Opfer gefallen waren, aber ganz gewiss nicht wenige, gehörte er doch zum berühmten und großen Clan der Familie Mendelssohn-Bartholdy. Dennoch unbeirrt ist dieses graue Männchen sich immer treu geblieben: deutschnational, preußischer Monarchist bis zum Tode – allen Anfechtungen zum Trotz.

Aber auch die von der anderen Seite waren sich offensichtlich immer treu geblieben. Das war gerade die ungeheuer neue Entdeckung. Paul Althaus etwa – auch er stramm deutschnational – hatte bis 1957 als Professor an der Erlanger theologischen Fakultät seinen Dienst geleistet. „Im Namen des Herren" hatte er selbst noch nach Verabschiedung des deutschen Grundgesetzes 1949 beharrlich für die Todesstrafe plädiert. Zuvor, in der NS-Zeit, war er für den Arierparagraphen eingetreten, ein Reichsgesetz, das alle Juden aus dem Staatsdienst entfernte. Weite Kreise der evangelischen Kirche hatten das auch eins zu eins für den kirchlichen Dienst übernommen. Er und sein Kombattant Werner Elert hatten sich allerdings nur für die softe Form entschieden: Es sollte in Zukunft „nur" keine weiteren Neuanstellungen von Nichtariern geben. Andere, bereits im kirchlichen Dienst, wollte man nicht entlassen. Aber das wurde ja dann bekanntlich staatlicherseits erledigt. Außerdem waren beide Mitverfasser des „Ansbacher Ratschlags" von 1934. Im Gegensatz zu anderen Theologen beharrte man darauf, dass sich Gott nicht nur in Christus offenbare, sondern auch unleugbar in Familie, Volk und Rasse. Die gute alte lutherische Tradition, dass jeder Obrigkeit Gehorsam zu leisten sei, hatte zur konsequenten Anpassung an die neue Zeit geführt: das NS-Regime und Adolf Hitler sind Teil der gottgegebenen Ordnung. Basta! Jener Werner Elert wurde erst 1953 in Erlangen emeritiert – er, der einst ganz öffentlich den „Hitlergruß als den schönsten Gruß" seiner Gemeinde wärmstens ans Herz gelegt hatte. Selbst nach 1945 war kein Gesinnungswechsel erkennbar. Aber Elert hatte der evangelischen Kirche in Bayern halt seine repräsentative Villa vermacht. Bis heute beherbergt sie unter dem Namen Werner-Elert-Heim evangelische Theologiestudenten, zu meiner Zeit auch jenen durchgeknallten potentiellen Liebes-Selbstmörder aus Namibia.

Aber nochmals meine erstaunte Frage: Was überraschte denn da? Hörten wir nicht schon damals in kirchengeschichtlichen Vorlesungen und Seminaren von den Deutschen Christen? Hatten die nicht versucht Jesus, den Juden, zu arisieren, das Alte Testament auszuschließen? Waren nicht alle rassisch Undeutschen aus der Kirche zu entfernen? Wer hatte das denn alles aktiv in die Tat umgesetzt? Ich persönlich hatte sogar noch bei einem entfernt verwandten Pfarrer ein handsigniertes Exemplar von Hitlers „Mein Kampf" bewundern dürfen. Selbst Mitglied einer Erlanger schlagenden Verbindung hatte er in Nürnberg während der Reichsparteitage der NSDAP Hitler persönlich eskortiert. Darauf war er, ein Christ, bis an sein Lebensende stolz.

Insofern war ich damals angesichts „dieses Skandals" ziemlich abgebrüht und hatte mich auch weder für irgendeine Arbeitsgruppe noch Podiumsdiskussion begeistern können. Ich hielt mich raus, hatte ja auch in der Zwischenzeit meine andere politische Spielwiese, mit der ich glaubte, die Welt zu einer besseren machen zu können.

Die große Medizinerprüfung

Unberührt von all dem begann für die Jungs nun die ganz heiße Phase ihres Staatsexamens. Ihre größte Sorge sollte neben all der Lernerei blöderweise die Sache mit dem Prüfungsanzug werden. Schwarz musste der sein und möglichst kostengünstig, am besten gratis. Keiner hatte so ein Ding im Kleiderschrank. Denn zum Glück hatte niemand bislang so etwas für eine Beerdigung im engeren Familienkreis gebraucht. Also kramte jeder mit recht geringer Aussicht auf Erfolg bei sich zu Hause nach dem alten Konfirmationsanzug. Waren die Jungs auch nicht wirklich dicker geworden, so endete der gut gemeinte Versuch in viel zu kurzen Jackettärmeln und Hosenbeinen. Günther-Hagen sprengte sogar mit seinem – wie konnte es für einen echten teutschen Recken anders sein – enormen Zuwachs an Schulterbreite alle knabenhaften Maße von einst. Am Ende hatten es jedoch alle geschafft, sich oft mehr schlecht als recht zusammengestöpselt entsprechend einzukleiden.

Geprüft wurde damals in Vierergruppen und nur mündlich. Jeder, der damalige Philologie-Staatsexamina kannte, konnte von den elysischen Prüfungsbedingungen im Fach Medizin nur träumen. Hatten nämlich drei Kandidaten schon passable Leistungen in einem Prüfungsgespräch erbracht, konnte der vierte quasi sagen, was er wollte, ja sogar schweigen. Manchmal völlig unbemerkt vom Prüfer, weil der nicht selten schnell aus dem OP- oder Hörsaal herbeigeeilt war, um zwischen Tür und Angel die Prüfung abzunehmen. Ein Dünnbrettbohrer konnte da also beim besten Willen nichts mehr versauen, denn es gab Gemeinschaftsnoten. So wurde manch einer recht unverdient mit hoch auf das Siegerpodest der Examensnote „sehr gut" gehievt. Die Laune der Jungs wurde von Tag zu Tag gelöster. Die Anspannung ließ merklich nach, denn es konnte für sie nicht besser laufen. Alle sollten als Einser-Absolventen ihr Studium beenden. Die Zukunft schien mit einem ausgerollten roten Teppich auf sie zu warten.

Bald würde ganz Neues im echten Leben da draußen anfangen. Die Assistenzarztzeit. Alle Jungs fanden dazu eine Stelle in den verschiedensten Krankenhäusern Nürnbergs. Das bedeutete zwangsläufig einen Ortswechsel. Weg von Erlangen, hin nach Nürnberg. Und der sollte es in sich haben. Bislang hatte jeder sein eigenes Studentenzimmer in Erlangen gehabt. Selbst die Hinterhausbewohner bei Ottos Oma lebten zwar dicht beisammen, aber dennoch getrennt. Jetzt wollte man – man verstand sich ja so prima – das Experiment einer Wohngemeinschaft wagen. Ganz neue Konzepte des Miteinanders, jenseits spießiger Zweierbeziehungen oder gar Kleinfamilien, wollte man ausprobieren – und zwar erfolgreich, politisch mit der richtigen Gesinnung ausgestaltet und damit beispielhaft.

Allerdings hatte ich selbst in Sachen zukünftiger WG-Harmonie vorab noch ein Riesenkuckucksei gelegt. Diese Angelegenheit sollte mir wahrlich nicht zur Ehre gereichen. Immer noch zerfressen vor Neid von Sigrids sensationellem Flirterfolg in Garmisch, musste ich die Disco-Knutsch-Episode natürlich

Otto brühwarm erzählen. Wahrscheinlich auch, um meine, wenn auch unfreiwillige Tugendhaftigkeit besonders hervorzuheben. Es gehörte vor allem damals zu meinen herausragenden Eigenschaften (es ist zwischenzeitlich wirklich besser geworden!), dass bei mir nichts anbrannte – also alles Erlebte musste erzählt werden. Am besten sofort und möglichst blumig. Otto war entsetzt über das, was er da hörte. Daraus ergab sich auch glasklar der Folgeschluss: Bei jeder sich nur bietenden Gelegenheit würde diese schamlose Sigrid den gutgläubigen Albert auch in Zukunft betrügen. Was für ein Flittchen! Es lag auf der Hand, dass ihr armer Mann mit seinem ewigtreuen Hundeblick und wortkarg wie er war, eindeutig das wehrlose Opfer solch perfider weiblicher Machenschaften war. Wer weiß? Vielleicht war er ihr sogar hörig? Die krudesten Gedanken kursierten unter dem von Tag zu Tag größer werdenden Kreis der Mitwisser. Denn Otto hatte es für seine freundschaftliche Pflicht gehalten, zu diesem Skandalon nicht zu schweigen. Dass mein indiskretes Gequatsche diese Dimension annehmen sollte, hatte ich nicht in meinen kühnsten Träumen geahnt. Ich kam mir vor wie der Zauberlehrling, der die Geister, die er gerufen hatte, nicht mehr los wurde. Ein Tribunal war beschlossene Sache. Kleinbürgerliche Verlogenheit – und nichts anderes war von einer Postbeamtin zu erwarten – würde in unserer neuen Art des Miteinanders keinen Platz mehr haben. Man wartete ab, bis alle Prüfungen vorbei waren. Denn man wusste, dass solche Enthüllungen den armen Albert aus der Bahn werfen würden. Es wurde zu unser aller moralischen Pflicht, Albert so bald als möglich die Augen zu öffnen. Ich sollte als Kronzeugin auftreten. Was so schön klingt, war nichts anderes, als dass ich die beschämende Rolle der Petze einnehmen musste. Wie peinlich.

Nach den obligatorischen Examens-Freuden-Besäufnissen tagte das Tribunal. Das Ganze nahm sich wirklich aus wie eine veritable Gerichtsverhandlung. Hagen hatte sich irgendwie zum Richter aufgeschwungen, an seiner Seite jede Menge Beisitzer und ich als äußerst unangenehm berührte Kronzeugin. Ich wusste überhaupt nicht, wohin mit meinen Blicken. Sigrid gerade in die Augen schauen, das konnte ich nicht. Albert war wie vom Donner gerührt über das, was er da zu hören bekam. Seine Sigrid? Das konnte nicht sein! Er sagte jedoch nichts dazu. Hinter der Stirn seines rot angelaufenen Kopfes brodelte es sichtbar. Sein Blick wurde immer finsterer. Sigrid weinte bitterlich. Auch sie sagte nichts, war vor lauter Schluchzen dazu auch nicht in der Lage. Aber da durfte man kein Mitleid haben. Denn wie bei jedem Kampf um eine große Sache oder einfach nur um die sogenannte bessere Welt mussten eben Opfer gebracht werden. Am Ende warf Albert seinen Ehering auf den Boden und stob nach draußen. Auch Sigrid ging schließlich, nicht ohne mir einen vernichtenden Blick zuzuwerfen. Die Ehe war beendet. Irgendwie war ich es, die sie gekillt hatte. Damit Alberts Entschluss durch Sigrids schmeichelndes Wesen und ihre weiblichen Tricks nicht doch irgendwie wieder weichgekocht werden konnte, wurde er umfassend wie von einer Art Seelsorgeteam betreut. Am Ende, als die Emotionen sich beruhigt hatten, kam es zu einer kurzen schmerzlosen Scheidung. So war die Kuschelmaus Sigrid dann doch nicht zur Arztgattin und schon gar nicht Teil unserer Wohngemeinschaft geworden. Sie war vom Nirwana der uns kaum tangierenden bürgerlichen Außenwelt verschluckt worden. Keiner von uns sollte sie je wieder sehen.

Das Prinzregentenufer

Ich zögerte lange. Das Angebot stand. Aber sollte ich wirklich mit nach Nürnberg ziehen? Meine Seminare und Vorlesungen fanden nun mal in Erlangen statt. Zwar hatte ich ein Auto, war also mobil. Außerdem war der Sprit billig und Parkplätze rund um die Uni gab es noch reichlich. Kostenlos! Und was würde letztendlich finanziell auf mich zukommen? Teurer würde das Experiment in jedem Fall werden, da brauchte ich mir nicht in die Tasche zu lügen. Obwohl! In einer solidarischen Gemeinschaft könnte es für mich vielleicht anders aussehen. Meine Eltern, so viel war sicher, konnten und wollten solche Eskapaden keinesfalls finanzieren. Andererseits hätte eine nun räumliche Entfernung zu dieser Clique für mich ganz sicher auch eine gute Portion Eigenständigkeit bedeutet. Das war so schlecht nicht! Ich überlegte hin und her. Schließlich ging ich das Wagnis doch ein.

Wir suchten eine Wohnung. Zunächst hatten wir wie damals üblich Zeitungsinserate durchforstet. Interessante Objekte wurden besucht und meist für untauglich befunden: zu laut, zu dunkel, die Raumaufteilung passte nicht ... Ein Objekt kam schließlich in die engere Wahl: Nürnberg, Stephanstraße 40. Zum Glück entwickelten sich die Dinge für uns dann doch anders. Zum Glück deshalb, weil wir fast zu Nachbarn einer RAF-Terroristin (Rote Armee Fraktion) geworden wären. In ebendiesem Haus wohnte nämlich die steckbrieflich gesuchte Elisabeth van Dyck, die immer wieder Top-Terroristen bei sich Unterschlupf bot. Als am 4. Mai 1979 ein Spezialeinsatzkommando die Wohnung stürmte, wurde jene Elisabeth erschossen. In ihrem Appartement fand man Fingerabdrücke von Leuten wie Christian Klar und anderen Teilnehmern an der Entführung des deutschen Arbeitgeberpräsidenten Hanns Martin Schleyer, der 1977 ermordet worden war. Ich möchte mir gar nicht ausmalen, was uns in diesem Umfeld hätte blühen können. Ganz sicher wäre auch unsere Wohngemeinschaft in den Fokus der Ermittlungsbehörden geraten, denn Wohngemeinschaften waren damals prinzipiell suspekt. Morgens um fünf Uhr von Polizisten mit einem Maschinengewehr im Anschlag aufgeweckt zu werden. Eine falsche Bewegung ...! Wirklich kein prickelnder Gedanken.

Wir hatten uns zufällig anders entschieden bzw. die Ereignisse hatten sich anders auf uns zu entwickelt. Es ergab sich eine mehr als attraktive Wohnraumkonstellation, die aber nur mit gebündelten Kräften zu bewältigen war. Alle in unserem engeren Dunstkreis wurden dazu als Mitbewohner ins Boot geholt. Am Ende waren wir zwölf Erwachsene und zwei Kinder. In bester Wohnlage an den Ufern der Pegnitz hatte sich vorab nämlich ein Ehedrama abgespielt, ein höchst bürgerliches. In einer hochherrschaftlichen quasi Belle Etage lebte ein Baron nebst Gattin und Tochter. Der Herr Baron war Oberarzt und – igitt – SPD-Mitglied. Im Klinikum Nürnberg hatte man ihm das teils despektierliche, teils bewundernde Etikett des „Roten Baron" verpasst. Bei jeder Tariferhöhung kämpfte er dafür, dass auch die Putzkräfte und die Küchenhilfen nicht übergangen wurden. Aber das gereichte ihm bei unseresgleichen nicht zu mehr Ansehen. Schließlich hatte er als SPDler – wie verwerflich! – eine für uns falsche, nämlich eine durch und durch revisionistische Gesinnung. Was es damit im Detail auf sich hatte, sollte ich in den folgenden Theorieschulungen zum Thema Rosa Luxemburg contra Eduard Bernstein bald erfahren. Aber mir war schon im Vorfeld klar, dass ein solches Etikett den Herrn Baron diskreditierte.

Gerlinde, die Gattin, Realschullehrerin und Tochter aus gutem Hause – oft parkte der goldfarbene Mercedes des Herrn Papa vor unserem zukünftigen Eingangsportal – hatte sich auf eheliche Abwege begeben. Sie hatte sich in Hagen verliebt. Genau genommen hatte der sie wie ein Bulldozer niedergewalzt und mit seinem amour fou, anders konnte man das bei längerem Zuschauen nicht nennen, davon überzeugt, dass nur er ihr Mann fürs Leben sein konnte. Gemäß seiner Manie verpasste Hagen auch Gerlinde einen neuen Namen, dieses Mal keinen völkisch-heldischen, sondern einen, der eher zärtlich-jüdisch klang: Moische. Komisch! Wieso tat Hagen das immer wieder? Mir kamen dazu die Betrachtungen über den Namen Jahwe im Alten Testament in den Sinn, der ja gerade keiner ist. „Ich werde sein, der ich sein werde!" Gott hat keinen Namen, denn er ist unverfügbar. Umgekehrt bedeutet es, wenn man jemanden bei seinem Namen rufen kann oder ihm gar selbst einen gibt, dann hat man Macht über ihn. Das wiederum hatte ich in meinem Deutschseminar über Märchen gelernt. Mit Rumpelstilzchen ist es vorbei, als die Königin dessen Namen kennt. Da ich also mitunter durchaus aufmerksam studierte, konnte ich Brauchbares davon immer wieder in meinen Alltag retten. Trockene wissenschaftliche Theorie kann sich also als recht Praxis erhellend erweisen. Denn wenn man genau hinschaute, ging es Hagen in der Tat immer um Macht und Dominanz. Aber in letzter Konsequenz sollte ihm das nicht weiterhelfen. Im Laufe der Zeit biss er sich nämlich an der Grandezza seines Rivalen die Zähne aus. Eigentlich mit geradezu bewundernswerter Contenance hatte der Frau und Kind in Nürnberg zurückgelassen und ein Chefarzt-Angebot in Nordrhein-Westfalen angenommen. Er gewährte Gerlinde großzügig Bedenkzeit. Sie sollte sich über ihre Gefühle klar werden. Wir alle waren natürlich auf Hagens Seite und empfanden den Rivalen als einen bösartigen Störfaktor dieser großartigen Liebe. (Wie wunderschön! Schon wieder so eine wie bei Hilde und Hajo!) Verwunderlich war nur, dass Gerlinde zwischendurch immer wieder übers Wochenende zu ihrem Mann fuhr. Also so eindeutig übel scheint der Gatte gar nicht gewesen zu sein und so überzeugend schlug auch die Waagschale ganz offensichtlich nicht zu Hagens Gunsten aus. Entsprechend übel gelaunt sollte Hagen in Zukunft immer wieder sein, wenn seine Dulcinea abwesend war. Es wurde ein ewiges Tauziehen zwischen den beiden Kontrahenten. Doch auch hier stellte sich die Frage: Was hatte diese Frau so Besonderes an sich? Ja, auch sie war wieder eine jener Kuschelmäuse mit leiser, schmeichelnder Stimme. Ein blonder Lockenkopf und eine Nickelbrille verliehen Gerlinde ein nachdenklich-intellektuelles Aussehen. Zugegeben, sie hatte ein sehr einnehmendes Lächeln. In Erinnerung geblieben aber sind mir vor allem ihre auffallend groben Hände mit kurzen plumpen Fingern. Ja, ich hatte schon immer eine gewisse Gnadenlosigkeit in der Beurteilung von offensichtlichen Makeln, wie ich mich allerdings auch für anderer Leute Schönheit restlos begeistern konnte, siehe Mia oder Hilde.

Durch diese Ehekrise bewohnte nun Gerlinde zweihundertfünfzig Quadratmeter mit ihrer achtjährigen Tochter Jettchen zunächst allein. Die war alles andere als „chen", wie ihr Name eigentlich annehmen ließ, sondern ein pausbackiges, ungelenkes Moppelchen von acht Jahren. Zum Entsetzen ihrer Mutter hatte sie jede Menge Süßkram unter ihrem Bett und in anderen diversen Geheimfächern gebunkert. In unbeobachteten Augenblicken schlug sie sich damit unbelehrbar den Bauch voll. Das süße Zeug, es liebte sie eben und umgekehrt, ganz ohne Vorbehalt.

Zufällig war gerade im selben Haus ein Stockwerk höher eine weitere Wohnung dieser Größendimension frei geworden. Also genug Platz für unser zukünftiges gesellschaftliches Experiment. Dass wir alle mit Gerlindes Wohnung irgendwie auf dem Schleuderstuhl saßen, war so gut wie keinem von uns klar. Denn ein Gesinnungswechsel wieder hin zu ihrem Ehemann, aber auch die Intervention ihres reichen Herrn Papa, der jede Menge Geld in die Renovierung der unteren Wohnung gesteckt hatte und die Eskapaden seiner Tochter mehr als geringschätzte, hätte Teile unserer WG wieder auf die Straße katapultieren können.

Bemerkenswert war, dass genau genommen auch die gutbürgerliche Ehefrau Gerlinde unbestreitbar fremd ging. Aber im Gegensatz zu Sigrid hatte sie sich offensichtlich Anerkennung erworben, weil sie das völlig offen und nicht verdruckst-heimlich, also spießig-kleinbürgerlich tat. Außerdem hatte sie uns alle an ihren widerstreitenden Gefühlen, an ihrem inneren Konflikt teilhaben lassen. Und wer hätte schon über Gerlinde richten wollen, war sie doch die „edle frouwe" des Alpha-Männchens Hagen. Da musste man eben unterscheiden.

Aber zurück zu diesen beiden Traumwohnungen. Das Haus, das in der ersten Dekade des 20. Jahrhunderts gebaut worden war, betrat man durch ein Eingangsportal, gesäumt von zwei steinernen Halbplastiken: Frauen mit entblößter Brust, Girlanden geschmückt, üppig volle Fruchtkörbe auf dem Kopf. Im Treppenhaus ließen die weißen Marmorstufen beinahe wie in Goethes Haus am Weimarer Frauenplan nur ein bedächtiges Schreiten zu. Na, ob diese Gangart so geeignet für mich war? Rote Marmorsäulen mit stilisierten griechischen Kapitellen leiteten über zum Holz getäfelten Treppenhaus. Mir stockte der Atem. Fast wagte ich es nicht, mich weiter in den ersten Stock zu bewegen. Bislang hatte ich nur Räumlichkeiten von gerade mal zwei Meter vierzig Höhe und maximal dreißig Quadratmetern Größe bewohnt. Zimmertüren waren in der Regel weiß lackiert, dazu simple Standardklinken und billiges Riffelglas. Aber hier – hier war alles edel, riesig, grandios, imposant, beeindruckend. Dunkle Holzverkleidungen mit feinen Intarsien waren mannshoch an den Wänden angebracht, hohe stuckverzierte Decken, breite Gänge, in manchem Zimmer ein holzgetäfelter Erker mit filigranen Säulen. Überall Parkettböden. Der Superclou aber war das Badezimmer: Statt einer handelsüblichen Wanne war da ein Bassin in den Boden eingelassen. Es gab sogar eine Dienstbotenklingel, um sich nach dem Bade abfrottieren zu lassen. Allerdings eilte in unseren Tagen keiner mehr dienstbeflissen hinzu. Modern times! Alles musste man selber machen. Von dieser außergewöhnlichen Facility war vor allem Striezi, von nun an auch einer unserer Mitbewohner, total begeistert. Da konnte man nicht nur mit einer Frau ins Nass steigen, sondern da war Platz für ne ganze Menge. Wenn einem der Gedanken an WG-Orgien kommen konnte, dann war ganz sicher hier der Ort dafür. Allerdings waren mehrere Bassin-Mitnutzerinnen zwingend notwendig, allein schon wegen der dürftigen Warmwasserzufuhr. Denn nur durch ein größeres Volumen an badender Menschenmasse konnte der Wasserspiegel der mickrigen Pfütze ansteigen und so bei beträchtlicher Platzenge für ein gewisses Wohlgefühl sorgen. Dennoch hatte das Ganze etwas Geiles, ja Dekadentes, wenn man auf dem Rand des cremefarben gefliesten Beckens die Champagnergläser abstellte. Den meisten von uns dauerte es aber zu lange, so ein Event zu zelebrieren. Denn bis das dünne Rinnsal eine annehmbare Lache gebildet hatte, war das Wasser schon wieder kalt und in der Regel war es dann mit der Badelust schon wieder vorbei.

Eine weitere Besonderheit in diesem Haus war der Dienstbotenaufgang. Damals, zu Beginn des letzten Jahrhunderts, war das mit sichtbar gepflegten Klassenunterschieden noch eine

Selbstverständlichkeit. Dienstboten, Handwerker und Lieferanten hatten das herrschaftliche, beinahe schon vestibülartige Treppenhaus einfach nicht zu benutzen. Einst hatten hier vor allem großbürgerliche jüdische Familien gewohnt – die Goldsteins, die Wertheimer, die Krakenberger, die Rosenthal wie die Adressbücher aus dieser Zeit verraten ... Gerlinde gab zum Besten, dass ihre Großmutter, eine fränkische Bäuerin, genau in diesem Haus – über den Dienstbotenaufgang versteht sich – immer ihre Eier verkauft hatte. Tempi passati. Jetzt sollten wir hier wohnen, denn die Mieten für solch gigantische Wohneinheiten waren derzeit oft nur mehr durch Kollektive zu stemmen. Ob Emilien- oder Theodorstraße, in unserem Umkreis lauter feudale Wohnungen, die neuerdings oft von Wohngemeinschaften angemietet waren. Die normale Kleinfamilie sparte fleißig aufs Reihenhaus mit Garten, hatte nicht die geringste Lust auf derart altehrwürdige Gelasse und natürlich auch nicht das Geld für damals schon horrend hohe Mieten. Die meisten dieser herrschaftlichen Häuser waren jetzt im Besitz von Versicherungsgesellschaften. Unseres gehörte der Allianz. In Wohngemeinschaftszeiten hieß das für die maximaler Gewinn bei minimalem finanziellen Input für irgendwelche Instandhaltungsmaßnahmen. Für unsere nur irgendwie geduldete Lebensform galt das Motto: Friss oder stirb! An Wohngemeinschaften vermietete man damals noch nicht selbstverständlich. So war das Wasserrinnsal in unserem Badetempel nur ein Beispiel für mangelnde Wertschätzung uns gegenüber. Hinzu kamen unzureichende Heizkörper, undichte Fenster etc. Die Mängel wurden nie behoben. Aber endlich miesen Studentenbuden entkommen, fiel uns das alles gar nicht so auf. Genau genommen waren wir durch das großbürgerliche Ambiente eine tief beeindruckte leichte Beute für renditegierige Großvermieter.

Diese Wohnung also hing nun quasi wie eine verlockende Wurst vor meiner Nase. Ich konnte nicht widerstehen. Erlangen mit meinem kleinen Appartement? Was für ein elender Ausblick aus meinem Fenster direkt auf die grauen bemoosten

Öltanks meiner Mitbewohner. Und der Geruch! In Zukunft die Aussicht auf alte Bäume und in Form des altehrwürdigen Bismarck-Denkmals auf große Historie, steinerne Treppen hinab zum Ufer der Pegnitz ... Meine Selbstständigkeit? Ach was! Geschenkt! Letztendlich war es auch egal, was es mich kosten sollte. Das würde schon irgendwie klappen, denn standen wir nicht alle am Beginn eines neuartigen, völlig anderen Miteinanders? Wie immer von naiver Gutgläubigkeit – was mir meine Mutter lebenslänglich zu Recht vorwerfen sollte – vertraute ich auf das sozialistische Prinzip einer gerechten Kostenverteilung. Jeder bekommt das, was er braucht. Und wer mehr hat, gibt was ab. Finanzielle Gerechtigkeit – das wäre doch wohl selbstverständlich und die kleinste Übung. Das sollte sich als Trugschluss herausstellen wie in naher Zukunft noch so manches Andere.

Viva el Español Nachdem ich zwar Kräfte sparend, aber immer noch breit gestreut studierte, machte ich in einem Fach meiner Wahl – Spanisch – durchaus Fortschritte. Allerdings in den Sprachkursen immer noch in Sichtkontakt zu meinem mit exorbitanter Hybris ausgestatteten medizinischen Verehrer – jenem, der mich zu seiner zukünftigen Mätresse erkoren hatte. Weiterhin, selbst nach dem Atzelsberg-Desaster und meiner extremen Missachtung seiner Person, schickte er mir unverzagt wie ein wild gewordener Pennäler immer neue Liebesbriefchen quer durch die Bankreihen. Wie nervig! Aus unerfindlichen Gründen wollte auch der nebenbei das Gratis-Sprachangebot der Uni nutzen. Wozu brauchte der das mit seiner zukünftigen Praxis in der bayerischen Provinz?
Ich allerdings versuchte noch zu höheren Weihen zu gelangen und besuchte auch fachbezogene Seminare. Das waren kleine, sehr intime nette Zirkel. Einer unserer Dozenten lud uns zu sich nach Hause zu einem spanischen Abend ein. Und zwar Männlein und Weiblein. Anders als ein akademischer Rat der romanistischen Sprachwissenschaften, der sein Image als Dou-

ble des US-Schauspielers Charles Bronson schon wegen seines vernarbt-verwegenen Gesichtes pflegen konnte und gerne ausschließlich Studentinnen, die ihm gefielen, zum Skifahren auf seine Hütte einlud. Ich durfte mich geehrt fühlen, denn auch bei mir fragte er an. Im Nachhinein kann ich nicht sagen, ob es für mich terminlich nicht passte oder ob ich wirklich moralisch so sattelfest war, dass ich einem solchen Schmierlappen nicht auf den Leim ging. Vielleicht war aber das mit den verschneiten Skihütten nach meinem Garmisch-Debakel ganz einfach nicht mehr mein Ding?! Jedenfalls nahm ich dieses wunderbare Gratisangebot nicht an.

Der Einladung von Carlos, unserem Spanischdozenten, bin ich hingegen zusammen mit meiner Spanischgruppe gerne gefolgt. Unser Dozent hatte sich viel Mühe gegeben: zartwürziger Iberico Schinken, Tortilla de Patatas, Datteln im Speckmantel, Oliven, Pimientos mit Meersalz verfeinert ... Der Tisch bog sich beinahe unter all den köstlichen Tapas. Dazu ein edler Rioja. Aber irgendwie war Carlos an diesem Abend total durch den Wind, fahrig, aufgeregt. Selbst mir fiel das auf. Ich konnte es kaum glauben, aber im Nachhinein, genauer gesagt nach seinem Tod, sollte ich von einem seiner Kollegen erfahren, dass ich es war, die ihn so aus dem Konzept gebracht hatte. Schon bevor ich in seinen Kurs kam, muss er darauf gefiebert haben, mich zu unterrichten. Von alledem hatte ich mal wieder nicht das Geringste bemerkt. Zu Weihnachten hatte ich allerdings einen für mich kryptischen Brief von Carlos bekommen. Stundenlang grübelte ich über einer einzigen Zeile, an der es im Grunde nicht viel zu deuteln gab: „Hay sentimientos muy profundos que no puedo explicar ..." Es gibt sehr tiefe Gefühle, die ich nicht erklären kann ... Also die Vokabeln konnte ich verstehen. Ja, aber um Gottes Willen, was wollte er denn mir damit sagen? Ich stand total auf der Leitung und legte den Brief in einer Schublade ab. Aufheben konnte ich ihn ja mal ...?! In den Weihnachtsferien fuhr Carlos dann nach Hause, nach Spanien – und verunglückte tödlich auf einer Landstraße nahe Perpignan. Erst da und natürlich mit der

Anmerkung von Carlos Kollegen fiel es mir wie Schuppen von den Augen. Ich war tief erschüttert.

Die ganze Spanisch-Fakultät war nach Carlos Tod wie paralysiert. Er, ein ehemaliger Jesuitenschüler, war ihr Herz gewesen. Kein Nachfolger sollte bislang wieder seine Beliebtheit, seine Unkonventionalität, seine Lebendigkeit, seinen Esprit erlangen. Das weiß ich aus ganz sicherer Quelle, denn einer meiner Söhne sollte später bei recht mittelmäßigen Dozenten sein Spanisch Studium absolvieren. Und selbst da hallte noch Carlos' Ruhm nach. Tapfer besuchte ich weiter nach dessen Tod einige Seminare, die ich aber allmählich ausdümpeln ließ. Es war alles irgendwie fad geworden ohne ihn.

Allerdings gab es kurz nach seinem Tod noch ein völlig unerwartetes attraktives Angebot von der Spanisch Fakultät. Man bot mir ein Stipendium an: eines in Spanien oder sogar eines in Argentinien. Wie toll war das denn! Hinaus in die weite Welt und das subventioniert. Ich erkundigte mich von da an sehr ausgiebig. Spanien hätte ich gut mit meinem Theologiestudium kombinieren können, denn in Madrid gab es die Fliedner-Stiftung. Die war evangelisch und eng mit der Inneren Mission verbandelt. Da ging es um Altenpflege, Kinderbetreuung usw. und nebenbei natürlich um die Verbesserung meiner Spanischkenntnisse.

Aber Argentinien, Buenos Aires ... wie das schon klang. Nach weiter Welt, nach Abenteuer. Mein guter alter Diercke-Atlas gab erste Auskunft. Buenos Aires, also das lag am Rio de la Plata, dem Silberfluss. Mehr wusste ich erstmal nicht. Aber ich malte mir einen Aufenthalt dort in den schönsten Farben aus. Südamerika: Urwälder, Indios, Gauchos, faszinierende Fauna und Flora – in jedem Fall Exotik pur. Dazu glutäugige junge Männer in Massen. Bei all meiner Schwärmerei wurde Otto allmählich ungewöhnlich übellaunig und schließlich sehr deutlich: Wenn ich mich ein halbes oder gar ein ganzes Jahr egal ob nach Spanien oder Argentinien verdünnisieren würde, dann wäre es aus mit der Beziehung. Und das Zimmer in unserer zukünftigen WG?

Ob ich ernsthaft glaubte, dass man das für mich so lange frei-
hielt?! Ob mich das wirklich so geschreckt hätte? Da das Abenteuer und hier business as usual – ich weiß es nicht mehr. Fest
steht aber auch, dass das mit der Tollkühnheit und Risikobereit-
schaft nie so mein Ding war. Also blieb ich zähneknirschend in
Erlangen bzw. nun Nürnberg, wenn ich auch eine ganze Weile
schmollend durch die Gegend lief.

Dieser Lauf der Dinge sollte wohl ziemlich sicher nicht mein
Schaden sein. Favorisiert hatte ich eindeutig Argentinien. Aber
völlig blauäugig war mir entgangen, dass sich die politische Lage
dort dramatisch verändert hatte. 1976 hatte das Militär Isabel
Perón weggeputscht. Von da an regierte eine Junta bis 1983 mit
eiserner Hand. Rund 30.000 politische Morde an missliebigen,
vor allem linken Oppositionellen sollte es in diesen Jahren geben. Auch vor Ausländern machte man da nicht Halt. Berühm-
testes Opfer die Deutsche Elisabeth Käsemann, Tochter eines
renommierten evangelischen Theologen, die nach schrecklichen
Folterqualen 1977 im Mai erschossen wurde. Keine Ahnung, ob
ich wenigstens vor Ort ein gewisses Sensorium entwickelt hätte, was die dortige Gefahrenlage betraf. Ganz sicher hätte ich
mich mit jungen Leuten vielleicht in einer WG zusammengeta-
tan. Schon aus Kostengründen. Dass deren politische Ausrich-
tung links gewesen wäre, ist mehr als wahrscheinlich. Dass ich in
Seminaren und Kursen an der Uni auf Gegner der Militärjunta
gestoßen wäre, ist auch alles andere als abwegig. Außerdem wäre
ich sicher mit irgendeinem Rechercheauftrag in Sachen Inter-
nationales Proletariat von meinen Leuten hinaus in die weite
Welt entlassen worden. Wie jene Elisabeth wäre ich nicht im
Entferntesten auf die Idee gekommen, dass mich als Deutsche
in Argentinien Tod und Folter erwarten könnten.

Dass man sich dort gerne politischer Gegner spurlos mit den
sogenannten vuelos de la muerte, den Todesflügen, entledigte,
kam erst später ans Licht. Aus den Luken der Flugzeuge über
dem Meer abgeworfen, gab es im Nachhinein keine Leichen, die
man hätte identifizieren oder bestatten können. Man konnte

spurlos verschwinden. Was für ein perfides System!

Quasi zum Trost für all die verpassten Gelegenheiten fuhr Otto nach seinem Examen mit mir in meinen Semesterferien für etliche Wochen nach Barcelona. Dorthin hatte es Federico Barbarossa, auf Deutsch Friedrich mit dem roten Bart, einen befreundeten Kommilitonen, verschlagen. Für ihn als Single hatte es keinen Hinderungsgrund gegeben, ein Sprachstipendium zu nutzen. Keine Liebesbeziehung hatte ihn gefesselt, dass er standortfest bleiben musste. Jetzt lebte er bei Santi und Clara, zwei katalanischen Architekturstudenten in einem dünnwandigen Hochhaus am Stadtrand von Barcelona. Über Federicos Vermittlung waren wir dorthin eingeladen worden, allerdings mit der Bitte um eine kleine Gefälligkeit. In der Wohnung lebte noch Muriel, deren Liebster Aurelio sich gerade in Erlangen aufhielt. Den sollten wir wieder mit nach Hause, nach Spanien mitnehmen, denn er war eigentlich der Vierte in dieser WG. Aurelio mit einem engelsgleichen Gesicht und langen schwarzen Locken sah aus wie Jesus als guter Hirte auf einem der Schlafzimmerbilder, die man früher gerne über Ehebetten aufhängte. Hatte Jesus allerdings, wie in den Evangelien überliefert, gerne und wortreich gepredigt, sprach Aurelio so gut wie gar nichts. So kriegten wir seine Geschichte nur auf Umwegen bröckchenweise heraus. Wieder einer von der Sorte, der in Liebesangelegenheiten zwischen zwei Stühlen saß. In Erlangen war er mit einer hochengagierten Feministin liiert, einer die nicht unwesentlich zur baldigen Gründung des Erlanger Frauenhauses beigetragen hat. Was für ein Unglück für einen spanischen Macho! Er und eine Kampfemanze! Aber welch krude Wahl auch von einer, die einen echten Macker doch schon zehn Meter gegen den Wind riechen musste! Das Schicksal hat oft skurrile Geschichten parat. Denn dass Aurelio ein Chauvi reinster Machart war, sollten wir später auf der Fahrt hautnah erleben. Also mit mir redete er erstmal überhaupt nicht. Wenn, dann richtete er seine spärlichen Worte ausschließlich an Otto. Ich war einfach nicht existent. Außerdem fühlte er sich für rein gar nichts zuständig, ließ sich in allem nur bedienen. In Erlangen war er also – das war sicher – auf geballte Frauenpower gestoßen. Wie er sich da durchgemauschelt hatte? Keine Ahnung. Vielleicht vögelte er einfach nur in Dauerschleife und hielt ansonsten den Mund. Sicherlich die am besten vorstellbare Lösung. Trotzdem schien für ihn sein Erlanger Experiment nur wochenweise erträglich. Allzu gerne folgte er daher bald wieder Muriels Werben, die in Barcelona sehnsüchtig auf ihn wartete. So pendelte er ruhelos ständig hin und her. Mit nichts anderem auf dem Leib als einem ausgewaschenen T-Shirt und einer schmuddeligen Jeans. Zum Glück fanden sich immer irgendwelche Dummen, die den Fahrdienst zwischen Erlangen und Barcelona für ihn übernahmen. Studieren? Arbeiten? Fehlanzeige! Einzig und allein getrieben von seinen Gefühlen, schien er nur von der Luft und ganz offensichtlich von viel Liebe zu leben.

Dieses Mal hatte es also uns getroffen, den schweigsamen Aurelio beim unentrinnbaren Ruf des Fleisches behilflich zu sein. Arrogant gelangweilt, anders war sein Gesichtsausdruck nicht zu deuten, lümmelte er auf der Rückbank unseres Autos. Okay, er hatte zwar kein Gepäck dabei, also keine Klamotten und schon gar keinen Kulturbeutel, aber ein Portemonnaie, davon gingen wir aus, steckte sicherlich in seiner Hosentasche. So warteten wir immer, wenn's ans Tanken ging, auf Aurelios Kostenbeteiligung. Fehlanzeige! Der war bei einem Halt nur kurz ausgestiegen, um genüsslich die von der Autofahrt steifen Glieder zu strecken, sich in der Sonne zu räkeln wie eine Katze. Dann völlig selbstverständlich zurück in den Fond des Autos. Für ihn konnte die Reise weitergehen. Irgendwann waren Otto und ich von der endlosen Fahrerei müde und beschlossen, eine Nacht lang in einer Fernfahrerkneipe an einer Route Nationale in Südfrankreich zu übernachten. Wir nahmen ein Dreibettzimmer mit Frühstück. Als uns am nächsten Morgen nach einem Milchkaffee mit Keksen die Rechnung präsentiert wurde, waren es statt drei nur zwei, die die Zeche bezahlten: Aurelio jedenfalls nicht. Otto tobte, auch verbal. Aber unsere Jesus-Doublette verstand so gut wie kein Wort Deutsch, seiner unbeteiligten Miene nach zu urteilen. Selbst international übliche Mimik und Gestik schienen für ihn ein Buch mit sieben Siegeln. Zumindest ignorierte er sie erfolgreich. Wir resignierten.

Wenigstens hatten wir im Nachgang dann wunderbare erlebnisreiche Wochen in Barcelona. Von Aurelio und Muriel sahen und hörten wir nichts. Die hatten sich in ihr Zimmer zurückgezogen. Mit den drei anderen – Federico, Clara und Santi – waren wir ständig in Barcelona unterwegs. Ein ganz besonderes Ereignis sollte das Konzert einer Musikgruppe aus Südamerika werden – von Quilapayún, einer Gruppe der Nueva Canción Chilena. Während des Militärputschs von 1973 gegen Präsident Allende waren sie gerade in Frankreich auf Tournee. Sie kehrten nicht in ihre Heimat zurück und waren von da an pausenlos in Europa unterwegs. Ihre Musik mit den Trommeln und Panflöten begeisterte uns total. Als sie „El pueblo unido jamás será vencido" (das vereinte Volk wird nie besiegt werden) sangen, tobte der Saal, Tausende von Menschen in einer riesigen Sporthalle. In ekstatischer Begeisterung hoben alle ihre Fäuste und sangen mit. Es war ein erhebendes Gefühl und letztlich risikoarm, war doch der Generalissimo Francesco Franco seit November 1975 mausetot und der demokratiewillige König Juan Carlos schickte sich an, die Dinge im Lande neu zu ordnen, bevor er sich in späteren Jahren vermehrt Damenröcken und der Elefantenjagd widmete. In Barcelona – und wahrscheinlich überall in Spanien – herrschte freudige Aufbruchstimmung. Zwischendurch gönnten sich Otto und ich Spaziergänge durch die Stadt. Wir flanierten auf den Ramblas, vorbei an den bunten Ständen der Blumen- und Vogelhändler. Unten am Hafen kaufte ich, angefixt von der wunderbaren Musik Quilapayúns, bei einem Instrumentenbauer eine Gitarre. Ich wollte auch so spielen können. Aber für mich als Anfängerin rückte der Handwerker bei seiner Berufsehre nur das allerbilligste Exemplar aus dem hintersten Winkel seiner Werkstatt raus. Mir sollte es recht sein. Für vierzig Mark ließ sich schließlich auch klangvolle Musik zaubern.

Dann noch einen Absacker in einem Café. Wie es der Zufall wollte, saßen wir plötzlich an einem Tisch mit dem spanischen Übersetzer von Rudi Dutschkes Werken. Er hatte alles Mögliche dieses Wortführers der deutschen Studentenbewegung ins Spanische übertragen. Solche Bücher wie „Versuch, Lenin auf die Füße zu stellen" wurden von der spanischen Linken begeistert aufgenommen. Um es kurz zu machen, Otto und jener Übersetzer verstanden sich auf Anhieb prächtig. Ich hingegen langweilte mich tierisch, hatte ich doch gehofft, wenigstens im sonnigen Süden dieser ewigen Politisiererei entkommen zu sein. Schließlich ging ich zu einem nahen Zeitungsstand und kaufte mir eine Süddeutsche Zeitung, hinter der ich mich leicht angefressen vergrub. Keine Ahnung, was Otto plötzlich ritt, wahrscheinlich hatte ihn der Bazillus des spanischen Machismo ungebremst befallen: Jedenfalls entriss er mir den Politteil der Zeitung mit den Worten: „Politik? Das interessiert dich doch sowieso nicht! Du hast ja noch das Feuilleton!" Zuerst war ich völlig sprachlos, aber dann tobte ich. Wie er es wagen könne, die von mir bezahlte Zeitung ungefragt an sich zu reißen. Die zwei Männer lachten sich halb tot über meine Wut, abgesehen davon fehlte dem spanischen Linken jedwedes Verständnis für meinen Furor. Für ihn war ich nichts anderes als eine keifende Xanthippe. An diesem Nachmittag war ich zutiefst beleidigt.

Nach wunderschönen Ausflügen, besonders an nur Einheimischen bekannte Badebuchten an der Costa Brava zwischen Barcelona und Girona, nach viel Kultur vom Castillo Tossa de Mar und der dortigen gotischen Klosterruine bis hin zu den architektonischen Highlights des katalanischen Architekten Antoni Gaudí mussten wir wieder an unsere Heimreise denken. Das kommende Semester und der Umzug ins Prinzregentenufer warfen ihre Schatten voraus.

Aber nein! Selbst in unseren schlimmsten Fantasien hatten wir uns nicht ausgemalt, dass wir erneut Aurelio an der Backe haben würden. Das konnte nicht wahr sein! Der Ruf der Liebe war wieder in umgekehrter Richtung erschallt. Muriel blieb Muriel. Aurelio musste unbedingt zurück nach Deutschland, nach Erlangen zu seiner Angelika. Schon Tage zuvor hatte sich der Stimmungswechsel angebahnt, denn in Muriels Zimmer wurde es lautstark. Gegenstände wurden umhergeworfen. Schluchzen, Weinen, Gezeter, Gebrülle, wobei wir erstaunt feststellten, dass Aurelio offensichtlich sprechen konnte. Mit einer Fistelstimme, die sich noch immer an Spätfolgen des Stimmbruchs abkämpfte, aber immerhin – er konnte wortreich sein und laut. Wir waren total geplättet, dass dasselbe Spiel nun in umgekehrter Form drohte. Leider blieb uns nichts anderes übrig, hatten wir doch vier Wochen in Aurelios WG gelebt. Wobei wir starke Zweifel hatten, dass der in irgendeiner Weise an der Miete dort beteiligt war. Also der ganze Weg zurück nach Hause. Wieder mit Aurelio als Beifang. Dieses Mal wollten wir auf Biegen und Brechen die ganze Strecke aber nonstop schaffen, denn keiner von uns hatte Lust, nochmal für Aurelios Übernachtung mit Frühstück zu löhnen. Wir kamen auch gut voran, bis ich etwa auf der Höhe von Genf das Steuer übernahm. Gekonnt fädelte ich mich links auf die Autobahn ein und trat ins Gaspedal. Nur, der Wagen wurde mit einem Mal langsamer und langsamer. „Gib doch endlich Stoff!", herrschte mich Otto an. Ich gab mein Bestes und trat das Gaspedal bis zum Anschlag durch. Nichts tat sich. Mehr als fünfzig Stundenkilometer zeigte die Tachonadel nicht an. „Halt an! Was machst du denn für nen Scheiß!" Frauen können nun mal nicht Autofahren. Dieser Satz waberte unausgesprochen in der Luft. Ganz offensichtlich machte der spanische Machismos weitere Fortschritte bei Otto, obwohl wir schon längst wieder in der Schweiz waren. „Es geht nicht schneller!", fauchte ich zurück. Selbst Aurelio auf der Rückbank war plötzlich hellwach und guckte wie ein andalusischer Stier, den man bei der Siesta auf der Weide gestört hatte. Kaum zu glauben, aber ich sollte Recht behalten. Das Auto kam nicht mehr aus dem Quark. Selbst Otto, der Mann, richtete da nichts mehr aus. Nur die Diagnose konnte er stellen: Wir fuhren von nun an nurmehr auf „drei Töpfen" statt auf vier. Es wurde eine Fahrt, die nicht enden wollte. Kilometer um Kilometer knatterte der altersschwache VW durch die Landschaft, die bald in stockfinsterer Nacht versank. Nebenbei beteten Otto und ich, dass die restlichen Zylinder wenigstens bis Nürnberg durchhalten würden. Tapfer kämpften wir gegen die hypnotische Wirkung des Mittelstreifens auf der Autobahn und unsere Müdigkeit an. Hinten im Fond ein selig schlafender Aurelio! Morgens um fünf Uhr kamen wir knitterknatterkaputt zu Hause an. Aurelio hingegen war ausgeschlafen bereit für Angelika.

Und was hatte Otto im Nachhinein nicht für ein Glück! Die „drei Töpfe" musste er nicht wieder auf die alte Leistung aufpeppen lassen. Nicht lange, nachdem er sein Auto völlig korrekt in einer Seitenstraße abgestellt hatte, wurde es von einem einparkenden LKW-Fahrer übersehen. Der LKW knallte mit voller Wucht auf Ottos guten alten VW. Der wurde von der Last des Aufpralls zu einer Art Ziehharmonika zusammen geknautscht. Eindeutig Totalschaden. Aber niemand von uns hatte in den nächsten Tagen davon zunächst etwas mitgekriegt. Wenig später allerdings hatte ein Versicherungsagent den Geschädigten, also Otto, ausfindig gemacht. Fast schon devot bat er um ein Gespräch. Das waren noch Zeiten, als ganz offensichtlich kein fixer Kostenkatalog eine Schrottkiste als das einstufte, was sie nun mal war. „Wären Sie denn mit einer Schadensbegleichung von 1800 Mark einverstanden?", fragte sich mehrmals entschuldigend der Herr im grauen Anzug. Jetzt war es an Otto, völlig cool zu bleiben. Zähneknirschend, fast schon zögernd gab er klein bei. 1800 Mark! Otto konnte sein Glück kaum fassen. Das Vehikel hatte er vor einem guten Jahr gerademal für 800 Mark gekauft.

Modern times Das neue Wohnprojekt war angedacht und bald auch auf bestem Wege, in die Wirklichkeit umgesetzt zu werden. Das Leben in einer WG sollte es also von nun an für mich sein. Das war so meilenweit von meinen Jungmädchen-

träumen nach trauter Zweisamkeit, Familienidylle und ewig
während dem Glück entfernt. Schließlich war es die Lektüre von
„Försters Pucki" gewesen, die mich jahrelang auf meinem Weg
vom Mädchen zum Teenager begleitet und geprägt hatte.
Mit welcher Begeisterung hatten ich und meinesgleichen die
zwölf Bände der Schriftstellerein Magda Trott verschlungen, die
über den Lebensweg dieses Wildfangs ab dem vierten Lebens-
jahr über die Schul- und „Backfischzeit" bis zur „jungen Hausfrau" und zu ihrem „Lebenssommer" erzählten. Ja, so musste die
Zukunft auch für mich sein, hatte ich mir lange Zeit vorgestellt.
Diese Bilder bekam ich auf unerklärliche Weise auch in Zukunft
nie mehr so ganz aus meinem Kopf. Beim Lesen hatte ich hier
einen Blick auf das dereinst wundervolle, ganz sicher erfüllte Leben als Frau und Mutter erhascht. Und war ich nicht irgendwie
ein bisschen selbst wie Pucki? Liebte ich nicht wie sie die Tiere?
Ging mir nicht zwischendurch auch der Gaul durch? Passierte nicht auch mir das eine oder andere Missgeschick? War ich
nicht immer wieder auch mal „unartig"? Allerdings bekam Pucki nie Ohrfeigen oder Schlimmeres, sondern ihre Eltern waren
immer nur irgendwie traurig, wenn die was angestellt hatte. Sie
waren so „nett", dass sie sich zur Bestrafung der unartigen Pucki
ein neues Kind zulegten. Ach, wie schön! Meine Eltern wollten keine Kinder mehr. Ich würde ihnen voll und ganz reichen,
sagten sie, was immer das bedeutete. Und besonders prickelnd!
Schon bald lernte Pucki ihren zukünftigen Ehemann kennen,
den wesentlich älteren späteren Arzt Claus Gregor. Was für einen wunderbaren verständnisvollen Partner gab der später für
sein „Frauchen", seinen kleinen Wildfang, ab. Als junge Hausfrau und Mutter leitet er sie in allen Lebenslagen behutsam an,
gab diesem Rohdiamanten den rechten Schliff. Am Ende – sie
hatte sich geradezu zu einem Vorbild von Frau entwickelt –
konnte Pucki in ihrem „Lebenssommer" reiche Ernte einfahren: drei wunderbare Söhne und ein ebensolcher Ehemann. So
musste ein geglücktes Leben aussehen! Ja, ich wollte unbedingt
Pucki sein! Verwundert musste ich Jahre später feststellen, dass

Magda Trott, die Autorin dieser Buchreihe, in den zwanziger Jahren des letzten Jahrhunderts eine der radikalsten deutschen Frauenrechtlerinnen gewesen war. Sie schwelgte zeitweise in der Idee eines modernen Amazonenstaates. Aber irgendwas muss dann passiert sein. Während der Jahre 1935 und 1939 erschienen ihre Pucki-Bücher – trivial, weichgespült und absolut NS-systemkonform. So wie Pucki sollte das deutsche Mädel, die Frau und Mutter sein. Wir Mädchen der sechziger Jahre hatten diese Ideologie zunächst noch völlig ungefiltert aufgesogen. Bleibt die Frage: Was haben solche Bücher letztlich mit uns gemacht? Zumindest in der Tiefenstruktur. Übrigens eine seltsame, wenig greifbare Frau, diese Magda Trott, deren Spuren sich zu Kriegsende im Mai 1945 in Pommern verlieren.

Wenigstens hatte sich aus meinen Jungmädchenträumen herüber gerettet, dass ich jetzt auch mit einem Arzt liiert war. Allerdings war der meilenweit von jenem Klaus entfernt, der Pucki so verständnisvoll durchs Leben begleitete. Mein Otto, der war nüchtern rational, da gab es kein romantisches Getue, kein emotionales Gesäusel. Die Zeiten hatten sich offensichtlich elementar geändert. Wir waren in den siebziger Jahren angekommen. Außerdem war ich jetzt Studentin, die in Zukunft ein weitgehend selbstbestimmtes Leben anpeilte. Leider oder zum Glück?! So ganz klar war mir das noch nicht.

Bevor der große Umzug starten konnte, mussten zunächst noch andere Aufgaben in Angriff genommen werden. Nach der Examenszeit stand jetzt für die Herren Doctores die Berufstätigkeit ins Haus. Aus Otto musste nun innerhalb kurzer Zeit ein Mann gemacht werden, dem man irgendwie den Assistenzarzt abnahm. Der dereinst coole Wolfsmantel war zwischenzeitlich in sämtliche Einzelfelle zerfallen und taugte ganz sicher nicht mehr zur Imagepflege. Dazu galt jetzt auch: Raus aus den alten verwaschenen Jeans und den schlabbrigen T-Shirts, den Vollbart und die Haare auf seriöse Länge gestutzt! Da war der ungeheure Luxus einer sonst verpönten Shopping Tour unvermeidbar, mit mir als Stilberaterin im Schlepptau. Zwei Alcantara-Jacketts kamen in die Tüte und als völlige Fremdkörper langärmelige, dezent karierte Herrenhemden, dazu schicke Cordhosen. Kaum zu glauben, aber mit vereinten Kräften gelang es, aus dem schlunzigen Otto so einen respektablen jungen Mann zu machen. Nur sein während des Examens abhanden gekommener straffer Hintern blieb lebenslänglich flach wie ein Waschbrett. Aber in Zukunft würde der ja von einem Arztkittel gnädig kaschiert werden.

Zuhause bei meinen Eltern stand mir auch noch eine größere Aufgabe bevor. Nach dem Motto „steter Tropfen höhlt den Stein" gelang es mir, meinen Eltern zwar nicht ein begeistertes Placet für mein neumodisches Lebenskonzept in einer WG zu entlocken; aber immerhin gab es in Zukunft so etwas wie eine stille Duldung. Was hätten sie auch dem entgegensetzen sollen, war doch wie gesagt ihre finanzielle Beteiligung von Anfang an ausgeschlossen und volljährig war ich auch. Aber für meine Mutter sollte es gar nicht so leicht werden, mit meiner Entscheidung in ihrem eigenen Alltag zurecht zu kommen. Sich damals dazu bekennen, dass die Tochter sich für ein Lotterleben in einer Kommune entschieden hatte, brachte ihr nur mitleidige Blicke in ihrem Arbeitsumfeld ein und jede Menge Getuschel über so ein Früchtchen wie mich. Erschwerend kam das spießig enge Milieu einer bayerischen Mittelstadt hinzu.

Meine Mutter arbeitete damals in der Buchhaltung eines großen Fleischvertriebs mit angeschlossenem Schlachthof. Als Schülerin hatte ich einmal pro Woche zusammen mit ihr in der dortigen Kantine zu Mittag gegessen. Immer wieder wanzten sich da irgendwelche notgeilen Metzger an mich ran. Widerliche Typen mit dicken Schmerbäuchen und Augen genauso klein wie die der Schweine, die sie pausenlos abstachen. Eine besondere Spezialität dieser Kerle war es, während sie ihre Knödel und Schweinshaxen in sich reinschaufelten und sich unbeobachtet fühlten, mir irgendwelche Sauzoten zuzuflüstern, voller dreckiger Fantasien, was sie so alles mit mir anstellen wollten, wenn man sie denn ließe. Verlegen grinsend konnte ich mich dem nicht entziehen. Dass ich damit meine Mutter lieber unbehelligt ließ, war mir klar, denn sie musste in diesem Umfeld tagtäglich immer wieder ihren Dienst antreten. Was sie nicht wusste, verärgerte und beunruhigte sie nicht, vergällte ihr nicht ihre Arbeit. Was für eine verlogene Doppelmoral damals aber herrschte, war offensichtlich: sich das Maul zerreißen über das gemutmaßte, vor allem fantasierte liederliche Leben „langhaariger Hippies" – und selbst?!

Mutter, das muss man anerkennend festhalten, hat sich damals in diesem Spießerumfeld tapfer geschlagen. Letztendlich sollte sie fast so etwas wie eine Vorreiterstellung einnehmen. Denn nicht lange und die bald folgenden studierenden Töchter ihrer Kolleginnen wählten dieselbe Lebensform. Da war dann meine Mutter schon eine Art „alter Hase" und konnte der einen oder anderen Kollegin „tröstenden" Rat erteilen.

Ein neues Zuhause Niemand schien Interesse an dem schönen hellen Eckzimmer mit dem kleinen Wintergarten zu haben. Es sollte das Meinige werden. Voller Elan machte ich mich an die Ausgestaltung meines neuen Zimmers am Prinzregentenufer. Den hohen Fenstern verpasste ich bodenlange Vorhänge aus billigem Leinenstoff, die ich mit aufgenähter Spitzenborte an den ehrwürdigen Stil des Altbaus anzupassen suchte. Großen Kummer bereiteten mir allerdings meine alten Ikea-Möbel. Die konnte ich platzieren wie und wo ich wollte. In ihrer Mickerigkeit und Schäbigkeit nahmen die sich jetzt aus wie das Inventar einer Puppenstube. Was tun? In meiner Verzweiflung kaufte ich einen Topf sonnengelber Farbe. Mit Farbe ließ sich ja etliches wett machen. Damit strich ich die filigranen Streben der Fenster meines Wintergartens. Nun ja streichen drückt beschönigend aus, was dann als Ergebnis rauskam: mit Farbe verkleisterte Rahmen, denn das gründliche Umrühren der Farbe hatte ich mir schon mal gespart. Schließlich sollte sich schnell was an meinem Ambiente ändern, sollte es quasi im Handumdrehen freundlicher, stimmungsvoller werden. Aber der allzu breite Pinsel hatte auch vor dem Fensterglas nicht Halt gemacht. Krumme dicke Farbschlieren verunstalteten die Scheiben, vor allem da ich immer lustloser vor mich hingepinselt hatte. Schon bald sah ich, dass meine Verschönerungsmaßnahme eindeutig im Gegenteil endete. Aber das würde ich ja alles mit einem Terpentinlappen wieder in Ordnung bringen können. Theoretisch. Irgendwann. Praktisch passierte nie etwas. Das Projekt sollte immer ein unvollendetes bleiben. Leidlich kaschieren konnte ich diesen meinen kläglichen Versuch nur mit ein paar großblättrigen Zimmerpflanzen.

Keine Ahnung, wer letztendlich auf die Idee mit den Zeitungsinseraten kam. Denn auch meine Mitbewohner hatten eindeutig nicht das richtige Mobiliar für unsere herrschaftliche Wohnung. Einzig Gerlinde lebte in passenden Antiquitäten, mitten in ihrem Zimmer eine Chaiselongue mit zartblauem Seidenbezug im Stil Louis XVI. – ganz sicher echt. In den anderen überdimensionierten WG-Zimmern standen Betten von 190 auf 90 Zentimetern, verschämt in eine Ecke gedrückt. Jeder verspürte darüber ein gewisses Unwohlsein. Nichts passte! Hans, einer unserer neuen Mitbewohner, löste das Problem, indem er, handwerklich geschickt wie er war, ein riesiges Hochbett in eine Nische baute. Aber wir anderen? Zum Glück forstete jemand immer wieder die Kleinanzeigen der Lokalzeitungen nach gebrauchten Möbeln durch – und wurde fündig. Mit einem Transporter klapperten die Jungs dann verheißungsvolle Angebote, vorzugsweise kostenlose, ab. Dass alte Leute auch in Villen starben und die Erben nicht wussten, wohin mit dem in der Zwischenzeit unmodernen Plunder, war unser aller Glück. Eines Tages kamen unsere Männer von einem ihrer Beutezüge zurück. Mit genau den Möbeln, die wir brauchten. Plötzlich hatte ich ein riesiges raumfüllendes halbrundes Sofa, bezogen mit lindgrünem Samt, einen ausladenden Schreibtisch aus massivem Holz, unter dessen Last die Jungs beim Hochschleppen fast zusammenbrachen. Der absolute Clou war allerdings ein komplettes Schlafzimmer mit Kleiderschrank, Kommode und einem Frisiertisch mit seitlichen Kerzenhaltern. Alles aus geschliffenem Kirschbaum mit schwarzen Holzrahmungen. Traumschön, und noch dazu bestens passend zur Bauepoche unserer Wohnung. Wirklich und wahrhaftig eine Antiquität, die aber keiner der Erben mehr haben wollte. Was für ein Glücksfall für uns alle! Jeder sollte etwas davon abbekommen. Wir teilten völlig einvernehmlich diesen Schatz unter uns auf, was für unser zukünftiges friedlich-solidarisches Miteinander ein gutes Omen schien. Für Otto tat es ein großer Ohrensessel mit stilisierten Löwentatzen als Füßen. Der war ganz offensichtlich bis zuletzt der Lieblingsfauteil der Verblichenen gewesen, was dessen etwas strenger Geruch und die bräunlichen Spuren auf der Sitzfläche vermuten ließen. Aber Otto war in solchen Dingen nicht so kleinlich.

Eine neue Gerechtigkeit Eine richtige Wohlfühlatmosphäre machte sich während der ersten Zeit breit, als wir dann abends alle gemeinsam bei Nudelauflauf und Chianti an unserem riesigen Küchentisch saßen. Zwölf Erwachsene, mitten drin die zwei Kinder, der fünfjährige Max und die achtjährige Jettchen. Was für eine wunderbare Großfamilienidylle! Fast wie beim Propheten Jesaja die Antizipation eines kommenden Friedensreichs. Bloß Lämmer und Löwen spielten nicht zu unseren Füßen. Es wurde gelacht, gescherzt und geplaudert. Natürlich auch jede Menge gesoffen und gequalmt. Selbst ich, bislang Nichtraucherin, paffte mit, was das Zeug hielt, genauer genommen, bis ich morgens mit tauben Händen aufwachte. Da war mir klar, dass das mit dem Rauchen für mich keine so gute Idee war. Ich musste meine Coolness bei unseren Tischgesprächen also in Zukunft anders zur Geltung bringen. An Alkohol nur mäßig gewöhnt, schmeckte mir an einem der ersten Abende der Whiskey so richtig gut. Als dann auf der Toilette die Wände auf mich zu stürzen drohten, merkte ich, dass das mit den harten Sachen wohl auch nicht mein Ding war. Zum Glück hatten wir auch unsere soliden Seiten. So wurde bei uns nie wie in anderen WGs gekifft. Obwohl? Vielleicht habe ich das bloß nicht mitgekriegt, denn ich bin mir nicht sicher, ob ich damals schon eine normale Kippe von einer selbst gedrehten „Tüte" unterscheiden konnte. Eindeutig solide wurde es jedoch, wenn zwischendurch einer der Erwachsenen so nett war und sich mit den Kindern vor den gemeinsamen Bildschirm lümmelte. Dann schallte Karel Gotts Tenor durch den Hausflur und ein neues Abenteuer der kleinen frechen Biene Maja und ihres Freundes Willi flimmerte über die Mattscheibe. Es hätte alles so entspannt sein können. Allerdings stand noch ein ernstes Thema an. Denn über das Wichtigste hatten wir noch nicht gesprochen. Die Miete und die Nebenkosten. Wer sollte eigentlich wieviel bezahlen? Diese Frage hatte ich für mich immer ganz nonchalant abgetan. Ich hatte mich in der Vorstellung eingerichtet, dass jeder seinen Obolus gemäß seines Einkommens zu entrichten hätte. Echt sozialistisch eben. Da ich im Gegensatz zu allen anderen kein eigenes hatte, vermutete ich mal, dass ich eine Art symbolische Summe zu zahlen hätte, die die Kosten für mein ehemaliges Erlanger Studentenappartement ganz sicher nicht übersteigen würde. Solidarische Kostenteilung? Aber klar doch! Vor allem jetzt, da fast alle in der WG als sogenannte Werktätige in Lohn und Brot waren. Schließlich hatte ich selbst ja schon eine sozialistische Kröte schlucken müssen. Mein Auto war „vergesellschaftet" worden. Wer konnte auch so spießig sein und Privatbesitz für sich beanspruchen? Da musste ich durch und von da an hing mein Autoschlüssel für jeden greifbar an einem Brettchen neben der Wohnungstür. Wer mobil sein musste, konnte jederzeit auf mein Auto zugreifen. Als dann die jungen Ärzte ihre klapprigen Enten, R5, die ich selbst wegen der komischen französischen Schaltung niemals benutzte, und die VWs gegen Volvo, Alfasud oder BMW austauschten, nahm ich folgerichtig an, dass ich mir nach Belieben ein Modell für meine Fahrt zur Uni aussuchen könnte. Entgeistert sah mich Hagen an, als ich nach seinem Volvoschlüssel griff. „Sag mal, spinnst du! Leg

sofort den Schlüssel wieder hin! Wenn du da ne Beule rein-
fährst! Ne Reparatur von so nem Auto kannst du dir doch gar
nicht leisten." Ich war platt, ja sprachlos. Hatte ich das richtig
verstanden? Mein VW gehörte der Allgemeinheit, aber die wer-
tigen neuen Schlitten, die waren eindeutig Privatbesitz? Aha!
Eine neue WG-Lektion, jetzt ganz privat für mich. Ich hätte
also in Sachen solidarischer Miete vorgewarnt sein können.
Dieses Lehrstück und noch etliche andere sollten aber erst nach
und nach bei mir so richtig ankommen. Bei den Mietverhand-
lungen galt es, die nächste bittere Pille zu schlucken. Man setzte
sich in der Küche zusammen. War die immer schon so groß, kalt
und düster gewesen? Die mannshoch weiß gefliesten Wände
verbreiteten die Atmosphäre einer Fabrikhalle. Dazu ein Balkon
raus auf den Hinterhof, der nie von der Sonne beschienen wurde und auf dem nach kürzester Zeit Altflaschen wie eine riesige
Veteranenarmee rumstanden. Denn keiner hatte Lust auf so was
Lästiges wie Altglas zu entsorgen. Alles keine guten Vorzeichen.
Mir war nicht wohl. Es wurde kalkuliert und Zahlen sind bekanntlich neutral. Hans, der Mann von Anja, hatte diesen Job
übernommen. Sorgfältig und ruhig rechnete er mit Hilfe eines
Wohnungsplans jedem die von ihm belegten Quadratmeter
vor, dazu den Anteil an den Gemeinschaftsräumen. Die Kinder
wurden nicht berechnet, waren also gemeinschaftlich und somit
auch von mir zu alimentieren. Langsam dämmerte es mir. ICH
müsste für Gerlindes Tochter mit aufkommen? Mir blieb die
Spucke weg. Und wie verfluchte ich in dem Moment auch meinen hübschen, in der Zwischenzeit verhunzten Wintergarten.
Unter dem Strich kam für mich das Doppelte meiner bisherigen
Miete zusammen. Mir wurde schlecht. Das konnte doch nicht
sein. Hilfesuchend schaute ich mich um. Aber keiner sprang
mir zur Seite. Auch Otto wich meinem Blick aus. „Das kann
ich nicht zahlen!", sagte ich tonlos. Ich saß in der Falle. Betre-
tenes Schweigen. „Ach, das schaffst du schon!", gab Gerlinde
leichthin als Kommentar ab. Gerade sie, die sowas wie finanzielle Engpässe nur vom Hörensagen kannte. Als ich nach dieser

Sitzung mit Otto allein war, heulte ich hemmungslos. „Ich dachte ...", schluchzte ich. „Ja, offensichtlich hast du falsch gedacht", bemerkte Otto trocken. „Du kannst doch nicht erwarten ...", fuhr er fort. Doch, das hatte ich aber! Als Liebhaberin von schnellen, gerne auch Hauruck-Lösungen hätte ich am liebsten noch an diesem Abend meine sieben Sachen gepackt und wäre wieder zurück nach Erlangen gefahren. Aber wohin hätte ich da gesollt? Alle Zelte waren abgebrochen. Mir blieb nichts anderes, als tagelang beleidigt vor mich hinzumaulen. Aber beeindruckt hat das niemanden.

Und das Kostenkarussell drehte sich hurtig weiter. Für den gemeinsamen Haushalt war Geld in eine Kasse zu zahlen für Lebensmittel, Getränke, Putzmittel. Da wurde allerdings nicht berechnet, wie viele Tage jemand überhaupt vor Ort war, was mir entgegengekommen wäre. Ich zum Beispiel bin die ersten Wochenenden immer noch nach Hause gefahren, habe dann später durch meine Jobs an vielen gemeinsamen Mahlzeiten überhaupt nicht teilnehmen können. Aber das zählte nicht. In der WG-Hierarchie war ich nicht nur die Jüngste, sondern auch der Depp vom Dienst. Mit Einkaufen war der dran, der mit Kochen an der Reihe war. War ich darauf bedacht, möglichst sparsam zu wirtschaften, besorgte Gerlinde ihre Zutaten vorzugsweise wie lange Zeit gewohnt in exquisiten Feinkostabteilungen. Ihre Mehrausgaben trafen die Allgemeinheit ungebremst. Keiner protestierte dagegen. Hilflos musste ich ertragen, dass mir mein weniges Geld nur so durch die Finger ran, dass ich finanziell alles andere als selbstbestimmt agieren konnte. Und niemand wollte schon wieder mein wehleidiges Gejammer übers Geld hören. Was tun? Wie sollte ich mein Budget aufbessern?

Da trat Biggi aus einer Nachbar-WG auf den Plan, eine dunkelhaarige Schönheit mit einem sehr aparten Profil und schönen vollen Lippen. Ungeschickt war sie allerdings in der Wahl ihrer Kleidung. Ständig hatte sie zu enge Oberteile an, die ihr den Busen platt drückten, als wäre der samt Bluse unter eine Bügelmaschine geraten; vielleicht konnte sie den nicht leiden.

Dazu knappe Jeans, die ihre Fettröllchen in Kaskaden über den Hosenbund quellen ließen. Sie war die beste Freundin von Anja, einer unserer Mitbewohnerinnen. Beides mal wieder VIP-Frauen, also solche, die verheiratet bzw. bereits wieder geschieden waren. Außerdem schon richtig lebenserfahren, hatten sie doch auf dem zweiten Bildungsweg nach lustlosen Jahren als Krankenschwestern nun ein Studium der Pädagogik begonnen. Meistens bestand das darin, dass sie in unserer Küche in ihrem Zigarettenqualm wie in den geheimnisvollen Nebeln von Avalon verschwanden und sich das Maul pausenlos über ihre Spießer-Kommilitoninnen zerrissen. Die Fleißigen, die Strebsamen! Schon vormittags war in unserer Wohnung Anjas keckerndes Lachen zu hören. Das Leben schien für die beiden Freundinnen so easy, alles ging ihnen offensichtlich leicht von der Hand. Ihnen konnte man nichts weismachen; sie hatten überall den vollen Durchblick, ob mit all den Typen, Frauen, Politik, Pädagogik ... Wieso die beiden gerade den Abschluss als Grundschullehrerinnen anpeilten, wollte sich mir nicht so recht erschließen, denn beide hassten Kinder. Anja sogar ihr eigenes. Erzählte sie doch immer wieder, was sie während ihrer Schwangerschaft mit Motorradfahren, Reiterei usw. alles unternommen hatte, um den Fremdkörper in ihrem Bauch wieder loszuwerden. Es war jener kleine Max, der jetzt bei uns wohnte.

Auch Biggi hatte mein Lamento über mein notorisch klammes Portemonnaie erreicht. Wieso ich mich so anstelle, fragte sie. Es müsse sich doch auch bei mir rumgesprochen haben, dass man übers Sozialamt gut Kohle abzocken könne. „Da ziehst du dir deine ältesten Klamotten an und jammerst denen die Hucke voll!" – „Wie? Was?" Biggi zog genussvoll an ihrer selbstgedrehten Zigarette und weidete sich an meinem Staunen. Verdattert wie ich war, kam ich mir vor, als wäre ich von einem anderen Stern. Mit wachsendem Interesse hörte ich zu. So einfach sollte es wirklich sein, an Geld zu kommen: Kohlegeld, Kleidergeld, Essenszuschuss, Mietzuschuss ...? Wie die Goldmarie bei Frau Holle müsse man sich nur unter das richtige Tor stellen, sprich die richtige Quelle anzapfen, und schon würde es Geld regnen. „Und das Schönste", Biggi legte noch eins drauf, „keiner überprüft, ob du überhaupt bedürftig bist!" Ich war sprachlos. Vor allem hatte das Ganze ja noch einen nicht zu unterschätzenden Nebeneffekt, wie mir Biggi mit auf den Weg gab. Der kapitalistische Staat, den keiner von uns mochte – da waren wir uns doch einig, oder? – wurde so noch kräftig geschröpft und geschädigt. Mit dieser Taktik der kleinen Nadelstiche könnten wir ihn allmählich aushöhlen, ginge ihm vielleicht bald das Geld aus, neue Atomkraftwerke zu bauen oder die Bundeswehr aufzurüsten ... Aha! Man konnte also politisch korrekt abzocken. Dennoch, irgendwie konnte ich meinen inneren Schweinehund nie überwinden, um diese neu gelernte Lektion in die Tat umzusetzen. Sich in den langen öden Fluren auf einem Plastikstuhl im Wartebereich des Sozialamtes in die Warteschlange echt armer Menschen einzureihen, das brachte ich nicht fertig.

Der nächste praxistaugliche Tipp für mein angespanntes Budget war das Klauen. Lehrbücher zahlte man nicht, sondern man ließ sie in Bibliotheken, gerne auch in Buchhandlungen mitgehen. Das musste natürlich gut vorbereitet sein: dicke Schlabberpullover und weite Parka waren ideale Transportmittel, unter denen man die Beute verstecken konnte. Meine Lektion ging weiter. Wichtig dabei – der unschuldige Blick und natürlich Coolness. Nun brauchten wir jungen Frauen ja nicht nur Lehrbücher, sondern wollten uns zwischendurch auch mal modisch was gönnen. Nicht irgendein C&A-Plempel sollte es sein, sondern was Schickes, was Besonderes. Beliebtes Betätigungsfeld von Biggi und Anja war in Erlangen der India Shop. Ein Geschäft, betrieben von zwei schlunzigen Weltreisenden, die immer wieder farbenfrohe Blusen und Röcke importierten, dazu Silberschmuck und Räucherstäbchen. Auch Traumfänger aus dem Land der Indianer hatten sie im Angebot. In diesem Laden gab es ziemlich viel, was genau unseren Geschmack traf. „Also du kaufst da schon was, eben was Billiges. Und was Teures, das ziehst du unter deinem Pulli an und schmuggelst es raus", lautete die Strategie.

„Aber das sind doch keine Großkapitalisten, das ist doch bloß ein Ehepaar mit einem kleinen Geschäft!", gab ich zu Bedenken. „Du bist ganz schön naiv!" Biggi grinste wissend. „Was meinst du, was die mit diesen Klamotten für eine Kohle machen! Selber schuld, wenn sie alles so teuer verkaufen, dass man sich das als Studentin nicht leisten kann. Und außerdem in Indien beuten sie die Menschen aus ... das steht mal fest. Die zahlen da so gut wie nichts. Blanker Kapitalismus! Also schädigen wir nur Leute, die selbst andere schädigen. Kapiert?" Zugegeben, das klang alles plausibel.

Also begab ich mich eines Tages mit den beiden auf eine dieser Diebestouren in puncto schicke Klamotten. Der Klang eines Windspiels aus Bambus begrüßte uns freundlich, als wir den Laden betraten, den Ort unseres Verbrechens, schoss es mir durch den Kopf. Wie in Ali Babas Schatzhöhle sah es hier aus. Kleiderständer und Regale voller bunter Sachen, uni, gemustert, mit Volants, mit Blumen bestickt ... Was für eine tolle Bluse war mir da auch gleich ins Auge gefallen: olivgrün, gesäumt von gestickten Blumenborden in orange und violett. Zum Niederknien. Die musste ich haben. Die Gier fraß meine Bedenken auf. Ich verzog mich begleitet von Anja in die Umkleidekabine mit einem kleinen Berg wahllos zusammengestellter Sachen, bei denen ich nicht mal auf die Größe geachtet hatte. Zunächst galt es, die Ladenbesitzerin zu verwirren. Die musste den Überblick verlieren, was wir da alles in der Kabine so aufgetürmt hatten. Draußen stand Biggi Schmiere und reichte mir immer mal wieder ein Teil, bis ich fast in diesem Durcheinander versank. Biggi blätterte weiter interessiert die Shirts und Tuniken an verschiedenen Kleiderständern durch, ließ dann gedankenverloren ihre Finger durch die Federn eines Traumfängers gleiten. Mein Herz klopfte zum Zerspringen. Zwischendurch ploppten bei mir immer mal wieder Skrupel auf, wollte meine antikapitalistische Argumentation und schon gar nicht meine Wut gegen reiche Säcke so recht funktionieren. So ganz war mein Gewissen nicht zu beruhigen. „Du klaust gerade! Du klaust!", hämmerte es in meinem Kopf. Und überhaupt, würde dieser Coup so mir nichts dir nichts gelingen? „Aber da musst du jetzt durch!" Hastig zog ich die teure Bluse an. Nervös nestelte ich an den Knöpfen. Mit meinen schwitzigen Fingern wollte es mir kaum gelingen, die Stoffzipfel in meine Hose zu stopfen und alles unter meinem Pullover zu verstecken. Jetzt musste ich demonstrativ langsam mit einem billigen T-Shirt zur Kasse gehen und bezahlen. Meine Nervosität – die konnte man förmlich riechen, die musste man mir doch ansehen. Aber nein, es klappte! – Was? So easy war das! Wir verließen den Laden. Ganz langsam, nur nicht verdächtig hastig. Cool wie sie war, blieb Biggi auch noch eine gefühlte Ewigkeit vor dem Schaufenster stehen. Das würde ihr noch gefallen und das da. Ich trat nervös von einem Fuß auf den anderen. Völlig entspannt zeigte sie auf das eine oder andere. Konnten wir nicht bitte weitergehen! – Endlich! – Und trotzdem als echter Hasenfuß guckte ich mich, selbst als wir den Laden längstens hinter uns gelassen hatten, immer wieder um. Vielleicht war unsere Diebestour doch noch bemerkt worden, würde man uns gleich hier mitten auf der Straße stellen ... Aber rein gar nichts passierte!

Damit hatte ich jetzt eine neue schicke und auch teure Bluse. Bloß bei der Lösung meines Mietproblems war ich damit nicht einen Schritt weitergekommen.

Es sollte mein einziger Klamottenklau bleiben. Das Ganze war mir zu heiß. Meine Nerven waren dazu zu flattrig. Denn gerüchteweise hatte ich gehört, einmal beim Ladendiebstahl erwischt – das konnte das Ende der Beamtenlaufbahn sein, bevor die überhaupt begonnen hatte. Mein Studium hätte ich mir dann gleich sparen können.

Um richtig an Kohle zu kommen, musste ich arme Spießerin mich also ganz traditionell und uncool aufs Arbeiten verlegen.

Fast wie Füße unterm Tisch
Zunächst hatte sich allerdings noch ein ganz anderes Problem für mich ergeben. Dem

Gemeinschaftsprojekt Großfamilie widersprach es, dass ich ziemlich regelmäßig am Wochenende zu meinen Eltern fuhr. Wenn wir als Kollektiv eine neue Lebensform entwickeln wollten, konnte ich mich nicht ständig wie ein unmündiges junges Ding in den kleinbürgerlichen Sumpf nach Hause begeben. Das würde mich auf Dauer dumm im Kopf machen, unbrauchbar für die anstehenden gesellschaftlichen Veränderungen. Zwar war ich die Jüngste der WG, aber eine Art Welpenschutz gab es für mich nicht. Ich sollte schon mal anfangen, mich endgültig von meinen spießigen Altlasten abzunabeln. Geradezu lächerlich empfand man es, wenn ich, in Nürnberg mit meinem Auto heil angekommen, das zu Hause kurz telefonisch meldete. Ich war aber schon mal auf der Autobahn verunglückt, war schon mal „an der Autobahnleitplanke hängen geblieben", wie meine Mutter mein Malheur immer umschrieb. Meine Eltern sorgten sich also um mich. Aber was war das denn für eine piefige Haltung bei einer erwachsenen Tochter, so einhellig die Meinung meiner fortschrittlichen Mitbewohner. Dahinter stand ganz eindeutig der Kontrollwahn meiner Eltern, den ich Dummchen nicht durchschaute und ungebremst mitmachte. Ich war echt in der Zwickmühle. Was tun? In handylosen Zeiten stand unser Gemeinschaftstelefon auf einem Tischchen im Flur, angeschlossen ein Zähler für die Gesprächseinheiten, daneben ein Heft mit einer Spalte für jeden WG-Bewohner. Da hinein war die Dauer jedes Telefonats einzutragen. Am Monatsende dann die Abrechnung im doppelten Sinne. Da ich ganz eindeutig wieder als Vieltelefoniererin ertappt war – mit Mutti natürlich – gab es jedes Mal einen kollektiven Anschiss mit der Mahnung, im nächsten Monat meine elterliche Kontaktpflege drastisch einzuschränken. Trotz überzeugender Argumente meiner politisch eindeutig viel progressiveren Mitbewohner brachte ich es nicht so recht übers Herz, meine Eltern im Ungewissen zu lassen. Nach dem Motto: „Wenn mir was passiert, erfahrt ihr es sowieso über die Polizei. Alles Andere hat euch gar nicht zu interessieren!" Also schlich ich mich bald nur noch heimlich wie ein Dieb zu unserem Telefon, versuchte bloß das Nötigste mitzuteilen und flüsterte nurmehr in die Sprechmuschel, die ich mit meiner Hand so gut wie möglich schalldicht abschirmte. Was sich meine Eltern dabei wohl am anderen Ende der Leitung gedacht haben? Zusätzlich hortete ich Münzen in meinem Portemonnaie, um mich zwischendurch aus der Wohnung zu stehlen und mit Zuhause ungestört aus einer gelben Post-Telefonzelle zu quatschen. Aber auch das ging oft nicht ganz problemlos vonstatten. Direkt über dem Münzfernsprecher das mahnende Schild: Fasse dich kurz! Vor der Tür nicht selten eine Schlange Wartender, deren auf Eile drängende Blicke sich spürbar in meinen Rücken bohrten. Was für ein Stress!

Und überhaupt: Was war das denn für eine dämliche Garotte, die man mir da um den Hals gelegt hatte?! Zwänge, blöder als in einem Mädchenpensionat, oder schlimmer noch als im Knast. Bei allen Vorbehalten meinen Eltern gegenüber, aber so ganz vereinsamen lassen wollte ich die beiden nicht, wollte sie doch wenigstens noch ein Stückchen an meinem neuen Leben teilhaben lassen. Wenigstens zwei wöchentliche Telefonate vom WG-Fernsprecher, das musste doch drin sein! Aber nein, man wollte, dass ich das unterließ. Am liebsten hätte ich beim Eintragen meiner Einheiten gemogelt. Aber da alle anderen Wenig-Telefonierer waren, wäre bei fehlenden Beträgen der Verdacht sofort auf mich gefallen. Nicht die geringste Chance zu tricksen! Unausweichlich einmal im Monat der strenge Blick auf meine Spalte im Abrechnungsheftchen. Und dann der Anschiss. Vorzugsweise beim Abendessen. Während alle Spaghetti Bolognese in sich reinschaufelten, wollte es mir nicht so richtig schmecken, wenn ich das aufgeblätterte Heftchen schon auf dem Tisch liegen sah. Hagen, gerne in angegrautem Feinrripp Unterhemd mit seiner schweinchenrosa Haut, hingegen aß mit gutem Appetit. Was für ein Spießer, dachte ich trotzig! Wie der aussah: verschwitzter Specknacken mit der schon sichtbaren Behaarung eines zukünftigen Silberrückens und mit unübersehbarem Ansatz für einen allmählich wachsenden Schmerbauch. Besonders gerne war er es, der mich zu „meinem eigenen Wohle" mit guten Worten auf Linie zu bringen versuchte. Eigentlich war ich stocksauer, denn was ich um mich herum sah, war alles andere als Unabhängigkeit von daheim. Da waren die Körbe voller gewaschener Hemden und gebügelter Hosen, die zusammen gelegten Handtücher und die frische Bettwäsche, die Hagens Mutter via Zug gut vierzig Kilometer weit regelmäßig zu uns in die Wohnung schleppte. Dazu der Fresskorb mit selbst gekochter Marmelade, eingewecktem Gemüse und Obst ... Auch Otto waren meine Telefonate und vor allem die Heimfahrten ein Dorn im Auge. Ich solle mir ein Beispiel an ihm nehmen, er hatte sich von seinen Eltern total befreit und besuchte sie so gut wie nie, obwohl diese keine fünf Kilometer Luftlinie von uns entfernt wohnten. Ja, wenn man es so wie er machte, brauchte man sich nicht mal aus Gründen des Wäschenachschubs zu Mutter begeben. Vier Wochen die eine Seite seiner Bettwäsche, danach vier Wochen die andere. Vorder- wie Rückseite des Kopfkissens waren danach tiefgrau, denn Otto spielte regelmäßig Fußball, und war das Bad gerade mal wieder durch eines von Striezis Champusgelagen belegt, schlüpfte er gerne auch mal schlammbespritzt und staubig in die Laken. War er mit seinem Bettzeug durch, lieh er sich von mir welches. Schließlich hatte ich durch meine regelmäßigen Heimfahrten immer frische Bettwäsche im Schrank. Hinzu kamen noch Ottos Nächte in meinem Bett ... Auf diese Weise konnte er es theoretisch monatelang ohne Heimatbesuch durchhalten. Theoretisch! Wäre da nicht die Kochkunst seiner Mutter gewesen, der er bei Schäufele und Kloß und anderen kulinarischen Leckereien nie widerstehen konnte. In meinen Augen missbrauchten die Kerle vor allem ihre stets willigen Mütter. Wenn ich das zwischendurch mal schüchtern anzumerken wagte, wurden meine Argumente einfach weggewischt. Der entscheidende Unterschied zu mir: Sie waren eindeutig von zu Hause emotional nicht abhängig, innerlich frei. Für die Kontaktpflege daheim hatten sie mir also eines voraus – das richtige Bewusstsein! Das war eindeutig was ganz anderes als meine gefühlsduselige kindliche Anhänglichkeit. Eltern wurden dafür gebraucht, wozu sie gut waren. Ich war empört. „Gunda, keine Diskussion mehr!"

Wir organisieren uns Prinzipiell ging es in unserer WG oft durchaus lustig zu, vor allem wenn der Alkoholpegel stieg. Aushäusige Vergnügungen in Kneipen oder Lokalen waren eher verpönt, brauchten wir ja auch nicht, denn wir waren uns selbst genug. Das war zumindest die Devise. Zwischendurch durfte uns gnädigerweise ein einsamer Weinhändler aus dem Nachbarhaus besuchen. Aber der musste schon liefern, sich unsere Gesellschaft mit etlichen Flaschen guten Weines verdienen, die er jedes Mal fast schon demütig und dankbar bei uns auf den Küchentisch stellte. Er schien auch kein Spießer zu sein, was seine schulterlangen Haare irgendwie belegten. Also kurzum: Wir selbst blieben meist zu Hause und führten schlaue Diskussionen.

Einmal in der Woche trafen wir uns allerdings von nun an mit Nürnberger Gesinnungsgenossen. Pflichttermin jeden Donnerstag wurde die politische Schulung bei einer anderen WG in einem großen Haus am Stadtpark. Keine Ahnung, wer den Kontakt geknüpft hatte. Ich jedenfalls nicht! Ich kannte ja auch niemanden in diesem Dunstkreis, war irgendwie eben immer nur ein Anhängsel von Otto. Aber in Kleingruppen, quasi isoliert vor sich hinwurschteln, das sollte für uns endlich vorbei sein. So konnte man politisch nicht wirksam werden. Unsere Sache brauchte Vernetzung, sollte groß werden. Allzumal man feststellen musste, dass sich die linken Gruppen immer mehr zerfledderten. Und mit den Jusos, die im Rahmen der SPD größer denken und vielleicht auch handeln konnten, gemeinsame Sache machen? Ne, das war nun wirklich bäh! Windelweich und systemangepasst fehlte denen ganz einfach der Wille zur Revolution. Zur Wahl standen eventuell noch die Spontis, die sich aus der APO der späten sechziger Jahre, der außerparlamentarischen Opposition, speisten. Ihr Ding war weniger ein politisches Programm als vielmehr die fantasievolle, eben spontane Aktion, um den Spießer daheim in seinem Fernsehsessel zu verschrecken. Das fanden wir mitunter nicht schlecht, aber meist zu chaotisch, unausgegoren. Irgendwie erinnerte das an italienische Anarchisten, die vor allem der revolutionären Tat huldigten und rein gar nichts mit einer Parteidoktrin, schon gar nicht einer leninistisch-stalinistischen zu tun haben wollten. Doch solch spontaner Aktionismus wurde der großen Sache ganz einfach nicht gerecht. In Deutschland wird wohl Fritz Teufel so ein Sponti-Anarchist gewesen sein (den hatte übrigens seine Mama, als man ihn angeklagt hatte, bis in den Gerichtssaal liebevoll versorgt! Wahrscheinlich hatte er mit ihr ganz oft telefoniert!). Eigentlich sah dieser Fritz meinem Otto ziemlich ähnlich, wobei damals der wilde Haar- und Bartwuchs bei vielen jungen Männern kaum noch etwas von ihrem Gesicht erkennen ließ. Uniformiert im schlunzigen Parka, ausgewaschenen Jeans und halbhohen Boots sahen alle sowieso fast gleich aus. Der entscheidende Unterschied: Nie hätte der scharf analytisch denkende und überlegt handelnde Otto so einen Quatsch wie rund zehn Jahre zuvor Fritz Teufel angestellt. Der hatte zum Entsetzen der Öffentlichkeit den damaligen US-Vizepräsidenten Hubert Humphrey mit einem Wurfgeschoss attackierte: Inhalt Pudding, wahrscheinlich Muttis Bester mit Vanillegeschmack von Dr. Oetker. Aber außer einem gewissen Fun-Faktor, der beim künftigen Steinewerfen dann nicht mehr erkennbar war (unser späterer Außenminister Joschka Fischer soll ja dabei erwischt worden sein), hatte solchen und ähnlichen Aktionen niemand von uns je etwas abgewinnen können.

Die meisten anderen politisch Organisierten hingegen waren völlig spaßbefreit. Die DKP sowieso, die aus unerfindlichen Gründen den politischen Kurs der DDR total geil fand. Und es gab ein Wirrwarr aller nur erdenklichen K-Klein- und Kleinstgruppen. Das K für kommunistisch nahm sowieso jeder irgendwie für sich in Anspruch, aber wie der „richtige" Kommunismus auszusehen hatte, das hätte man vielleicht mitunter gerne auf der Straße mit handfesten Prügeleien ausgefochten. Die jeweils anderen waren immer verbockte Abweichler und man war sich, das war Ehrensache, spinnefeind. Die verschiedensten Fraktionen beekelten sich bei jeder sich bietenden Gelegenheit, lieferten sich erbitterte Wortgefechte, wenn sie mal auf einander trafen, bei einer Demo zum 1. Mai oder sonstigen Protestaktionen. Manche hatten das ewige politische Gelaber jedoch irgendwann satt. Für sie galt, sich mit der werktätigen Bevölkerung im praktischen Leben zu solidarisieren. So gab es etliche, die ihr Studium unterbrachen oder sogar ganz schmissen und von morgens bis abends in eine Fabrik zum Malochen gingen. Denn nur als Werktätiger konnte man das richtige Bewusstsein erlangen und von der Drehmaschine oder dem Fließband aus subversiv den Geist der Weltrevolution allmählich unters Volk bringen. O Mann! Da waren die Jungs (es waren fast nur Jungs!) ja ganz nah dran an meinen neutestamentlichen Seminaren, wo ich eifrig lernte, dass das Himmelreich, wie ein Sauerteig ganz langsam die sündige Welt durchwabern würde. Also linke Politik hatte eigentlich jede Menge mit Religion zu tun. Aber das behielt ich besser für mich. Jedenfalls so falsch lag ich, die man mich immer wieder als „Himmelskasperl" schmähte, glaube ich nicht.

Die stärkste K-Kraft, zumindest habe ich die mir als solche gemerkt – denn ich gab mir eigentlich redlich Mühe, dieses Durcheinander zu durchblicken – war wohl die KPD-ML (Kommunistische Partei der Marxisten-Leninisten). Großes Vorbild war in ihren Augen Mao Zedong, der allerdings 1976 in die ewigen Jagdgründe einging. Wie fast alle Linken waren auch wir in gewisser Weise angetan vom großen chinesischen „Führer!" und seiner Lebensleistung. Hatte er doch durch seinen eisernen Willen dem Kapitalismus die Stirn geboten. China war ganz einfach in. Einige Schlagwörter musste man parat haben. Das begriff auch ich. Da war zum Beispiel der „Lange Marsch", eine Aktion, mit der sich Mao und die Seinen unter ungeheuren Strapazen der Armee des Widersachers Chiang Kai-shek widersetzt hatten. Vor allem blickten alle Linken mit Ehrfurcht auf die gerade zurückliegenden zehn Jahre der glorreichen Kulturrevolution. Das riesige China war dank Mao – chinesische Propaganda hin oder her – zu einem Staat voller glücklicher Bauern und Arbeiter geworden. Das bewiesen alle Bilder und Fernsehausschnitte ganz eindeutig. In China hatten die Menschen ständig Grund zur Freude. Da lachte und sang man und winkte den großen Führern dankbar mit roten Nelken und Fähnchen zu. Und war das nicht wunderbar: Alle waren gleich. Der Traum von der klassenlosen Gesellschaft war Wirklichkeit geworden. Das bewiesen die Anzüge aus grauer Baumwolle mit den Stehkrägen, die jeder trug, vom großen Parteivorsitzenden bis hin zum einfachen Bauern oder Arbeiter. Männer wie Frauen. Damals hatte noch niemand von uns auf dem Schirm, dass diese riesigen Umwälzungen zig Millionen Menschen das Leben gekostet hatten – durch Hungersnöte oder politische Säuberungen. Wir wussten es nicht? Wirklich nicht? Vielleicht kümmerte es uns ganz einfach herzlich wenig. Denn hieß es nicht immer schon: „Wo gehobelt wird, da fallen Späne". Oder wie es Walter Ulbrich, der erste Vorsitzende des Zentralkomitees der SED in der DDR, ausdrückte: „Gewalt ist die Geburtshelferin jeder neuen Gesellschaft". Revolutionen forderten eben Opfer, fraßen sogar ihre eigenen Kinder, wie das schon der Dichter Georg Büchner dem französischen Revolutionär Danton in den Mund legt. Auch Lenin und Stalin hatten das bereits erfolgreich praktiziert bis hin zur Eliminierung von Weggefährten. Man denke an Leo Trotzki, dem man im mexikanischen Exil seinen Schädel mit einem Eispickel, also quasi mit Hammer, aber ohne Sichel einschlug.

Wie das alles von der MG, der Marxistischen Gruppe, gesehen wurden, das blieb zumindest damals für mich ein Geheimnis. Die nämlich gaben sich ungemein elitär, schienen in allem den vollen Durchblick zu haben, die reine Lehre zu zelebrieren, was immer das sein sollte. Religiös gesprochen waren die irgendwie erleuchtet. Man begegnete ihnen beinahe schon ehrfürchtig, denn so abgehoben wie die waren, würdigten sie unsereinen keines Blickes. Obwohl eine MG-WG nur zwei Häuser weiter wohnte, gab es von denen nie ein Hallo, nie ein erkennendes Nicken. Mir erschienen sie wie fremdgesteuerte Zombies. Im Nachhinein: So schief lag ich mit meiner damaligen Einschätzung gar nicht. Sie waren in der Tat die Anhänger der reinen Lehre, befanden sich im Besitz beinahe übernatürlicher Wahrheiten. Denn wie bei Marx, dem großen Meister selbst, gab es in puncto Weltrevolution nicht das Mindeste zu tun. Gemäß seiner Geschichtsphilosophie (kurz sei hier an den Begriff des „Weltgeistes" seines Lehrers Hegel erinnert) würde sich der gesellschaftliche Prozess mit innerer Logik, quasi wie ein Naturgesetz von selbst erfüllen. Also brauchten sich die MGler nur zurückzulehnen und abzuwarten. Arrogant abzuwarten.

Ganz so abgehoben sollte ich zumindest eine der erleuchteten Damen aus dieser Nachbar-WG in einem kleinen Intermezzo an der Uni dann doch nicht erleben. Der Zufall hatte uns in ein- und dieselbe Lehrveranstaltung katapultiert. Ganz ignorieren konnten wir uns nicht. Das Seminar leitete ein recht schnuckeliger Dozent. Eines Tages kam die MG-Dame zu meinem Erstaunen sehr offen auf mich zu, suchte das Gespräch. Sie war geradezu bemüht, mich vor Ungemach zu beschützen. Von Frau zu Frau. Völlig selbstlos, versteht sich. Ich solle mich bloß vor dem Macker da vorne am Pult in Acht nehmen. Der glotze mich immer so an. Aber das mache er bei jeder. Sie beobachte das schon seit längerem. Sie wolle mich nur warnen. Aha! Echt nett, dachte ich. Zwei Jahre später allerdings war sie selbst mit jenem Macho-Macker verheiratet und avancierte im Laufe weniger Jahre zur Professorengattin.

Zusammengefasst: Was für ein Durcheinander in dieser linken Szene bereits im einigermaßen überschaubaren Nürnberg! Wie war das dann erst in Berlin oder Frankfurt? Aber ganz klar, für mehr politische Schlagkraft musste man sich auch in der fränkischen Provinz orientieren und organisieren. Bei uns wurde entschieden, wer immer da großer Wortführer war – ich hatte mal wieder von all dem nichts mitgekriegt – dass wir uns unter dem Dach des „Sozialistischen Büros", einem Verbund undogmatischer Linker, sammeln wollten, sollten ... Großer Vorteil für mich war, dass von nun an jeden Monat die „links", die Zeitung des Sozialistischen Büros, in unserem Briefkasten steckte. Das dominante Thema darin war noch eine ganze Weile die „Solidarität mit der Revolution in Portugal". Damit wurden unsere eigenen Portugalnachrichten sang- und klanglos beerdigt, und ich war mit einem Mal den leidigen Job des nächtlichen Zeitungfaltens los. Es kam noch besser: Vor der Mensa stehen und diese von mir ungeliebte Zeitung verkaufen – aus und vorbei! Aber von nun an lag dieses blöde Blatt „links" immer für jeden greifbar auf unserem Küchentisch und brüllte mir allmorgendlich lautlos entgegen: Na los, lies mich! Dann kriegst auch du endlich den richtigen politischen Durchblick! Wenn mich wenigstens irgendein Beitrag davon interessiert hätte! Schon die Sprache mit all den Wörtern wie „Solidarität, antifaschistischer Kampf, Werktätige, Proletariat, Komintern, revolutionäre Massen, vergesellschaftete Produktionsmittel, Kapital und, und, und ..." – Igitt! Ich mochte all das nicht, habe damit immer gefremdelt.

Anja war da fein raus. Die „links" da auf dem Tisch, die ging sie einfach nichts an. Verheiratet mit Hans hatte sie allein schon durch den Trauschein ihr Bleiberecht in der WG sicher in der Tasche, egal wie wenig politisch engagiert sie auch war. Auch Gerlinde als große Liebe unseres Alphamännchens musste sich nicht sorgen. Ich hingegen wurde das Gefühl nicht los, mich auf dem Schleudersitz zu befinden. Mein mangelndes Interesse wurde mit Argusaugen beobachtet. Und wer weiß? Vielleicht würde man mich eines Tages mit den Worten „Du passt einfach nicht zu uns!" vor die Tür setzen

Somit war meine neue Freiheit von den „Portugalnachrichten", ehe sie überhaupt begonnen hatte, ganz schnell wieder dahin. Ein neues Pflichtprogramm wartete auf mich. Jetzt allwöchentlich am Donnerstag. Da traf man sich von nun an – bestens vorbereitet, versteht sich – mit Gleichgesinnten in einem großen WG-Haus am Stadtpark. Anja und Gerlinde konnten es sich leisten, diesen Termin ganz oft zu schwänzen. Ich nicht!

Allein schon dieses Haus! Irgendwie gespenstisch. Spät abends ragte es einsam und hell erleuchtet, umgeben von alten knorrigen Bäumen und einer verfallenden Mauer in die Dunkelheit. Ich konnte mir nicht helfen, aber mich erinnerte es immer an die Villa in Hitchcocks Film „Psycho". Nur saß dort nicht eine vor sich hin modernde Leiche im Lehnstuhl, sondern es warteten politisch bestens informierte und motivierte Jungakademiker auf die nächste Gesprächsrunde. Zuvor war ein Thema gewählt und allen zur sorgfältigen Lektüre verordnet worden: die „Frühsozialisten" zum Beispiel oder Lenins Kampfschrift „Was tun?". Aber die Texte, staubtrocken wie sie waren, wollten mir so überhaupt nichts sagen. So saß ich furchtbar angeödet all diese Donnerstagabende ab, musste aber zumindest verständig und interessiert in die Runde gucken.

Also jetzt einmal pro Woche Politzirkel am Stadtpark. Im Sozialistischen Büro – die Zentrale saß in Frankfurt – waren die Gruppen vor allem berufsmäßig sortiert. Unsere wenigen Ärzte sollten sich von nun an mit den wenigen Lehrern vor Ort zusammentun. Wenigstens Akademiker zu Akademikern. Aus unerfindlichen Gründen hatte sich aber noch ein einsamer Landschaftsgärtner zu uns verirrt. Er stieß abends direkt von der Feldarbeit immer zu uns. Mit seinen erdverschmierten Hosen und den dreckigen Fingernägeln adelte er uns Kopfmenschen mit seiner Hände Arbeit. Wir hatten endlich einen leibhaftigen „Handarbeiter" an Bord, der ziemlich gepäppelt wurde.

Die höheren intellektuellen Weihen erhielt unser Diskussionszirkel durch eine Soziologie-Professorin und einen ihrer Assistenten. Dieses Duo war im Laufe des Abends gut alkoholisiert, hatte man sich den badischen Wein doch gleich immer literweise selbst mitgebracht. Damit hier während des Abends ja kein Versorgungsproblem entstand. Alle zwei waren von ausnehmend gesunder roter Gesichtsfarbe. Vor allem die Nasen tendierten zu purpurfarbenen Knollen. Ursel, so der Name der ehrenwerten Professorin, auf dem Kopf einen hennaroten Afrowuschel, dominierte mit ihrer rauchigen Stimme und ihren klugen Gedanken unsere Diskussionsabende. Zwischendurch, wenn es alkoholbedingt bei ihr ein wenig menschelte, schweifte sie auch mal vom Thema ab und schwärmte begeistert von den selbstgemachten Spätzle ihrer alten Mutter im fernen Schwabenländle. Aha, selbst Ursel fuhr immer wieder nach Hause!, schoss es mir durch den Kopf. Pausenlos rauchend war die Professorin dauerumflort von Zigarettenqualm. Das machte sie für mich irgendwie entrückt. Außerdem tat ich mir ganz schön schwer, sie als meine Genossin zu empfinden und sie noch dazu zu duzen – eine Frau, die gut dreißig Jahre älter als ich war. Ursel und auch ihr Assistent Helmut wurden im Laufe des meist langen Abends immer lockerer und damit auch ihre Zungen. Nebenbei wurden ihre Analysen der uns umgebenden defizitären Gesellschaft zunehmend wortreicher und sicher auch tiefschürfender. Ihre Sätze verstiegen sich in immer aberwitzigere Hypotaxen, die mich in ihrer Konstruktion, aber auch inhaltlich heillos überforderten. Aber das lag eindeutig an meinen intellektuellen Defiziten und an meinen kleinbürgerlichen Altlasten, die mich immer noch in ihren Fängen hielten. Mich hingegen – ich konnte noch so sehr dagegen ankämpfen – lenkten andauernd unsozialistische Gedanken ab an Shopping von schicken Klamotten, an tolle Discos, teure Parfums und überhaupt an das bunte Leben da draußen, das leider an solchen Abenden mal wieder ohne mich ablief. Zum Glück konnte niemand in meinen Kopf gucken. Denn zumindest gilt: Die Gedanken sind frei! Ich riss mich tapfer zusammen, um all dem gerade Gesagten zu folgen. Ja, Ursels Ausführungen, die waren beeindruckend klug. Wie sonst auch hätte sie so viele Bücher publizieren können? Gern wäre ich auch so gescheit, so eloquent wie sie gewesen. Da ich das nicht ansatzweise war, hielt ich besser meinen Mund. Stundenlang sagte ich nicht einen Pieps, bei keinem einzigen Treffen. Alles, was an politischen Ideen, Sätzen und Worten – wenn überhaupt

– in meinem Kopf so zu Gange war, kam mir dumm und nichtssagend vor. Am meisten aber quälte mich die Frage: Wann ist dieser Abend hier endlich vorbei?! Wann gehen wir wieder nach Hause? Was hätte ich auch schon gewusst etwa über den Streit zwischen Rosa Luxemburg und Eduard Bernstein? Was hätte ich denn zum revolutionären Sozialismus contra Revisionismus sagen sollen, zum radikalen Umsturz des politischen Systems nach sowjetischem Vorbild oder doch lieber die allmähliche Reformierung des bestehenden Staates? Mein Unbehagen blieb nicht unbemerkt. Irgendwann hatte man offensichtlich Mitleid mit mir. Von da an durfte ich wenigstens die Sitzungsprotokolle tippen und fein säuberlich in einem Aktenordner ablegen. Woche für Woche. Nach den dämlichen Portugal-Nachrichten war eindeutig nichts Besseres nachgekommen. Wieder blieb mir nur die Rolle einer, wenn auch revolutionären, Tippse.

An einem der vielen Donnerstagabende hatte jemand in unserer Gruppe eine wunderbare Idee. Man müsse mal die bürgerliche Geschichtsschreibung genauer unter die Lupe nehmen. Im Hinblick auf die politischen Ereignisse der Zeit direkt nach dem Ersten Weltkrieg, denn da war so richtig die Post abgegangen: Ausrufung der Republik in Weimar, die Turbulenzen der Münchner Räterepublik, Spaltung der Linken in die SPD und USPD, Straßenschlachten zwischen rechten Freikorps und Linken ... Ich erinnerte mich, dass mein Vater in einer Quartalssendung vom Deutschen Bücherbund, bei dem er Mitglied war, einen riesigen Schinken zugeschickt bekommen hatte: Deutsche Geschichte des 19. und 20. Jahrhunderts von Golo Mann. Das war meine Stunde, zumindest schien sie das zu sein. Für diese Aufgabe meldete ich mich freiwillig. Bürgerliche Geschichtsschreibung – damit müsste ich doch als Historikerin im Nebenfach etwas anfangen können. Dachte ich! Eifrig las ich die entsprechenden Seiten und fasste sie bis zu unserer nächsten Sitzung zusammen. So, wie ich es in der Schule gelernt hatte. Meine Ergebnisse trug ich im Plenum vor. Als ich geendet hatte, eisiges Schweigen. Herbert, einer der Bewohner des grauseligen Hitchcock-Hauses, hatte mich durchschaut und brachte es auf den Punkt: „Wir sind hier nicht in der Schule!" Ja, ich hatte wie in einem Referat den Inhalt wiedergegeben, vom Blatt abgelesen, ohne Golo Manns bürgerlichen Standpunkt mit einer, meiner! knallharten sozialistisch-avantgardistischen Kritik zu konfrontieren. Aber wenn ich halt nix an Golo Mann auszusetzen hatte!? Ich wurde puterrot, wäre am liebsten im Erdboden versunken. Ursel verdrehte ihre wässrigen Augen und starrte scheinbar unbeteiligt abwechselnd ins Leere oder in ihr Weinglas, schweigend paffte sie ihre Zigarettenkringel in die in mehrfacher Hinsicht dicke Luft. Irgendwann lächelte sie mir mitleidig zu, aber ihre Sprachlosigkeit war beredt: Was hätte man schon von mir erwarten sollen? Mitleidige Blicke trafen auch Otto. So ne Freundin! Recht hübsch, aber sonst ...! Na ja! Auch Otto schwieg. Ganz sicher schämte er sich für so eine Dummbacke wie mich. Man hakte das, man hakte mich ab und kam zum nächsten Tagesordnungspunkt.

Wilhelm Reich und der Orgon-Apparat

Vielleicht würde man mir mal irgendwann eine neue Chance geben. Zunächst aber tippte ich schön brav weiter unsere Sitzungsprotokolle. In der Folgezeit gab es wieder jede Menge zu lesen. Manches davon schien mir jedoch interessanter. Wilhelm Reich, ein marxistischer Psychoanalytiker, stand auf dem Programm, genauer seine Ausführungen über die „Massenpsychologie des Faschismus". Aus unerfindlichen Gründen hatte dieser Reich mein Interesse geweckt, hatte er doch im Berlin der dreißiger Jahre den Reichsverband der Proletarischen Sexualpolitik gegründet. Also „Sex" – das klang einfach schon mal spannender als proletarische Massenbewegung, Revisionismus, Spartakistenbund etc. Nebenbei stieß ich auch auf ein Heftchen zu Reichs Orgonforschung. Eine ziemlich abgespacte Theorie über eine irgendwie universale Energie. Ich besorgte mir auf eigene Faust die entsprechende Literatur. Aber wie verrucht! Diese Schriften gab es damals nur als Raubdruck. Keine Ahnung warum, aber damit hatten sie eindeutig was Verbotenes an sich! So etwas erschien in unscheinbaren, mausgrau getarnten Heftchen aus billigstem Papier, bei denen man die einzelnen Seiten oft mit einer Schere oder einem Messer voneinander trennen musste. Diese Druckerzeugnisse waren natürlich nicht in einer ganz normalen Buchhandlung um die Ecke zu haben, sondern nur unter ganz speziellen Ladentischen. Da musste man zu Usch's Bücherkiste gehen, dem angesagten linken Bücherladen in Nürnberg. In einfachen Regalen aus rohem Holz fand man da alles an Literatur, von dem mancher glaubte, es würde die Gesellschaft subversiv unterwandern und letztlich aus den Angeln heben. Herrin dieses offensichtlich anrüchigen Ladens, in den kein braver Bürger wohl je seinen Fuß setzte, war eine ältere Frau. Schon Mitte dreißig! Mit rappelkurzem karottenroten Haar und ständig eine Zigarette im Mundwinkel flößte sie mir in ihrem coolen Schlabberpullover gewaltig Ehrfurcht ein. Ein einzelner großer bonbonrosa Ohrring baumelte an einem Ohr. Es hätte mich nicht gewundert, hätte sie um die Ecke ihren Hexenbesen gehabt, mit dem sie jederzeit hätte davonfliegen können. Während ich dachte, mich in einer anderen Wirklichkeit zu befinden, legte Usch ihre Zigarette im Aschenbecher ab und kramte völlig unaufgeregt unter dem Ladentisch nach der von mir gewünschten – meiner Teufelslektüre. Ihre leise angenehme Stimme nahm mir schließlich meine Scheu, ließ mich Zutrauen fassen. Ich schaute mich in ihrem kleinen Laden um. Was es da nicht alles gab! Sogar Kinderbücher mit verrückten Pinguinen, reiselustigen Tigern und freundlichen Bären. Das Eis war gebrochen. Von da an kaufte ich oft in Usch's Bücherkiste ein.

Zu Hause angekommen verzog ich mich in mein Zimmer und las. Es war eigentlich weder die faschistische Massenpsychologie noch Reichs Sexualtheorie, die mich ehrlich gesagt interessierten. Vielmehr war es dieser seltsame Kasten, der Organ-Akkumulator, den Reich erfunden hatte. Der hatte es mir angetan. Ich hatte die Vorstellung, dass ich mit diesem billigen Heftchen auf eine Geheimlehre gestoßen war – die Idee von der universellen Energie. Keine Ahnung, wie und warum dieser von außen isolierte Eisenkasten den Menschen, laut Reich vor allem Krebskranke, heilen konnte oder erst gar niemanden erkranken ließ. Es war eindeutig dieses unausgesprochene Versprechen, den Krebs besiegen zu können, das mich triggerte. An Krebs zu erkranken, das war bis dahin meine große Furcht.

Meine Großmutter war daran gestorben, als ich drei Jahre alt war. Unvergessene Szenen hatten sich für immer in mein Gedächtnis eingebrannt. Damals, in den fünfziger Jahren des vergangenen Jahrhunderts, war das ein grauenhaftes, kaum therapierbares Leiden. Die Menschen wurden unter furchtbaren Schmerzen immer dünner und schwächer, bis sie endlich sterben konnten. Ihnen war kaum zu helfen, schon gar nicht konnte man ihre Qualen mit wirksamen Schmerzmitteln lindern. Ich erinnere mich noch genau an einen Besuch im Krankenhaus. Meine Großmutter lag aschfahl, eingefallen in ihrem Bett. Der Tod schaute schon aus ihrem spitzen Gesicht. Mit ihrem dünnen Arm, der von dicken blauen Adern durchzogen war, streichelte sie mir über den Kopf. Aber ich spürte ganz deutlich, dass meine Mutter nicht wollte, dass sie mich berührte, mich das kleine pausbackige Mädchen im dunkelblauen Mäntelchen mit der roten Baskenmütze. Ich das pralle Leben, dort der Tod. Dann zog meine Großmutter ihr Nachtkästchen auf und holte daraus ein kleines Päckchen Leibniz Butterkekse. „Da, meine Kleine! Für dich! Ich kann das ja doch nicht mehr essen." Sie wollte mir die Plätzchen geben. Ich griff danach. Bevor ich es überhaupt angefasst hatte, packte meine Mutter blitzschnell zu. So klein ich war, wurde mir klar, dass sie nicht wollte, dass ich damit in Berührung komme. An diesen knusprigen Keksen klebte er, dieser furchtbare Tod, der wie eine ansteckende Krankheit zu sein schien. Mir wurde bewusst, dass hier etwas Schreckliches im Gange war. Der Tod waberte bereits durch den Raum. Im Bett neben meiner Großmutter lag ein ebenso klapperdürrer Mann im gestreiften Schlafanzug, der mich mit gekrümmtem Finger und zahnlosem Lachen zu sich locken wollte. Auch er wollte mir vergeblich etwas zustecken. Männer und Frauen in einem Krankensaal? Trennung nach Geschlechtern wie sonst damals in Krankenhäusern üblich – darauf verzichtete man am Ende aller Tage. Das Bild dieses Mannes hatte mich nachhaltig verstört, sollte mich noch lange in meine Träume verfolgen. Hinzu kamen dann spätere Erzählungen meiner Mutter, die immer mit der Wendung endeten: „Am lebendigen Leib verhungert ist sie, der Krebs hat sie aufgefressen, deine Großmutter!" Das also war der Tod in seiner schrecklichsten Form. Das Schlimmste aber war, dass meine Mutter mir all die Jahre vermittelte, dass sie selbst genauso oder so ähnlich sterben würde. Die nationalsozialistische Vererbungslehre, meiner Mutter in der Schule vermittelt, konnte offensichtlich unausrottbar Wurzeln schlagen. So würde sie ableben! Das war vorbestimmt! Sie fühlte, ja wusste das! (Ihr Gefühl sollte sich allerdings nicht bewahrheiten.) Ihre ständigen Magenschmerzen waren die nicht eindeutige Vorboten für den Magenkrebs, der meine Großmutter hingerafft hatte? Das durfte nicht sein. Das musste ich verhindern.

Und plötzlich hielt ich zufällig dieses kleine Heft in den Händen. Voller Geheimwissen. Vielleicht war der Orgon-Akkumulator die Lösung! Ich sollte die Lektürevorschläge meiner Genossen in Zukunft doch etwas mehr unter die Lupe nehmen, sie ernsthafter studieren, sie danach abklopfen, inwiefern sie mir persönlich nutzen konnten.

Helmut, der sozialistische Kampftrinker

Unsere WG hatte also mit einem Mal durch diesen neuen politischen Verbund des Sozialistischen Büros eine ganze Menge neuer Bekannter. Alle supergescheit, und vor allem die Männer sehr promiskuitiv, also man vögelte entspannt quer durch die bestehenden Paarbeziehungen – ohne spießige Eifersüchteleien versteht sich. Denn mit Gleichgesinnten war es doch am schönsten. Mit mir vögelte keiner! Keine Ahnung, warum. Vielleicht war mein

kümmerliches politisches Bewusstsein einfach zu unsexy?
Fast alle von uns, bis auf mich, lebten auskömmlich von ihren Lehrer- bzw. Assistentsarzt-Gehältern. Das mit dem ständig klamm bei Kasse teilte nur einer mit mir: Helmut. Er, der Uni-Assistent von Ursel, war bettelarm. Jedenfalls spätestens nach dem fünften jeden Monats. Waren zum Kalender-Ersten und kurz danach Miete und alle Nebenkosten von seinem Konto abgebucht, machte er vom Rest seines Geldes die große Sause. Niemand konnte ihn bremsen. Es war, als ob alle Dämme brächen. Alkohol, viel Alkohol, vorzugsweise in Form harter Schnäpse musste her. Die sonst moderate Röte seines von Aknenarben durchfurchten Gesichtes veränderte sich in den kommenden Tagen in tiefes Purpurrot. Seine ungewaschenen aschblonden Haare glänzten mit seinem immer leicht schweißnassen Gesicht um die Wette. Wenn er seine filterlosen Zigaretten zwischen seinen vergilbten Fingern hielt, zitterten seine Hände. Bei jedem Zug, den er nahm, zuckten seine Lippen. Aber tapfer fehlte er bei keinem unserer Donnerstagtreffen, gab sich davor auch redlich Mühe, einigermaßen ausgenüchtert zu uns zu stoßen. Doch in den Tagen dazwischen ging bei ihm immer wieder die Post ab. Keine Ahnung, wie er seine soziologischen Lehrveranstaltungen an der Uni über die Bühne brachte. Helmut war ein echter Kampftrinker, aber ein netter, ein durch und durch sozial eingestellter ... Das höchste für ihn war es, in irgendeine Kneipe abzutauchen. Bis zur Sperrstunde. Ein Stammlokal hatte er nicht, sondern in seinem Wohnviertel gab es eine gewisse Auswahl übelster Spelunken. Aber Helmut war durch und durch sozial. Denn Saufen tat er nicht mit jedem, sondern nur in Gesellschaft waschechter Proletarier oder echter armer Teufel. Das Milieu dieser Pinten war austauschbar: Grell geschminkte übellaunige Wirtinnen, tief dekolletiert – keine Ahnung, wen sie hier mit ihrem welken Lehrbubengässla (so nennt man in Nürnberg den Schlitz im Dekolleté) anmachen wollten. Die Kippe im Mundwinkel füllten sie am Zapfhahn gelangweilt die Biergläser. Auf den Barhockern dumpf vor sich

hinbrütende Männer. Aus der Musikbox röhrten Lieder wie Bata Illics „Ich hab noch Sand in den Schuhen aus Hawaii". Keiner von denen hier hatte je einen Fuß auf eine solche oder andere Insel im Pazifischen Ozean gesetzt. Bestenfalls kannten sie vielleicht Toast Hawaii. Aber jene Sehnsuchtsorte standen für Fernweh, waren oft ein kleiner musikalischer Trost für das ewige Einerlei von Arbeit und dem Gekeife der Alten daheim, wenn man mal ein Bierchen zu viel intus hatte. Ständig blinkende und klingende Spielautomaten, einige davon sogenannte „einarmige Banditen", versprachen, wenn schon nicht das große, dann doch wenigstens einen kleinen Zipfel vom Glück. Hier fühlte sich Helmut wohl und an vielen Abenden wurde er dort zum Star. Man kannte ihn. Wenn er kam, hellten sich die Gesichter von Wirtin und Gästen auf, gab es ein großes Hallo. Man wusste schon, was nun abging. Den ganzen Abend hieß es nun Freibier für alle auf Helmuts Kosten. Somit vergesellschaftete er ohne lästige bürokratische Umwege, Spendenquittungen und all so einen Kram Monat für Monat sein gesamtes Gehalt. Skeptisch beobachtet wurde das Ganze von Helmuts Freundin Renate, die dessen Abstürze jedoch aus unerfindlichen Gründen die meiste Zeit mit stoischer Ruhe ertrug. Nur an Tagen, an denen sie befürchtete, dass er sich notarzttauglich ins Koma saufen würde, rief sie bei uns an und bat um Hilfe. Dann zogen zwei unserer Mediziner los und machten Helmut ausfindig. Meist war das die leichteste Übung. Schwerstarbeit hingegen wurde es, einen, der hackedicht war wie er und von sich behauptete, stocknüchtern zu sein, vom abrupten Ende der Sause zu überzeugen. Vor allem verlor er auch im Suff seine Eloquenz nicht und führte viele gute Gründe an, warum man ihn unbesorgt weiter auf seinem Barhocker sitzen lassen könne. Auch die so unwirsch ihrer Alkoholquelle beraubten Kneipengäste unterstützten ihn lautstark gegen die spaßbefreiten Eindringlinge. Aber es half nichts: An beiden Seiten eingehenkelt, schleifte man ihn aus der Kneipe nach Hause und bugsierte ihn mit Renates Hilfe ins Bett. Am nächsten Tag wieder nüchtern kam Helmut völlig zer-

knirscht bei uns vorbei und entschuldigte sich wortreich. Nein! Von nun an sollte mit der Sauferei endgültig Schluss sein. Um sich selbst zu überzeugen, schüttelte er dabei ständig den Kopf. Nein! Vorbei! Echt! Er schwor es hoch und heilig. Aber nun war er leider just im Moment völlig blank. Kein Geld mehr für den Rest des Monats, für seine Bücher, den Copyshop, die Straßenbahn, eine Zugfahrt zu seinem Verlag und natürlich auch nichts mehr zu essen. Bei Renate hatte er mit dieser Jammerei keinen Erfolg. Bei der machte es schnapp, und ihr Portemonnaie blieb zu. Sie war da unerbittlich. Eines hatte sie uns nämlich allen voraus. Sie wusste: Helmut und Geld, das war eine unselige Kombination. Das ging nie gut. Vor allem Otto in seiner Gutmütigkeit „lieh" ihm immer wieder Geld. „Nächsten Monat, spätestens, wenn die ersten Zahlungen für mein neues Buch eingegangen sind, du kannst mir glauben, zahle ich es gleich zurück." Und Otto glaubte ihm immer wieder. Es war klar, wie diese vielen Beteuerungen und Versprechungen endeten. Viel später sollte ich erfahren, dass Helmut nach etlichen Jahren bei Otto mit mehreren tausend zunächst Mark, dann Euro in der Kreide stand. Die Klaviatur von Mitleid erregen und Überredungskunst beherrschte er geradezu perfekt. Man konnte ihm trotzdem nie vorwerfen, dass er ein betrügerisches Spiel mit einem trieb. Im Moment seiner Versprechungen glaubte er selbst so felsenfest daran, dass er, „der saufende Saulus", von nun an ein kreuzbraver „trockener Paulus" sein würde. Wirklich nur noch dieses eine Mal brauche er dringend Geld. Helmut entwickelte sich so mit der Zeit vor allem zu Ottos sozialem Dauerhilfsprojekt.
Zwar hatte ich ja kein Geld übrig, aber ich hatte „Gebrauchsgüter". Zumindest eines: meinen ganz selbstverständlich „vergesellschafteten" VW. Auch für Helmut waren natürlich Alfa und Volvo unserer Jungärzte tabu. Aber er hatte nun mal einen wichtigen Termin irgendwo auswärts, für den er ein Auto brauchte. Das Geld für ein Bahnticket war ja versoffen! In unserem Fuhrpark kam für so einen Noteinsatz nur mein Auto, vollgetankt versteht sich, in Frage. Hatte ich politisch-intellektuell schon

nicht viel zu bieten, dann konnte ich wenigstens so der gemeinsamen Sache dienlich sein. Ich lieferte diesem brillanten Denker und Autor schlauer soziologischer Bücher selbstlos meinen fahrbaren Untersatz. Pünktlich zur verabredeten Zeit klingelte Helmut morgens an unserer Tür, ließ sich den Schlüssel aushändigen und fuhr los. Vier Stündchen sollte die ganze Aktion maximal dauern. Großes Ehrenwort! An diesem Tag wurde es Nachmittag, es wurde Abend, dann Nacht. Weder vom Fahrer noch von meinem Auto irgendeine Spur. Stunde um Stunde verging und ich wurde immer unruhiger. Am Ende war ich ein Nervenbündel und mir war nurmehr schlecht. Vielleicht auch von Ottos filterlosen Roth-Händle-Zigaretten, von denen ich in meiner wachsenden Nervosität eine nach der anderen paffte. In meinen schrecklichsten Fantasien sah ich mein Auto mit Totalschaden in irgendeinem Abgrund liegen. Die Reifen in den Himmel gereckt wie die Beine eines toten Maikäfers, lag es auf dem Dach, qualmte und zischte aus der völlig verbeulten Motorhaube. O Gott! Wie sollte ich das meinen Eltern beibringen? Helmut, ganz sicher der Schadensverursacher, würde keinen Pfennig zahlen können. Meine Gedanken wurden immer monströser. An Schlaf war in dieser Nacht nicht zu denken. Und selbst Otto, für den ich in meiner leichten Erregbarkeit manchmal eine Art Dramaqueen war, hatte keine Idee, wie er meine Sorgen beschwichtigen konnte.

Am späten Vormittag des nächsten Tages klingelte es. Draußen vor unserer Tür stand Helmut in jämmerlich zerknautschtem Sakko und ebensolcher Hose. Wortlos reichte er mir den Zündschlüssel. Völlig zerknirscht wie Witwe Boltes Spitz bei „Max und Moritz", der allerdings im Gegensatz zu ihm nun wirklich nichts ausgefressen hatte, trat Helmut von einem Bein auf das andere. Was für ein tieftrauriger Blick. Tränen schimmerten in seinen Augen. Oder waren die nur so wässrig und verquollen vom gestrigen Suff? Ich jedenfalls hätte losheulen können. Mein Auto? Was war mit meinem Auto? Mein Albtraum – er war also wahr geworden. – Nein! Das Ganze sollte sich zum

Glück zumindest für mich als harmlos erweisen. Helmut hatte sich nach seinem Termin, wo auch immer der stattgefunden hatte, in einer Kneipe „ein Bierchen" gegönnt. Aus einem waren zwei geworden und dann war klar, wie das hatte enden müssen. Stockbetrunken legte er sich nachts in meinen VW, um in ein paar Stündchen seinen Rausch auszuschlafen. Als er am Morgen aufwachte, fühlte er sich wieder fit, ließ den Motor an und bewegte das Auto innerhalb der Parklücke kurz hin und her, um loszufahren. Ouwouwou! Eindeutig, der Rausch war noch nicht weg! Da musste er noch ne Mütze voll Schlaf drauflegen. Als er sich gerade in den Fahrersitz gekuschelt hatte, klopfte es an die Wagenscheibe. Zwei Polizisten baten ihn, das beschlagene Seitenfenster runterzukurbeln. Der Mief der Nacht und Helmuts ausgeprägte Alkoholfahne, die den Gesetzeshütern ins Gesicht wehten, ließen die beiden einen Schritt zurücktreten. In die Tüte blasen brauchte Helmut gar nicht mehr. Der Sachverhalt war für die Polizei eindeutig: Trunkenheit am Steuer. Ja und? Jeder konnte doch nach Lust und Laune besoffen in einem stehenden Auto sitzen, schlafen, essen ... was auch immer. Zu dumm war nur, dass eine ältere Dame von ihrem Balkon aus, gerade als sie ihr Bett ausschüttelte, Helmuts gescheiterten Minimalfahrversuch beobachtet hatte. Nichts wie ran ans Telefon und die Polizei angerufen. Wahrscheinlich das Event schlechthin in einem ihrer endlos tristen Alltage! Sie war Zeugin eines Kapitalverbrechens geworden. Denn da biss die Maus keinen Faden ab: Helmut war besoffen Auto gefahren, wenn auch nur wenige Zentimeter. Kein Pardon gab es dafür, sondern Punkte in Flensburg, Führerscheinentzug und eine saftige Geldstrafe. Da war sie also wieder, die leidige Sache mit dem Geld. Otto half mal wieder aus, wie immer begleitet von Helmuts heiligen Eiden, seine Schulden umgehend zu begleichen.
Ich war mit einem blauen Auge davon gekommen. Ich konnte mein geparktes Auto heil an einer Straßenecke abholen, allerdings war der Tank bis auf den letzten Tropfen leer gefahren.

Freizeitfreuden Es gab aber auch so was wie Spiel und Spaß! Jenseits von Politik. Zumindest so was ähnliches, aber über das man unterschiedlicher Auffassung sein konnte. Vor allem unsere Jungs hatten ein neues Vergnügen entdeckt. Für mich war das mal wieder Langeweile pur, was da im Anschluss an unsere Donnerstagstreffen ablief. Nachdem sich alle mehr oder weniger kluge Gedanken um die Ohren gehauen hatten, setzte ein kaum zu bremsender Spieltrieb ein. Einer der Mathematiklehrer unserer Gruppe war nämlich stolzer Besitzer eines Atari Computers. Damals eine sensationelle Neuheit. Auf einem schwarzweißen Bildschirm hatte er das „wahnsinnig spannende" Spiel Pong installiert. Es war nichts weiter als eine hellgraue Fläche mit einem dunkelgrauen Ball, den es irgendwie mithilfe eines Striches, also Sticks, so zu bewegen galt, dass man Punkte machte, letztendlich einen Gegner besiegte. So langweilig wie die Farbgebung des Bildschirms war das Spiel selbst. Mir jedenfalls fehlte dafür jede Art von Begeisterung. An solchen Abenden wollte ich nur endlich nach Hause und nicht noch stundenlang beim Rumdaddeln zugucken. Aber nichts zu machen: Fasziniert verfolgten die jungen Ärzte und Lehrer das öde Hin und Her, fieberten mit wie bei einem Fußballspiel. Ich saß nur blöd rum.

Irgendwann hatte ich die Schnauze voll. Ich nahm mir auch das Recht, meine Art von Fun auszuleben. Meine Freundin Mia war mir dabei eine unverzichtbare Hilfe.

Nach ihrer Scheidung hatte sie es neben ihrem Studium jenseits ihrer Fischverkäuferinnen-Existenz ordentlich krachen lassen. Und WGs, diese Zwangsveranstaltungen, wie sie die nannte, waren für sie von nun an dauerhaft passé. Sie war schon weitergezogen, wohnte jetzt in einem Einzimmerappartement, immer das Memento Mori im Blick, denn direkt gegenüber die Mauern des alten Nürnberger Pestfriedhofs St. Rochus. Jeden Tag also vor Augen: Genieße das allzu kurze Leben! Das tat Mia dann auch. Ausgiebig.

Ein Highlight war ein Urlaub in Griechenland zusammen mit Hilde, als diese noch ihre wunderschöne blonde Mähne hatte und sich noch nicht in den Fängen ihrer „wahren Liebe" verheddert hatte. Doch auch dort gab es Lehrstücke für junge Frauen. Sommer, Sonne, Meer. Das verhieß erst einmal die große Freiheit. Dazu gab es glutäugige, gut gebaute, junge griechische Männer wie Sand am Meer. Die aber tickten ein gutes Stück anders als unsere WG-Männer daheim, unter denen es neben all den getarnt liberalen Machos auch ne ansehnliche Menge verständnisvoller Softies gab. Diese griechische Erfahrung musste erstmal gemacht werden. Zunächst schien Freiheit, Abenteuer en gros angesagt. Wie gesagt, ein Adonis wartete quasi in jeder Taverna, in jeder Strandbucht. Gerne auf junge Touristinnen. Aber wie die Jungs dort so drauf waren, das wurde an Mia und Hilde exemplarisch vorgeführt. War bei der vampartigen Mia kein anständiger Grieche auch nur im Entferntesten auf die Idee gekommen, sie zum Traualtar zu führen, also auf „was Ernstes" mit ihr zu bauen, so sah das bei der engelsgleichen Hilde ganz anders aus. Mia schwärmte noch lange danach von ihren echt geilen, völlig unverbindlichen One-Night-Stands am Strand in lauen Sommernächten, manchmal sogar mit der Kitschidylle eines Vollmondes. Und beide, Mia und ihr Lover, waren's zufrieden. Mias Griechen waren ganz sicher froh, endlich irgendwelchen lokalen archaisch-biederen Moralgesetzen zu entkommen, die Frauen bis zur Hochzeitsnacht unter Verschluss hielten. Endlich erhaschten auch sie in einem entlegenen griechischen Kaff einen Zipfel der großen neuen Freiheit, die junge Leute aus Frankreich, Deutschland ... so ungeniert auslebten.

Bei Hilde hingegen glimmte ein „griechisches Feuer" nicht nur kurz auf, sondern entwickelte sich zu einem wahren Flächenbrand. Ihr Verehrer, ein griechischer Arzt aus gutem Hause, wollte gleich mal Nägel mit Köpfen machen, nahm sie sofort unter seine schützenden Machofittiche. Den Umgang mit Mia, den solle sie ab jetzt bleiben lassen, seine erste Anordnung. Die habe einen schlechten Einfluss auf sie. In der Beurteilung von Mia sollten sich übrigens die politisch korrekten Macker meiner WG nicht vom gemeinen griechischen Chauvi unterscheiden.

Jedenfalls er, der junge Grieche, wäre von nun an für Hilde da. Als nächstes, wie auch immer ihm das gelungen war, knöpfte er seinem blonden Engel den Pass ab, stutzte Hilde also erstmal die Flügel. Vollendete Tatsachen schafft man, wenn man die Familie einschaltet. Und das tat er. Also wurde Hilde gleich mal Vater, Mutter, Geschwistern, Oma, Opa, Onkeln und Tanten vorgestellt. Viele Frauen davon stelle ich mir vor wie die schwarz gekleideten Klageweiber im Film Alexis Sorbas. Man wird Hilde eingehend beäugt haben, sicher nicht nur wohlwollend, wird mit zahnlosen faltigen Mündern über sie getuschelt haben. Aber es sollte so bald als möglich geheiratet werden. Hilde war damit nun gar nicht einverstanden. Immer mit einem liebreizenden Lächeln auf ihren Lippen, bin ich mir aber nicht so sicher, ob der griechische Romeo ihr englisches „No" je ernst genommen bzw. wie deutlich sie das überhaupt vermittelt hatte. Und es ist auch anzunehmen, dass sie ihre ganz frische Scheidung verheimlicht hatte. Ihr größtes Manko war eindeutig, dass sie immer zu jedermann lieb und nett sein wollte. Von da an waren die beiden Urlauberinnen ganz schön im Stress. Denn Hilde ohne Pass, das hätte ziemliche Turbulenzen bei der Ausreise gegeben. Keine Ahnung, wie die beiden letztlich aus der Nummer rauskamen. Aber ein Lehrstück in Sachen "großer Freiheit" war das allemal. Und trotzdem. Als sie mir davon erzählten, fand ich das alles total aufregend und spannend. Ich hingegen dümpelte in meiner politisch-gesellschaftlich immer korrekter werdenden Zweierbeziehung rum, nebenberuflich eine mäßig begabte Protokolltippse. Und Otto, jetzt ohne seinen Wolfsfellmantel, hatte viel von seinem verwegenen Image eingebüßt. Alles um mich war so bierernst, analytisch und staubtrocken. Ich bedauerte sehr, nicht in Griechenland dabei gewesen zu sein.

Fast wehmütig erinnerte ich mich an ein klitzekleines Abenteuer, das ich einige Monate zuvor in einer Erlanger Studentenkneipe hatte. Es war einer der äußerst seltenen Abende auswärts, die ich mit Otto dort verbracht hatte. Bei einem meiner Klogänge stellte sich plötzlich ein Traum von einem Mann zwischen Herren-

und Damen-WC mir in den Weg. Auch er ein Grieche. Schön, gut gebaut. Wie in Marmor gehauen zeichnete sich sein athletischer Körper an seinem Hemd ab. Kein Zweifel, er hätte dem berühmten antiken Bildhauer Phidias Modell für eine seiner Plastiken stehen können. Ich schluckte. Und erst sein Gesicht! Makellos. Der sprach MICH an. Ich war hin und weg. Das Herz schlug mir bis zum Hals. Wahrscheinlich lief ich rot an wie ein kleines Schulmädchen. Er beobachte mich schon die ganze Zeit, wolle mich unbedingt wiedersehen, finde mich faszinierend. Ich war sprachlos, was mir selten passiert. Ganz Mann, souveräner Herr der Situation, gab er mir kurz und knapp einen Zeitpunkt, einen Treffpunkt. Keine Ahnung, was ich darauf erwidert hatte. Wahrscheinlich nur ein willenlos gehauchtes „Ja". Denn natürlich wollte ich ihn wiedersehen. Ich ging zurück zu Otto und setzte mich völlig benommen wieder auf meinen Stuhl. Da saß ich erst einmal eine Weile wie zur Salzsäule erstarrt und nippte ab und zu gedankenverloren an meinem Beerenwein. Als ich mich wieder eingekriegt hatte, erzählte ich Otto betont unaufgeregt von diesem Erlebnis. Na klar, würde ich diesen Mann wieder treffen. Vielleicht würde ich auch mit ihm schlafen, gestand ich frank und frei. Otto war fassungslos. Aber wieso denn? Hatten wir nicht gelernt, dass wir uns immer offen und ehrlich begegnen, uns immer die Wahrheit sagen wollten, dass eine kleine Affäre nun wirklich nicht der Aufregung wert sei ... Dass festgefahrene Zweierbeziehungen sich sowieso über kurz oder lang totlaufen würden, dass sie der Gipfel bürgerlichen Spießertums waren ... Ich würde doch, wie allgemein gewünscht, mit diesem kleinen Abenteuer frischen Wind in unser Miteinander bringen. Dachte ich! Aber ich hatte offensichtlich mal wieder auch das total falsch verstanden. „Du willst nur deine verdammte Eitelkeit ausleben!", blaffte mich Otto an. Ansonsten unterscheide sich ein solches Abenteuer in nichts, aber auch rein gar nichts, von beschissener bürgerlicher Untreue. Hatte man dasselbe nicht schon einmal fast wortgleich zu Mia in ihrer fortschrittlichen WG gesagt? Otto redete wütend auf mich ein wie auf einen kranken Gaul. Er war stinksauer. Damit hatte ich nicht im Geringsten gerechnet. Bei ihm, der immer so kühl, so analytisch rüberkam. Ich hatte mich doch völlig korrekt im Sinne unserer neuen Beziehungskonzepte verhalten, oder? Kleinlaut saß ich da und sank immer mehr in mich zusammen. Also gut, dann traf ich jenen Adonis eben nie wieder, gab ich schweren Herzens klein bei. Wenn das meinem revolutionären Bewusstsein denn zuträglich war! Soo schade! Ich bedauerte das sehr. Er hatte wie verabredet sicherlich auf mich gewartet.

Also zurück in die Langeweile meines politisch so korrekten Alltags, zurück zu diesem für mich völlig lustbefreiten politischen Debattieren, zurück zum Zugucken bei dem grottenlangweiligen Pongspiel. Das konnte nun wirklich nicht alles sein. In mir begehrte alles auf, brodelte es. Ich war gerademal Anfang zwanzig! Ich wollte nicht versauern. War ich vielleicht politisch etwas unterbelichtet, so hatte ich doch andere Qualitäten. Zum Beispiel war ich unterhaltsam, lebendig, witzig und ich war hübsch! An meinem oft so tristen grauen Alltag musste sich doch was ändern lassen.

Deshalb holte ich mir von nun an Mia verstärkt ins Boot, ja ließ sie in unserer Wohngemeinschaft antreten. Schon mein Bekenntnis zu ihr als meiner Freundin verursachte bei meinen politisch korrekten Genossen Stirnrunzeln. Mia hatte im linken Milieu eine nachhaltige Schule des Lebens genossen und danach den dort angesagten Uniformismus angewidert und mit voller Überzeugung weit hinter sich gelassen. Davon hatte sie die Schnauze gestrichen voll. Ein erster Befreiungsschlag war es, sich zu ihrer Attraktivität zu bekennen und die voll auszuleben. So waren Parka, Jeans, Boots bei ihr Highheels und einem furiosen lachsfarbenen Kleid gewichen. Figurbetont und bis zum Oberschenkel geschlitzt passte es hervorragend zu ihrem dramatischen Makeup und der Duftwolke ihres raumfüllenden Parfüms. So lief sie, nein schwebte sie ein in unseren spartanischen Adlerhorst. Das Klackern ihrer atemberaubend hohen Pfennigabsätze – eine einzige Provokation. Mein Bekenntnis zu so einer – fast schon eine Art Mutprobe. Jaha, Leute! Ich wurde gerade abgeholt. Mit dieser Frau würde ich mich heute Abend ins Nachtleben stürzen. Die despektierlichen Blicke meiner Mitbewohner, vor allem -innen, waren unübersehbar. Mich so aufzubrezeln wie Mia, wagte ich allerdings nicht. Ganz beiläufig schnappte ich mir kurz vor Verlassen der Wohnung eine Aldi-Tüte, die ich heimlich bestückt und in einer dunklen Ecke gebunkert hatte. Da war alles drin, was ich für meine Metamorphose zu einer Schönen der Nacht brauchte. Noch heute schwärmt Mia von meiner sündhaft teuren Hèrmes-Seife, mit der ich mich aus dem Mief unserer WG in eine wohlriechende hübsche, nein, durchaus schöne junge Frau verwandelte.

Das mit den Discos – na ja, dessen wurden Mia und ich bald überdrüssig. Da tanzte man sich unter einer bunt blinkenden Discokugel in Szene, wurde begafft. Aber leider meist von den falschen Typen. An einem, der besonders penetrant war, wurde ich eigentlich zur Verbrecherin. Für mich ganz eindeutig so ein Erlanger Siemens-Fuzzi aus dem mittleren Management. Ein feines Stöffle trug er, sprich: Er hatte einen nicht ganz billigen Anzug an. Immer wieder versuchte er mit fränkisch gesagt „bledem b'soffnen G'schmarri" sich in Mias und mein Gespräch einzumischen, wenn wir unser Abtanzen kurz unterbrachen. Unser Verehrer, um seine lockere Stimmung mit noch mehr Alkohol zu befeuern, drehte sich ab und zu um und schlabberte aus seinem Cocktailglas. In solchen Augenblicken der Unaufmerksamkeit nahm ich meine Zigarette und brannte ihm Löcher in sein Jackett. Mit jedem Loch wurde ich übermütiger. So kamen im Laufe des Abends sicherlich an die zehn Brandlöcher zusammen, bevorzugt an den Rockschößen. Im schummrigen Licht der Disco blieben die natürlich zunächst unsichtbar. Aber am nächsten Morgen würde er sich schwarzärgern. Wie gerne wäre ich da Mäuschen gewesen! Diese hässlich braun verkokelten Löcher konnte ganz sicher auch keine Kunststopferin wieder gutmachen. Aber anders als bei meiner Blusendiebestour in Erlangen fühlte ich mich nach dieser Untat nicht wie eine Verbrecherin. So ein Scheißtyp! Schuldbewusst? – Nein, das war ich nun überhaupt nicht. Mia und ich waren nur wütend und angepisst.

Gerne gingen wir nach solchen Frustabenden noch auf einen Absacker in Mias friedhofnahe Bude. Im Vorbeigehen grüßten uns im trüben Licht der Straßenlaternen die verwitterten Steine der Gräber über die alte Friedhofsmauer. Neben manchem Epitaph flackerte auf der oft barocken Grabplatte ein einsames ewiges Licht. Das passte zu unserer Stimmung. Daheim legte Mia auf ihrem Steinzeitplattenspieler eine LP auf. Die Plattennadel war so abgeschrabbt, dass die Melodie nur eiernd und rumpelnd ertönte. Aber für uns brauchte es oft nicht mehr als ein Lied von André Heller. In unendlich wehmütig elegischer Weise sang er Texte von solcher Zartheit und Bildmächtigkeit – wahrscheinlich wäre das heute für uns der pure Kitsch. „Esther, Esther, dein Brennnesselhaar, das tut so weh ..." oder „Es war eine Zeit aus erster Qualität wie echte chinesische Seide. Mein Wille war eine zärtliche Sichel und sie wartendes reifes Getreide ..." Das berührte mich zutiefst. Uns beide riss das so richtig rein in unsere Weltuntergangsstimmung. Welcher dieser grob unsensiblen Kerle, die da draußen rumliefen, würde uns je verstehen? In diesen Momenten waren wir erstmal fertig mit der Welt. Ich glaube, Mia und ich haben dann nicht selten im Duett geheult. Danach ging's uns wieder deutlich besser.

Unser neues Basislager

Wir brauchten für unsere nächtlichen Stadtgänge in jedem Fall ein anderes Basislager als irgendeine laut rumpelnde Disco, in der man sein eigenes Wort nicht verstand. Von da an gingen wir fast immer ins Hollywood, um zu quatschen. Und viel zu bequatschen haben wir beide bis in unsere heutigen alten Tage. Das Hollywood war eine echt legendäre Bar in der Nürnberger Altstadt nahe der Pegnitz. Im rotschummrigen Licht bediente dort Maria, ein pummeliger, zutiefst liebenswürdiger schwuler Lockenkopf, dessen

Beschützerinstinkte wir zwei Hühner sehr zu schätzen wussten. Keiner, wirklich keiner, durfte uns zu nahe kommen, allzumal Maria in ihrer Leibesfülle, wenn sie sich hinter dem Tresen aufbaute, unmissverständlich signalisierte, dass mit ihr im Fall der Fälle nicht gut Kirschenessen war. Als Gegenleistung trösteten wir Maria, wenn sie mal wieder, und das war gar nicht so selten, Beziehungsschwierigkeiten hatte. Schließlich hatte sich Mia in ihrem Psychologiestudium schon profunde Kenntnisse über zwischenmenschliche Abgründe erarbeitet. Bei ihren eigenen sollte ihr das in Zukunft allerdings so gut wie gar nicht helfen. Wir zwei Mädels bewegten uns vor allem mit Marias Hilfe in Zeiten, als „Me Too" nicht mal ansatzweise gedacht wurde, in einem völlig geschützten Raum. Mitten in der Nacht, umgeben von manch einem Macho der übelsten Sorte. Selbst gewesene wie gegenwärtige Zuhälter behandelten uns wie rohe Eier. Kein schiefes, kein anzügliches Wort! Und das Mitte der siebziger Jahre! Dafür war der Wirt des Hollywood Härte zehn. Erec hieß er. Mit langer brauner Haarmähne und rot meliertem Vollbart sah er Nürnberg-like wie eine Doublette von Albrecht Dürer aus. Tagsüber zog er mit immer tadellos weißem Anzug und roten Cowboystiefeln als eine Art Bohemien durch die Geschäftsstraßen unserer Stadt. Meist auf der Suche nach qualitativ hochwertigen Lebensmitteln bei Nürnbergs Marktständen, denn in seiner Kneipe kochte er vor seinem Start ins allabendliche Alkoholdelirium sehr schmackhafte Gerichte. Steter Begleiter war sein farblich passender schwarzweiß gefleckter Dalmatiner Dalli. Doch der Hund musste auf der Hut sein. Denn jeden Abend trank sein Herrchen in der eigenen Bar, nein er soff dort wie ein Stier, meist bis zur Besinnungslosigkeit. Und dann gab es Fußtritte und lautstarke Schimpftiraden, die das arme Vieh wahrhaft stoisch ertrug. Erec, die Wodkaflasche und ein Tetra Pak Kakao immer neben sich, trank daraus im Wechsel. Mit dem ganz sicher gesunden Milchgetränk als Dreingabe glaubte er, seine Leber zu überlisten und den Alkohol an ihr vorbei zu mogeln. Das sollte leider nicht klappen. Denn nur zehn Jahre später starb er an Leberzirrhose. Im nüchternen Leben inszenierte er sich als Bonvivant, zeigte es der Spießerwelt. Mit seiner schönen Frau Eve, einer Galeristin, in immer schrillen Klamotten und zwei bildhübschen Kindern, machte er in den Sommerferien die Strände Ibizas unsicher. Keine Ahnung, wie er das finanzierte. Aber es gab das Gerücht, er habe eine reiche Schwiegermutter. Ibiza jedenfalls ließ ihn jedes Mal richtig aufblühen. Er sprühte geradezu vor guter Laune, wenn er – wieder zu Hause – erzählen konnte, dass die Leute – in seinen Worten „die Spießer" – ihn dort nicht einordnen konnten. Ganz sicher irgendein VIP, müssen die gedacht haben. Filmregisseur? Musikproduzent? Popstar? So was ähnliches in jedem Fall. Man behandelte ihn dort unter der südlichen Sonne nahezu ehrfürchtig, was ihm total gut gefiel. Sonst eher wortkarg und meist mürrisch, wurde er fast schon geschwätzig, wenn er von seinen großen Auftritten dort erzählte und mit einem Mal trank er auch auffallend weniger. Auf Ibiza wusste ja keiner, dass er im wirklichen Leben ein fast immer finanziell klammer Kneipier war.

Mia und mich behandelte er durchaus unterschiedlich. Während ich mein Outfit und mein Makeup glamourös aufzupeppen versuchte, spitzte doch immer wieder ganz offensichtlich das Bravbiedere, eben die Kleinstadtpomeranze bei mir durch. Erec nahm mich nie ganz ernst, denn ich hatte einfach nicht das Zeug zur Femme fatale. Das zeigte sich daran, dass er mich nicht einmal im Suff als Schlampe oder Flittchen adelte. Mia hingegen genoss dieses zweifelhafte Privileg fast immer zu fortgeschrittener Stunde. Wenn wir im Hollywood erschienen, vollzog sich für Mia fast schon ein festes Ritual. Zunächst hieß es: „Da kommt sie wieder, das Pfarrerstöchterlein ...!" Mit steigendem Alkoholspiegel arbeitete sich Erec immer aggressiver an Mias Theologiestudium ab, das ja schon längstens Vergangenheit war. Aber diese neue Info war wohl nicht mehr im Rest seiner noch intakten Hirnzellen zu verarbeiten und abzuspeichern. Dann, kurz vor seinem Absturz ins allabendliche Delirium, bevor ihn weiße Mäuse und ähnliche Dämonen heimsuchten, ging's härter zur Sache. „Fromme Helene", pöbelte er weiter. „Scheiß Theologie! Wie kann so eine Schlampe wie du so was studieren! Brauchst wohl Absolution? Haste vielleicht Angst vorm Tod?", blaffte er und grummelte weitere Verwünschungen über Gott und die Welt in sein Glas, dabei bemüht, nicht von seinem Hocker zu rutschen. Seine rot unterlaufenen Augen funkelten uns dabei böse an. Wir kannten das Ritual langsam in- und auswendig. Mia nahm Erecs Verbalattacken gelassen hin wie der Hund Dalli seine Fußtritte. Trotz allem – eins war in Erecs Kneipe ungeschriebenes Gesetz: Hier konnten zwei junge Frauen wie wir völlig – sieht man mal von Erecs Randalen ab, die aber keiner mehr ernst nahm – unbehelligt ihre Abende verbringen. Das Hollywood war damals eine Institution und Erec war ein Unikum!

Unvergessen, als Wolfgang Ambros nach einem seiner Konzerte in Nürnberg zu später Stunde in der Bar einkehrte. Erec hing mal wieder hackedicht mit bleischwerem Kopf auf seinem Barhocker rum. Aber er bekam durchaus mit, dass der Mann in Rocker Lederjacke ein prominenter Gast war, der da mit seiner Entourage bei ihm Station machte. Ambros war mit Liedern wie „Da Hofa war's" oder „Zentralfriedhof" auf dem Gebiet des Austrorock damals schon richtig berühmt geworden. Freundlich wie immer servierte Maria den illustren Gästen ihren ersten Tequila, dann einen nächsten, dann verlor sie wahrscheinlich den Überblick ... Zwischendurch schnieften sich die Wiener Jungs eine Line Schnee in die Nasenlöcher. Jeder auf seine Weise wurde immer zugedröhnter und entsprechend aggressiv. Die Stimmung war gereizt. Erec verlegte sich darauf, zwischendurch aus seinem Fastdelirium aufzublicken, seinen VIP-Gast mit glasigen Augen seine Verachtung zu zeigen und ihn anzupöbeln. Immer wieder sprach er ihn mit schwerer Zunge als „Ambros Seelos" an. Für einen coolen Popstar, der eher eine Seelenverwandtschaft zu den Stones empfand, wahrscheinlich ganz schön beleidigend. Denn Seelos – damals auch relativ bekannt – spielte mit seiner Bigband in Tanz- und Unterhaltungslokalen auf, oft im Schlepptau von Seemanns-Plagiat Freddy Quinn oder dem bereits abgehalfterten Entertainer der sechziger Jahre Lou van Burg. In jedem Fall ein Affront, der dem rockigen Wolferl aus Wien bald Schnappatmung bereitete, sein Ego gehörig ankratzte. Irgendwann reichte es ihm. Aber einfach das Feld räumen? Undenkbar. Im Raum stand unausgesprochen die Frage: Wer ist hier das Alphatier, der größte Macker? Die Luft war aufgeladen wie vor einem Gewitter. Dann Ambros provokant lässig zu einem Begleiter im breiten Wienerisch: „Geh, Schurli, geh naus zum Wogn und hoi an Koffer voi Goid. Zoi erm ausi, dass er a Rua gibt do herin! I kaaf den Lod'n!" Also übersetzt: Einer der Ambros-Leute sollte im Auto einen Koffer voll Geld holen und Erec auf die Schnelle sein Lokal abkaufen, damit man endlich unbehelligt seinen Tequila trinken konnte.

Das waren natürlich Szenen nach meinem Gusto. Ich schnupperte ein bisschen an einer ganz neuen Welt. So bunt, so prickelnd, so ganz anders als meine langweiligen Polittreffen mit anschließendem Pongspiel. Auch wenn vor uns beiden Mädels nun Stammgäste im Hollywood an manchem Abend echt traurige Schicksale ausbreiteten. Da war zum Beispiel Frank, der ehemalige Zuhälter aus Hamburg. Jetzt „kreuzbrav und solide", wie er behauptete. Dessen Ex-Frau hatte für ihn das Umgangsverbot mit seiner einzigen großen Liebe, seiner Tochter, gerichtlich erwirkt. Das brach ihm fast das Herz. O Gott! Er weinte! Vor uns! Wir hatten echtes Mitleid.

Oder da war noch Walter mit jeder Menge hängendem Viszeralfett über seinem Gürtelbund. Schlaffe Tränensäcke taten ein Übriges, ihn zu einer durch und durch traurigen Gestalt, einem etwas beleibteren Don Quijote des Nürnberger Nachtlebens zu machen. Walter war damals Besitzer einer mega-angesagten Modeboutique in bester Lage, mit Klamotten, deren astronomisch hohe Preise diesen Laden für uns zum No-Go-Area machten. Die schwere Goldkette um seinen gebräunten faltigen Hals, überhaupt der ganze Körper, soweit man sehen konnte, supergebräunt. Alles stundenlang im Liegestuhl hart erarbeitet, denn Sonnenstudios gab es noch nicht. Ein funkelnder Einkaräter am kleinen Finger, fast schon peinliches Statussymbol seines leider im Sinken befindlichen Wohlstandes. Auch er klagte uns sein Leid mit seiner Frau. Sie nahm ihn nach seinen Worten finanziell so aus, dass ihm die Ohren bluteten. Im Laufe der Jahre erkannten wir in dieser Story den Klassiker, mit dem Männer gerne ihr eigenes wirtschaftliches Scheitern er- bzw. verklären. Die geldgierigen Frauen halt! Es dauerte auch nicht lange, da prangten an den Fenstern seiner Boutique große Aufkleber: Räumungsverkauf wegen Geschäftsaufgabe ... Wie Träger eines Geheimwissens hatten es Mia und ich schon vorab gewusst. Das Hollywood wurde neben unserer zweiten etwas verruchten Heimat in mancher Hinsicht auch zu einer Schule des Lebens.

Mehr *labora* als *ora*

Eins war klar: Sich aufbrezeln mit einigermaßen schicken Klamotten, ein Parfüm, eine Luxusseife, Makeup, dazu abends der Absacker im Hollywood, das kostete Geld. Geld, das ich als Mieterin eines unerwartet teuren WG-Zimmers in einer hochherrschaftlichen Altbauwohnung mit Luxusbad eigentlich gar nicht hatte. Die gut gemeinten, oft pfiffigen, aber doch manchmal ehrlich gesagt kriminellen Ratschläge meiner Genossinnen waren für mich nicht das Gelbe vom Ei. Erstens machte mir Klauen Stress – ich hasse schwitzige Hände und Herzrasen – und die zweite Idee, Geld auf dem Sozialamt abzugreifen, das fand ich assig, schlichtweg unmoralisch. Sich in die Warteschlange mit irgendwelchen armen Teufeln einzureihen, das passte nicht in meine Vision vom Aufstieg – und ja, ich hatte da auch Berührungsängste. Schlimmstenfalls mit einem nach Urin stinkenden Penner oder einer erbärmlich gekleideten alten Frau da zu stehen, das wollte ich nicht. Denen das Geld wegnehmen noch viel weniger. Es blieb nichts anderes übrig: Ich musste meinen Lebensunterhalt wohl doch ehrlich mit Arbeit verdienen.

Der erste brauchbare Ratschlag, mein Budget ansehnlich aufzubessern, kam von Albert. Jenem Albert, dessen Frau Sigrid ich quasi durch „meine Ehrlichkeit" nach dem Garmisch-Intermezzo ihm von Tisch und Bett weggeschossen hatte. Aber er schien mir das nicht krumm zu nehmen. Wer weiß, kann sein, dass er froh war. Jetzt als junger Arzt, umgeben von hübschen Krankenschwestern ... Seine Karten konnten neu gemischt werden. Also Albert gab mir einen heißen Tipp. Die Nachbarn seiner Eltern waren Schausteller. Genau genommen waren sie Händler, denn sie hatten einen fahrbaren Verkaufsstand für Süßigkeiten. Mit dem bereisten sie im Sommerhalbjahr verschiedene kleine Kirchweihfeste im Nürnberger Umland und horteten in diesen Monaten so viel Geld, dass sie ihre Winter in der Karibik verbrachten. So ein mickriger Stand? So viel Geld? Ich konnte es kaum glauben. Zwar schien mir der Job nicht unbedingt prickelnd, aber die Aussicht auf wirklich fürstliche Entlohnung ... Ich griff zu. Von nun an fuhr ich an vielen Wochenenden, endlich wieder Herrin meines eigenen Autos, ins fränkische Umland: nach Kleinreuth, nach Freystadt, nach Schwaig ... Überall dasselbe. Ein Bierzelt, in dem sich die Mannsbilder mit der Blasmusik einen ungleichen Wettkampf lieferten. Grölend sangen sie sich bevorzugt atonal die Seele aus dem Leib, um dann den Durst mit Maßen in Massen zu löschen. Außerhalb des Festzeltes waberte unverkennbar Uringestank über das Areal, denn manch wankender Gamsbart-Träger schaffte es gerade mal bis zur nächsten Ecke, um der Natur ihren Lauf zu lassen. Nicht zu vergessen die Dorfjugend. Betont lässig – je enger die Jeans umso cooler – schlenderte man von einer Bude zur nächsten. Die Jungs einen Kamm in die Gesäßtasche geklemmt, damit das pomadisierte Haar jederzeit wieder in Form gebracht werden konnte. Am Rand der Autoscooter-Bahn dann die Mädels. Wie die Schwalben auf der Stromleitung hockten sie auf dem Absperrgeländer. Gespielt gelangweilt, den Kaugummi von einem Mundwinkel in den anderen schiebend, taxierten sie, was da so abgehen könnte. Aus den Lautsprechern dröhnte Fernando oder Dancing Queen von Abba. Bei Daddy Cool von Boney

M. wurden manche Mädels wagemutig und setzten sich mit der besten Freundin in ein Auto, um hoffentlich von den heißesten Boys des Dorfes auf der Fahrfläche angebumst zu werden. Da wurde gequietscht und gejauchzt, mit freudig empörten Blicken die Fahrbahn nach einem potentiellen Younglover abgescannt.

Ich hingegen – wie eine Krankenschwester im weißen Kittel – hatte meine erste Aufgabe im Verkaufswagen zu bewältigen: Brausebonbons, Gummischlangen oder Magenbrot genau abgewogen in unterschiedlich farbige Tüten zu verpacken. Knödelte ich anfangs die Papiertüten irgendwie zu, entwickelte ich allmählich doch eine Falttechnik, mit der ich die Ware ganz manierlich an die Leute bringen konnte. Meine nächste Hürde war das Abwiegen und Verpacken gebrannter Nüsse. Offensichtlich nicht ungeschickt für diesen Kirchweihjob durfte ich schon bald wie Miraculix dereinst im gallischen Rebellendorf Kleinbonum im Kupferkessel eine Zaubermischung aus Zucker, Wasser und Zimt zusammenrühren. Dann wurden Nüsse darin knackig karamellisiert. Allerdings roch seitdem alles an mir tagelang nach gebrannten Mandeln, vor allem die Haare. Von da an hatte auch ich meinen ganz speziellen Arbeitsgeruch an mir kleben, zwar nicht den von Mia nach Rollmops und Matjes, aber prickelnd war meiner auch nicht. Meine große Kirchweih-Kür wurde letztlich das Drehen von Zuckerwatte. Durch Hitze verflüssigter Zucker wurde mittels einer Zentrifuge als hauchzartes klebriges Gespinst Richtung eines Holzstöckchens geblasen, das ich möglichst kunstvoll zu drehen hatte. Ein fluffig weißes Etwas sollte sich wie eine Schäfchenwolke um den Stab schmiegen. Aber da lag der Hund begraben. Ich drehte und drehte. Meine ersten Gebilde erinnerten jedoch eher an die Jahre später drohenden Wahnsinnsfrisuren der Regensburger Fürstin Gloria. Es sah einfach aus, als hätte ich einen völlig durchgeknallten Geist aus der Flasche gelassen, der sich besoffen an den Holzstil klammerte. Ich denke, dass manchem Kind seine Leckerei in kürzester Zeit Richtung Boden absackte. Bestimmt gab es viele Tränen. Aber das sah ich ja von meinem Wagen aus nicht, denn zahllose Leb-

kuchenherzen mit Aufschriften wie „Schlawiner!, I mog di!"
oder „Oans, zwoa, Bussi!" baumelten in meinem Sichtfeld.
Aus jedem Job lässt sich schließlich eine Erkenntnis ziehen. Mit
billigem Zucker als Hauptzutat konnte man selbst in einer kleinen Klitsche auf vier Rädern einen erklecklichen Wohlstand
erwirtschaften. Der Analogieschluss, wie sich das Ganze bei in
der Hauptsache zuckerverarbeitenden Lebensmittelkonzernen
ausnahm, lag auf der Hand. Bis heute. Vielleicht mehr denn je.
Eine Erfahrung ganz anderer Art bescherte mir mein zweiter
Job, mit dem ich unter der Woche und an kirchweihfreien Tagen weiteres Geld verdiente. Allerdings musste ich jetzt wirklich
aufpassen, dass aus meinem Labora allmählich mein theolo-
gisches Studium, also mein Ora, wie auch meine Germanistik
nicht zu kurz kamen. In nicht allzu ferner Zukunft stand eine
Zwischenprüfung in beiden Fächern an, die ich nun wirklich
nicht in den Sand setzen wollte. Wie ein Menetekel schwebte
mein Griechisch-Debakel für mich beängstigend durch meine
Gedanken. Nimm dich in Acht, war die Warnung. So was wollte
ich nie wieder erleben.
Aber schließlich waren es ja nur ein paar Stunden, die ich für
meinen neuen Zusatzjob opfern musste. Ich gab Nachhilfe. Bei
zwei „total verblödeten Kindern", so die Aussage des eigenen Vaters. Ich war leicht irritiert. In allen Fächern, die in der Schule so
anfielen, musste zusätzlich geübt werden. Nur turnen musste ich
mit den „Dummbacken" nicht, das konnten sie offenbar selbst.
Genau genommen kristallisierten sich die Sprachen als Kampfplatz heraus: Englisch, Latein, Französisch. Dabei hatte ich das
große Glück, in einem Haushalt mit jeder Menge Kohle diesen
Dienst anzutreten. Es war fast wie in alten Zeiten, als man sich
bei vornehmen Leuten einen Hauslehrer hielt. Ständig als Feuerwehr angefragt, wenn eine Schulaufgabe drohte, häuften sich
meine Arbeitsstunden doch ganz schön an.
Die Eltern meiner neuen Kunden verdienten ihr Geld als Besitzer der damals größten Fisch- und Wildhandlung Mittel-
frankens oder sogar darüber hinaus. Am Ladengeschäft vorbei

führte der Weg durch eine kleine düstere Unterführung zum Eingang der Privatwohnung. Da musste ich durch. Als unüberwindliches Hindernis dazwischen ein gläserner Kasten, wie ein Wachhäuschen in den Durchgang ragend. Der Weg daran vorbei war somit derart schmal, dass niemand ungesehen ins Wohnhaus gelangen konnte. In diesem Glaskasten thronte die Seniorchefin, als hüte sie hier wie ein Drache einen kostbaren Schatz. Fast war dem auch so, denn mit Argusaugen bewachte sie von hier aus den geschäftlichen Geldfluss. Was kam rein? Vor allem aber was floss ab? Ihrem stechenden Blick entging nichts und niemand. Der Marktfrau Gunda nicht ganz unähnlich hingen ihre faltigen Wangen wie die Lefzen einer alten misslaunigen Dogge. Über ihre Figur ließ sich allerdings nichts sagen. Wie das erstarrte Brustbild vor einem Fotoautomaten saß sie bekleidet mit einer grauen Kittelschürze von morgens bis abends hinter ihrem Wachtisch. Unter ihrem Sitz war vermutlich sogar eine Kloschüssel eingebaut. Auch mich blitzte sie mit bösem Blick durch ihre Brille an. Ich war ihr höchst suspekt. Eine Kundin war ich eindeutig nicht. Geld brachte ich also ganz sicher nicht ins Haus, denn Fisch oder Fleisch kaufte und bezahlte man an der Straßenseite im Ladengeschäft. Aber was kümmerte mich die Alte? Ihr Sohn bzw. ihre Schwiegertochter waren meine Auftraggeber. Dass ich Geld abzog, das war sonnenklar. Aber wieviel? Diese Frage stand der Alten ins Gesicht geschrieben. Sie wollte und musste das wissen und fragte nach. Bei ihrer ungeliebten Schwiegertochter. Ungeliebt deshalb, weil der dumme Bub, ihr Sohn, dieses daher gelaufene Flüchtlingsmädchen geheiratet hatte. Mit dem Leiterwagen waren deren Eltern, Habenichtse, nichtsnutzige Pollacken aus dem Osten im zerbombten Nürnberg gelandet. Hatten sich frech in der Stadt eingenistet und die Tochter, dieses Biest, hatte sich hinterhältig mit ihrer hübschen Visage und wer weiß noch mit welch anderen Kniffen den Sohn reicher Eltern geangelt. Eine von der Straße, aus den Flüchtlingsbaracken so mir nichts dir nichts hinein ins gemachte Nest. Damit hatte sie den Firmenerben von einer standesgemäßen Heirat mit einer geldigen Nürnberger Bürger-tochter abgehalten. Das hatte die Alte nie verwunden, nie ver-ziehen und ließ es die junge Frau tagtäglich spüren. Die hatte ständig den Blick eines gejagten Tieres, hatte nur Angst. Immer wenn sie sprach – sehr leise, versteht sich – war sie auf der Hut, ob ihr da nicht jemand zuhörte. Auch der Schwiegervater, auf den ersten Blick ein eher gemütlicher Zeitgenosse, stets einen unfränkisch-oberbayerischen Hut mit Gamsbart auf dem Kopf, war in die familiären Spionagetätigkeiten eingebunden. Alles, was die junge Frau tat und von sich gab, war falsch, da waren sich die Schwiegereltern einig. Außerdem verschwendete sie unverdienterweise Geld. So ein verschlagenes Flüchtlingsmädel konnte nun mal nicht wirtschaften, war gefall- und putzsüchtig und überhaupt. Die junge Frau klagte mir von mal zu mal mehr Einzelheiten ihres Martyriums, machte mich beinahe schon zu ihrer Vertrauten. Wie erwartet fragte die Alte bald bei ihrer Schwiegertochter nach, wer ich sei. „Aha! Nachhilfe brauchen die Kinder! – Und was kostet das?" Ein lächerlich niedriger Stundenlohn wurde genannt. Aber schon der brachte die Alte in Rage. Denn für sie stand fest, dass die Kinder auch diesen Makel der Dummheit – denn nur solche Kinder brauchten Nachhilfe – eindeutig von der Schwiegertochter, einer „Brunst-Bleeden", geerbt hatten. Damit ich mich nicht bei den zu erwar-tenden persönlichen und ganz sicher inquisitorischen Recher-chen der Alten eines Tages verplapperte, denn ich bekam mehr als das Doppelte an Salär für meine Stunden, musste ich so gut wie unsichtbar werden. Es gab noch einen Hintereingang über den Hof. Der allerdings hatte es in sich. Nichts ahnend kam ich da eines Tages an. Weit geöffnet ein großes graues Eisentor, durch das ich musste. Mir stockte der Atem. Ich verlangsamte meine Schritte. Ein Bild wie aus dem Dante'schen Inferno bot sich mir da. Keine Ahnung, in welchem der neun Kreise der Hölle ich hier gelandet war. Überall lagen tote Tiere herum. Meist zu Bergen aufgetürmt. Erschossene Wildschweine, denen oft geronnenes Blut am Rüssel klebte, die Beine wie erstarrt in den Himmel gereckt. In riesigen Containern Hunderte toter Rehe, denen man allen die Läufe abgehackt hatte. Warum denn das? Fortlaufen, so mausetot wie die waren, konnten sie doch nun wirklich nicht mehr. Weiter hinten ein monströses Bassin, in dem es zu brodeln schien. Eine unüberschaubare Menge Karpfen zappelte, schlug mit den Flossen wild um sich und schnappte verzweifelt nach ein bisschen Luft. Auf dieses Gewusel schien das Sonnenlicht und versilberte beinahe unwirklich diesen schauerlichen Kampf ums Überleben. Der Boden überall glitschig von Blut und Schleim. Vorsichtig schlurfend wie auf Glatteis bewegte ich mich über den Hof. Neben seiner Mutter, dem „faulen Flüchtlingsmädel", mein vierzehnjähriger „dummer" Nachhilfeschüler, der bis zu meiner Ankunft seine Zeit nicht hatte vertrödeln dürfen. Zeit war nun mal Geld. Da biss selbst der fränkische Karpfen keinen Faden ab. In hohen Stiefeln, mit blutverschmierter Gummischürze und Handschuhen griff er sich einen Fisch nach dem anderen und zertrümmerte ihm gekonnt mit einem Prügel den Schädel. Röchelnd und sich windend lagen die Fischleichen bald in großen Plastikwannen und wurden von Transportern dann in die umliegenden Gasthäuser geliefert. Ich war geschockt. Wie ich erfuhr, musste der Junge täglich bereits um fünf Uhr morgens noch vor der Schule mit diesem blutigen Geschäft beginnen. Das Mädchen, die auch in Zukunft renitent sein sollte und sobald sie konnte, von ihrem heimischen Irrenhaus bis nach Holland Reißaus nahm, hatte sich standhaft geweigert, in dieses Geschäft einzusteigen. Ihr gegenüber hatte man schon resigniert. Sie kam halt total nach der Mutter!

Mir war klar, warum der Bub sich später bei mir nicht auf die englische Zeitenfolge in den if-Sätzen oder auf das Passiv lateinscher Verben der I-Konjugation konzentrieren konnte. Der Junge war müde, ganz einfach hundemüde. Zwischendurch erschien der Vater wie ein deus ex machina im Arbeitskittel. „Gell, der Bub ist blöd?!", bellte er in den Raum. Dann eine knackige Kopfnuss: „Und faul!" Damit war die erzieherische Intervention des pädagogisch hochbegabten Vaters „erfolgreich" beendet. So schnell wie der Spuk begonnen hatte, war er auch wieder vorbei. Wie ein geprügelter Hund ließ der Junge den Rest der Stunde über sich ergehen. Er schämte sich vor mir.

Manches ist offensichtlich. Selbst für eine noch durchs Leben mäandernde Studentin wie mich war klar: Es gibt viel familiären Wahnsinn, aber der hier war so ausgeprägt, der konnte nicht gut gehen. Das Flüchtlingsmädel hatte irgendwann die Schnauze voll und verabschiedete sich von diesem „gutbürgerlichen" Terror.

Die böse Schwiegermutter wurde zwar nicht wie die Stiefmutter im Märchen in ein mit Nägeln ausgekleidetes Fass einen Berg zu Tode runter gerollt. Aber auch im richtigen Leben wurde sie gestochen, nein sie wurde wahrhaftig er-stochen. Ein Mordskrimi sollte Jahre später das beschauliche Nürnberg erschüttern. Zwei Mitarbeiter hatten beobachtet, wie die Seniorchefin allabendlich die Tageseinnahmen an sich nahm und in ihrer Wohnung verwahrte. In einer Schatulle unter dem Bett. Sie wollte eben auch über die Geschäftszeiten hinaus ihre Pflichten als Höllenhund Cerberus ernst nehmen. Mit Zähnen und Klauen und Gebrüll muss sie ihr Hab und Gut verteidigt haben, als die zwei Männer sie berauben wollten. Das sollte ihr schlecht bekommen. Um sie möglichst schnell mundtot zu machen, wurde sie erstochen. Und die Geldkasse war sowieso weg.

Alles in diesem Hause drehte sich ums Geld. Es war fast schon wie ein Fluch, der von einer Generation auf die nächste überging. Der nach der Scheidung von seiner Frau fortan unbeweibte Sohn hatte auch nicht viel mehr gelernt, als Geld zu horten. Wegen einer üppigen Steuerhinterziehung landete er in Untersuchungshaft und er, honoriger Besitzer von diversen Verdienstmedaillen und Ehrungen, erhängte sich kurz und bündig schon am ersten Abend in der Zelle: Geld ist alles, das Leben ist nichts! Zwar hatte der Junior das mit den lateinischen Konjugationen nie so drauf, aber finanziell ausgefuchst war auch er. Zumindest versuchte er es zu sein. Denn daheim hatte er rund um die Uhr die beste Schule dafür gehabt. Er schien trotz seiner vermaledeiten Mutter, sich auf die häuslichen Vorgaben zu besinnen. Im Sinne der Großmutter hatte er sich wenigstens später, sobald er leidlich mannbar geworden war, gut verheiratet, nach dem Motto Geld zu Geld. Nicht lange und er produzierte fast schon in familiärer Tradition den dritten Skandal. Mit dem Verkauf von Gammelfisch läutete er dem Unternehmen die Totenglocke.

Fazit: Studentenjobs können einem viel über das Leben beibringen! Erstens: Zucker macht reich, im kleinen Stil, zumindest wohlhabend. Zweitens: Von Geld kann man nie genug haben. Bis zur Selbstzerstörung – es macht nie satt. König Midas lässt grüßen.

Das Land, wo die Zitronen blühen Zum Glück! Die

Zwischenprüfungen in beiden Fachbereichen hatte ich recht ordentlich über die Bühne gebracht. Ganz so klamm war ich im Moment durch fleißige Arbeit auch nicht. Damit stand einer neuen Reise in den nächsten Semesterferien nichts im Weg.

Dieses Mal sollte es, dachte ich, ein völlig politikbefreites Reiseziel werden: Italien. Aber so politikfrei erwies sich das dann allerdings doch nicht, denn in bella Italia sollten in Bälde Wahlen stattfinden. Alle möglichen Partitos hatten die Hausmauern mit ihren Plakaten vollgekleistert. Für Otto super aufregend. Ihn und damit zwangsläufig auch mich interessierten nur die Parteien mit dem C oder dem S im Namen. Wobei das C ganz sicher nicht für Cristiana, sondern für Communista und das S für Socialista stand. Dazu Hammer und Sichel hingeschmiert an eine vor sich hin bröckelnde Kirchenmauer in einem verschlafenen Dorf. Wir fühlten uns fast in der Welt jenes berühmten Filmklassikers „Don Camillo und Peppone". Gerne verweilten wir vor den Pamphleten des Klassenkampfes, zwar dem kommunistischen Bürgermeister Peppone im Geiste nahe, doch eher so andächtig wie Don Camillo vor seinem am Kreuz leidenden Herrn. Otto mit der soliden Lateinausbildung eines humanistischen Gymnasiums versuchte sich tapfer darin, dieses „Neurömisch" zu übersetzen und zu verstehen. Aber gemessen an unserer politischen Pflicht daheim in Nürnberg sollte das hier alles begleitet vom Zirpen der Zikaden und dem Rauschen der Zypressen nichts anderes als eine angenehme Kür werden.

Außerdem waren wir dieses Mal sehr kommod unterwegs. Kein Auspuff knatterte mehr, kein Scheibenwischer quietschte, kein Motor röhrte. Schick und bequem waren wir mit Ottos neuem Alfasud auf Tour.

Also ich jetzt endlich auch mal nach Italien! Alle Welt war dort schon gewesen. Ich noch nie. Die südliche Grenze war für meine Eltern immer Österreich gewesen, genauer gesagt Tirol. Da wo der Gamshut, das Dirndl und die Kuhglocke daheim waren, da gefiel es meinen Eltern. Da wurde Urlaub gemacht. Außerdem gab es in Tirol Essen mit anständigen Kartoffeln. „Ich brauche ne Kartoffel zum Mittachbrot," so meine Mutter, „nicht so e Nudeljeschlawere wie bei den Itakern." Spaghetti und Makkaroni waren für uns nicht „artgerecht". Basta! Es sollte bei uns zu Hause auch nie eine Pizza geben, obwohl die als Vorbote des Fastfood schon seit den sechziger Jahren in vielen deutschen Haushalten Einzug gehalten hatte. Alles rund um Italien bremste Mutter erfolgreich aus, denn alles, was aus dem Süden kam, war für sie „lottrig", einfach schlampig und unzuverlässig. Sie selbst war als 17-jährige 1943, mitten im Krieg, mit ihren Freundinnen nach Mayrhofen gefahren. Offensichtlich ein unvergessenes, ihre Jugend prägendes Highlight. Die Bilder von damals zeigen sie häufig mit Dirndl und Jäckchen mit Edelweißknöpfen. Denn die Tracht, das war in der NS-Zeit „das Gewand der Heimat". Das hatten die „Reichsbeauftragte der Trachtenarbeit" und andere seit 1939 erfolgreich in die Köpfe und Herzen der jungen Frauen gehämmert. Somit waren die Berge und Tirol Mutters Sehnsuchtsort. Lebenslänglich. Am liebsten hätte sie später auch in einem zünftigen Holzhaus mit Hirschgeweihen gewohnt.

Mein Vater hatte auch ein solch „jugendliches Highlight"

erlebt, allerdings als Soldat im Krieg. Im südlichen Teil Italiens. Durch die erfolgreiche Invasion der Amerikaner über Sizilien und den Golf von Salerno war mein Vater dort in amerikanische Gefangenschaft geraten. Er hätte es schlechter treffen können. Nein, er hatte von nun an sogar eine richtig gute Zeit. Während andere junge Männer die Hölle der Ostfront durch-, allzu oft nicht überlebten, hatte Vater in den Glückstopf gegriffen. Zeugnis davon sind die vielen Fotos, die ihn als jungen gut genährten, braun gebrannten Mann zeigen. In jedem Arm eine hübsche Italienerin. Er schwärmte immer von dieser Zeit, als er, Prisoner of War, als Sanitäter im dortigen Tropeninstitut arbeiten musste. Neapel, Pompeji ... Zeit für Ausflüge gab es wohl auch, denn ein Leporello mit Postkartenansichten der antiken Ausgrabungen hütete er ein Leben lang. Vater mochte Italien offensichtlich. Aber gegen Mutters Aversion blieb er machtlos. Kraftlos redete er ihr sogar oft nach dem Mund: „Die Italiener, die feigen Hunde! Davongelaufen wie die Hasen sind die, wenn sie es bloß schießen hörten ..." Dazu kann man nur sagen: Wenn sie schlau waren!

Quasi im Verborgenen blieb Vater seiner Liebe zu Italien treu. Ganz sicher auch aus nostalgischen Gefühlen leistete er sich in den sechziger Jahren einen italienischen Friseurgesellen in seinem Herrensalon. „Die machen die besten Herrenschnitte!", argumentierte er gegenüber meiner Mutter, die der ganzen Sache mehr als skeptisch gegenüberstand. Aber fachlich dagegen angehen, das konnte sie nun mal nicht. Und so hielt Antonio aus Sizilien Einzug in Vaters Geschäft. Eigentlich war er mit Frau und Kind nach Germania gekommen. Aber die Rolle des Ehemann und Vater war für Antonio ein eher lästiger Nebenjob. Seine wahre Berufung war die des Latin Lover. Die schlimmsten Befürchtungen und Vorurteile meiner Mutter sollten sich bewahrheiten. Es stellte sich ziemlich bald heraus, dass es unter Antonios gleichmütig arroganter Miene wie im tiefsten Inneren des Aetna oder Stromboli brodeln musste. Weniger in Sachen Arbeitseifer, sondern eher in Liebesangelegenheiten. Lasziv einen Ring am kleinen Finger, mit dessen überlangen Nagel er sich zwischendurch gerne mal von seinem Ohrenschmalz befreite (Was mich total entsetzte!). Das schwarz glänzende Haar in Wellen nach hinten onduliert, zwei feurig dunkle Augen unter buschigen, in der Mitte zusammengewachsenen Brauen. Eine ausgeprägte Hakennase überragte seine fleischigen Lippen. Sein Gang, wenn auch auf ausgeprägten O-Beinen, verströmte mit jedem Schritt: Hier bin ich. Von nun an betrat ein stolzer Gladiator jeden Morgen die bescheidene Arena von Vaters Herrensalon, allerdings nicht mit Gladius oder Dreizack, sondern mit damals hochmodischen messerspitzen Schuhen. Antonio sprach nicht viel, abgesehen davon, dass er die deutsche Sprache so gut wie gar nicht beherrschte und das auch gar nicht wollte. Aber ein Mann wie er brauchte keine Worte. Seine Blicke sagten offensichtlich alles. Ein Zufall war es sicher nicht, aber von da an florierte auf wundersame Weise Vaters Damensalon! besonders gut. Es sollte jedoch Antonios Geheimnis bleiben, wie es ihm unbemerkt quasi nonverbal gelang, zu diversen Kundinnen über die Trennwände der beiden Salonabteile hinweg in regen Kontakt zu treten. Mein Vater kriegte sich vor Staunen nicht mehr ein. Da wurden mitunter sogar Geschenke für Antonio abgegeben: mal zu Weihnachten selbst gebackene Plätzchen, ein feiner Butterstollen ... Aber auch unterm Jahr gab es immer wieder Anlässe für Geschenke: Krawatten, Rasierwasser ... Das absolute Highlight war ein flauschiger Herrenbademantel. In solchen Momenten taute auch Antonio auf und zeigte voller Stolz seine Trophäen. Wohlgemerkt: Antonio wurde ausschließlich von Kundinnen beschenkt! Meine Mutter schüttelte nur missbilligend den Kopf. Sie hatte es ja gewusst: Sodom und Gomorrha hielt mit diesem kreuzkatholischen Itaker in unserer anständig biederen Welt Einzug. Und dann baumelte da auch noch ein goldenes Kreuz um seinen Hals – auf gut sichtbar präsentierter schwarz behaarter Brust versteht sich. Immer wieder, wenn ein Abwehrzauber vonnöten schien, küsste er es. Diese Katholiken! Gut vorstellbar, dass er so ein Ritual vorzugsweise brauchte, wenn meine Mutter im Geschäft erschien. Sie und Antonio hassten sich vom ersten Tag an und man konnte förmlich die gegenseitigen Verwünschungen an beider Augen ablesen. Für Antonio hatte sie eindeutig den bösen Blick. Meine Mutter, die dürre Bohnenstange, ihn um einen ganzen Kopf überragend, unweiblich flach wie ein Brett, dazu ihre „feinfühlig-direkten" Fragen zu Antonios Lebenswandel: „Was sagt denn da Ihre Frau, wenn Sie solche Geschenke mit nach Hause bringen?" Das konnte unmöglich der Beginn einer Freundschaft sein.

Was mein Vater schon immer irgendwie geahnt hatte, wurde für ihn jetzt offensichtlich. Die Italiener, die hatten es drauf – und besonders Antonio. An ihm konnte er jetzt in natura sehen, dass er selbst ein geplagter Mann war. Zwar hatte er das ja schon über die Lektüre von Oswald Kolle in seiner netten abendlichen Herrenrunde mitbekommen, aber jetzt zeigte ihm Antonio tagtäglich ganz praktisch wie der Hase zu laufen hatte. Das feine Spiel der Erotik, der Verführung – dafür hatte meine Mutter keinerlei Sinn. Ein Stock war sie, ein grober Mansfelder Bergmannsklotz. Aber noch war das Leben nicht zu Ende, und Vater war ein Mann in den besten Jahren. Dazu gutaussehend. Er musste sich nur ein bisschen was von diesem Antonio abgucken. Lernwillig war Vater ja. Was Antonio gelang, wer sagte denn, dass er da nicht mithalten könne. In seinem Damensalon saß Vater ja eigentlich an der Quelle aller Weiblichkeit. Er musste aktiv werden. Von nun an ließ er sich allmorgendlich zwei Wellen ins Haar ondulieren. Auch schick wollte er von nun an sein. Ein Herr für alle sichtbar mit Geschmack. Deshalb musste es für Vater beim nächsten Schuhkauf ein Modell mit extremen Spitzen sein. Nicht bedacht hatte er allerdings, dass seine Hühneraugen in den modernen Tretern Rabatz machen würden. In diesem neuen Fußoutfit nun trat Vater, ganz Mann von Welt, unsere nächste gemeinsame Reise zu Tante Anna und Onkel Fritz nach Kassel an. Humpelnd und stöhnend schaffte er nurmehr den letzten Rest des Weges vom Bahnhof zur Wohnung der beiden. Unterwegs dazu Mutters Schimpfen, dass man mit ihm keinen

Schritt vorankomme. Ich wiederum lief dann auch gerne noch einen Ticken schneller, um Mutters Aussage zu untermauern.

Angekommen bei Tante Anna und Onkel Fritz riss sich mein Vater fluchend mit Schmerz verzerrtem Gesicht die Schuhe von den Füßen. Onkel Fritz schüttelte nur missbilligend den Kopf. Aus seinem Schuhschrank holte er wortlos ein Paar schwarze Schnürschuhe, breit und solide – vielleicht noch aus der Kaiserzeit rüber gerettet - und stellte sie vor seinen modisch durchgeknallten Neffen, meinen Vater, hin. „So hat Schuhwerk auszusehen!", dabei zog er kräftig an seiner Zigarre, stets Marke Weiße Eule, und paffte weiße Rauchkringel in die Luft.

Zurück in Ingolstadt kaufte sich Vater sofort neue Schuhe. Nicht mehr ganz so spitz, aber ganz sicher nicht das von Onkel Fritz lebenslang favorisierte Modell von anno Tobak.

Zurück zu Antonio, der nur noch kurze Zeit in Vaters Herrensalon arbeiten sollte. Bei ihm zu Hause hatte sich eines Tages Besuch aus der fernen Heimat angesagt. Die Schwiegermutter. Als er am nächsten Tag zur Arbeit kam, war er nurmehr ein Schatten seiner selbst. Zu zweit hatten Ehefrau und die Nonna seines Sohnes den Dauergigolo dermaßen in die Mangel genommen, dass er wie der misshandelte Ehemann aus einem Witzblättchen rumlief: blaues Auge, zerkratztes Gesicht. Ein Anblick des Jammers. Meine Mutter hatte natürlich messerscharf erkannt, woher sein lädierter Zustand rühren musste und ihre Mutmaßungen in üblicher Weise lautstark zum Besten gegeben. Angereichert mit einer fetten Portion Häme. Vielleicht einer der Gründe, warum der begabte Latin Lover sich bald von Vaters Herrensalon verabschieden sollte. Ganz sicher zu Vaters Bedauern endete damit sein italienisches Revival.

Allerdings hatte auch ich in der Zwischenzeit Italien lieben gelernt. Ein klitzekleines Bisschen zumindest, quasi im Verborgenen vor Mutter. Alle Friseusen meines Vaters verbrachten damals ihren Sommerurlaub an der italienischen Adria in Orten mit für meine Ohren so fremd klingenden Namen wie Jesolo oder Rimini. Für mich hörte sich das nach weiter, fremder Welt an. Als

Mitbringsel hatten die jungen Frauen mich völlig verzückende Holzpantöffelchen im Gepäck, reich mit bunten Plastikblüten verziert. Mit denen liefen sie von nun an klappernd durch den Salon. Wie toll war das denn! In der Mittagspause oder abends, wenn diese Schuhe herrenlos auf dem Regal standen, war meine Stunde gekommen. Hingebungsvoll schlitterte und klapperte ich damit durch Vaters Geschäft und fühlte mich einfach nur großartig. Das war also Italien!

Als Studentin der Germanistik hatte ich später dann an einem anderen, dem literarischen Italien geschnuppert. Goethe war von 1786 bis 1788 meist via Kutsche und Maultieren dort unterwegs und hatte mit seiner „Italienischen Reise" seine Eindrücke von damals geschildert. Ich hatte seine Ausführungen zur Hälfte gelesen und fand sie enttäuschend langweilig. Spannend war zwar, wie er in seiner Kutsche über den Brenner rumpelt, dort sich für die schneebedeckten Berge begeistert. Aber sein ganz besonderes Interesse an Mineralogie und sein Forschen nach der Urpflanze, das war nicht unbedingt meine Sache. Außerdem fand ich seine fast ausschließliche Suche nach Spuren der Antike sehr beschränkt. Denkmäler des Mittelalters, der Renaissance, all das interessierte ihn kaum, ließ er oft links liegen. Florenz etwa nahm er kaum wahr. Eigentlich war der große Goethe partiell ein ganz schöner Ignorant.

Dennoch sein Gedicht über „das Land, in dem die Zitronen blühen, im dunklen Laub die Goldorangen glühen". Kann es eine schönere Einstimmung auf Italien geben?

Bereits in Südtirol rechts und links der Autobahn beeindruckend trutzige Burgen wie Adlerhorste auf Felsen gebaut. In einer davon, der Trostburg, war die Familie von Oswald von Wolkenstein, des „letzten Minnesängers", zu verorten. Über ihn hatte ich ein Seminar besucht. Wie sehr hatte er doch in manchem seiner Lieder die harten, nicht enden wollenden Winter in einem solchen Bau beklagt. Monatelang zusammengepfercht mit plärrenden und streitenden Kindern. Dazu vielleicht noch eine ordentliche Portion Zahnschmerzen. Alles andere als mittelalterlich romantisch! Meine germanistische Theorie bekam auf der Fahrt durchs Alto Adige schon mal spannendes Anschauungsmaterial. Nicht lange nachdem wir die Heimat des Zwergenkönigs Laurin, den Rosengarten, eines der Felsmassive der Dolomiten, hinter uns gelassen hatten, wurde die Landschaft mit einem Mal unendlich weit. Strahlender Sonnenschein ließ das Grün satter Wiesen noch intensiver leuchten. Hier war es Zeit, einen Rastplatz für einen kleinen Imbiss anzupeilen. Wasser und ein paar jämmerliche Kleinigkeiten hatten wir vor uns auf einem Tisch ausgebreitet. Es dauerte keine fünf Minuten und die Mama des Nachbartisches hatte unsere kulinarische Verelendung erkannt und winkte uns zu sich herüber. Wir sollten mit ihr und ihrer Familie zusammen essen. Und was es da nicht alles für Leckereien gab. Ausgebreitet auf einer Tischdecke gab es Schinken, Mortadella, Käse, Oliven, frisches Weißbrot, knusprige Grissini ..., daneben ein Fiasco di Vino rosso, eine jener mit Bast umflochtenen typisch italienischen Weinflaschen.

So sollte es weiter gehen, immer Richtung Süden. Von Zeltplatz zu Zeltplatz. Am Abend in einer Taverne, wo man meist mit den Leuten ins Gespräch kam. Wir auf Deutsch, sie auf Italienisch. Dazu jede Menge Gefuchtel mit Händen und Füßen! Der Brüller sollte Ottos Namen werden. Hatte ich meine Namens-Odyssee in Sachen „Gunda" schon zur Genüge in Franken hinter mir, wurde jetzt Ottos Name der Clou. Hier hieß er von nun an nurmehr „numero Otto". Er wurde schlichtweg zur Nummer acht, was zu vielen Schenkelklopfern und lautem Gelächter Anlass gab. „Otto", das hatte den Beigeschmack, dass die Lenden seines Vaters so potent waren, dass er mindestens acht Söhne gezeugt hatte. Wir hatten jedenfalls alle unseren Spaß.

Italien – im Laufe der Reise sollte ich zum echten Fan werden. Bislang war ja alles nur Theorie gewesen. Dazu meine Eltern und ihre jeweiligen Animositäten. Ganz nebenbei hatte ich neben Goethe und Oswald, dem „letzten Minnesänger", bereits andere Feldstudien betrieben, quasi zwangsweise als Schülerin im

Geschichts- und Lateinunterricht. Aber es hatte auch abenteuerlich Spannendes, meine ganz privaten Eskapaden gegeben. Zum Beispiel Felix Dahn „Der Kampf um Rom" (so sahen meine Jugendsünden aus!), wo sich gotische Königinnen aus Eifersucht in mit prächtigen Mosaiken ausgelegten Luxusbassins in der Nähe von Ravenna ersäuften, wo Goten und Byzantiner um die Vorherrschaft in Rom kämpften – die einen tapfer, die anderen mit Intrigen und Verrat. Denn der „Welsche" war von Natur aus nun mal falsch! Da bekam die Mär vom treuen deutschen bzw. nordischen Krieger und dem verräterischen, feigen Italiener nochmal ordentlich Futter. Aber das alles verflüchtigte sich bei mir schon bald wieder. So vielfältig war alles, was ich da über Italien gehört hatte. Ich hatte auch über den großen Cäsar gelesen, über Kaiser Augustus, der gar nicht so „erhaben" war, wie sein Name vermuten ließ. Über Nero (Für dessen megaschlechtes Image vielleicht vor allem die Senatoren und die von ihnen kontrollierten Annalen verantwortlich waren? Schließlich hatte er ihre Privilegien beschnitten.), über dessen Lehrer Seneca, der wohl gerne guten Wein trank, aber „Wasser predigte". Über Mord- und Totschlag später in der Renaissance bei den Borgia in Florenz. Und ich las einen Riesenschinken von Irving Stone über Michelangelo, der via Bücherbund mal wieder als Quartalslieferung ungelesen in Vaters Regal stand. Nicht zu vergessen das Shakespeare'sche Schmachtstück „Romeo und Julia", das in Verona verortet war. Kurz: Eine richtig bunte italienische Mischung!

Je weiter wir nach Süden kamen, umso verzückter schaute ich während der Fahrt aus dem Autofenster. Sanfte Hügel, Zypressen, Pinien, Weinberge, Sonnenblumenfelder. Der Fahrtwind wehte uns den Duft von Lavendel, Thymian, Rosmarin zu. Das vor Kunstschätzen überbordende Florenz. Eine Fahrt über Land und dann mitten hinein in etruskische Nekropolen. Mit Liegen und Sitzen möblierte Grabkammern in Tuffstein gehauen. Weiter nach Perugia, danach zum Trasimenischen See, an dessen Ufern der punische Feldherr Hannibal die Römer 217 v. Chr.

besiegt haben soll. Nach diesem antiken Intermezzo weiter nach Assisi in Umbrien. Die bezaubernden Fresken von Giotto in der Ober- und Unterkirche der Basilika San Francesco bestaunt, in der Krypta von Santa Chiara ein wohliges Gruseln beim Anblick der „wunderbar" erhaltenen Leiche der Heiligen. Durch verwinkelte Gassen zu Fuß durch Eichenwälder zur Einsiedelei des Heiligen Franziskus. Ein wahrhaftiges Feuerwerk für all unsere Sinne!

Unsere Weiterfahrt Richtung Südosten ins Gargano: weiße Felsen und Sandstrände. Dort ein Unwetter mit Regengüssen, Donner und Blitzen von fast apokalyptischen Ausmaßen, das uns auf dem Heimweg von irgendeiner Taverne ereilte. Triefende Haare, klatschnass bis auf die Haut, führte unser Weg am Strand entlang. Das gischtende Meer mit seinen tosenden Wellen, die immer wieder erleuchtet durch Blitze, wie phosphoreszierende züngelnde Schlangen am Sand leckten. Da sowieso schon alles egal war, stürzte ich mich lachend in voller Montur in die Wellen. Otto fand das gar nicht lustig. Vielleicht war es auch von mir nicht allzu klug, da rund um uns der Himmel immer wieder von Blitzen taghell erleuchtet wurde. Wir schafften es dennoch heil in unser Zelt.

Am nächsten Morgen wieder strahlender Sonnenschein. Es war, als hätte es das tobende Unwetter der vergangenen Nacht gar nicht gegeben. Dass wir uns das nicht eingebildet hatten, zeigten die emsigen Aktivitäten unserer italienischen Nachbarn. Alles, aber auch alles, war um deren Zelte herum zum Trocknen ausgebreitet. Während wir seit unseren portugiesischen Erfahrungen nur mit den nötigsten Reiseaccessoires unterwegs waren, staunten wir nicht schlecht, was man aus einem italienischen Hauszelt so alles an Innenleben zu Tage beförderte. Eigentlich einen kompletten Hausrat. Unsere direkten Nachbarn etwa hatten Unmengen getrockneter Steinpilze im Gepäck, die es jetzt in der Sonne nach den Regenströmen der Nacht auszubreiten galt. Eine italienische Mama blieb allzeit eine Mama. Urlaub? Was wir da sahen, war nur die Verlagerung des Hausstandes an einen anderen Ort.

Weiter ging es Richtung Süden. Das Castel del Monte, Jagd-schloss (oder auch nicht? So genau weiß man das nicht.) des Stupor Mundi, jenes erstaunlich neuzeitlich denkenden und trotzdem mittelalterlich despotisch handelnden Stauferkaisers Friedrich II., sollte unsere nächste Station sein. Sollte! Wie sehr waren wir enttäuscht, als wir das ganze Gebäude mit Gerüsten umbaut und Planen verhangen sahen. Es wurde gerade restauriert. Also dann ab ins Trulliland nach Alberobello. Die kreisrunden weiß gekalkten Wohnhäuser mit Dächern wie Zipfelmützen tauchten wie Fremdkörper im flimmernden Sonnenlicht auf. Darin wohnte man ganz offensichtlich. Etwas außerhalb, verstreut in der Landschaft, gab es vereinzelte solcher Mützenhäuser als Hirtenunterschlupf oder Geräteschuppen. Otto, in manchen Dingen ein begnadeter Minimalist, witterte sofort die Chance des Abends. Zelt aufbauen? Na, das konnte man sich doch sparen. Hinein in ein solches Trullo, ein paar Mistgabeln und Schubkarren zur Seite geräumt, und schon bot der gestampfte Boden idealen Platz für zwei Isomatten.

Nur zu blöd, dass der gemeine Werktätige, in unserem Fall der Landarbeiter, sein Tagwerk in aller Herrgottsfrühe mit dem Aufgehen der Sonne beginnen musste. Morgens kurz nach fünf Uhr – keine Ahnung, ob die ortsansässigen Hähne schon gekräht hatten – wurde unser Schlaf abrupt beendet. Wonach sich Otto immer so sehr gesehnt hatte, war mit einem Mal Wirklichkeit geworden: die hautnahe Begegnung mit leibhaftigen Proletariern. Hemdsärmelig, mit Strohhüten auf dem Kopf umringten sie unser Lager, als seien wir ein königliches Paar kurz vor dem Zeremoniell unseres erlauchten Levers. Aber keiner reichte uns eine Schüssel mit Waschwasser oder eine Tasse Tee. Die Worte der drahtigen Kerle mit ihren wettergegerbten Gesichtern verstanden wir zwar nicht, aber ihre Gestik und Mimik bedienten sich internationaler Codes. Verschwinden sollten wir. Avanti, avanti! Also möglichst schnell, schließlich behinderten wir ihre Arbeit. Wenn wir nur ihre Sprache gesprochen hätten! So hätten wir sie auf ihre Ausbeutung durch irgendeinen kapitalistischen Patrone aufmerksam machen können. Sie wären auch die idealen Adressaten für unsere agitatorischen Flugblätter gewesen. Unser revolutionärer Kampf – schließlich war der doch für sie!

Im Prinzip mussten wir froh sein, dass sie keine Hunde auf uns hetzten. So verkennt der Arbeiter überall auf der Welt diejenigen, die ihm wohlgesonnen sind. Das blanke Missverständnis.

Auf unserer weiteren Reise machten wir auch noch Bekanntschaft mit geradezu heidnisch-archaischem Katholizismus. Von wegen Nietzsches „Gott ist tot" oder das von mir favorisierte „Atheistisch an Gott glauben" der Dorothee Sölle ... In der Grottenkirche von San Michele Archangelo spielte das keine Rolle. Es wehte der Wind der Ewigkeit. Nichts als tiefe ehrfürchtige Gläubigkeit, fernab von kopflastiger akademischer Analyse. Hier hätte man derart blasphemische Gedanken wie die meinen vielleicht noch mit einer handfesten Steinigung beantwortet. Was allein zählte, war der Erzengel als Sieger über das Böse, die gebenedeite Mutter Maria und vielleicht auch ein bisschen Jesus und Gottvater. Die beiden blieben aber seltsam blass und fern. Errichtet auf den Resten einer antiken Nekropole konnten selbst wir uns der zutiefst mystischen Atmosphäre dieses Ortes kaum entziehen. Auf Holzbänken kniende alte Frauen in ihren schwarzen Gewändern wie Todesvögel, auf ihre alten welken Hände blickend, durch die die abgewetzten Perlen ihrer Rosenkränze rannen. Magische Formeln – nein Gebete. Ihre faltigen Münder einen leisen ewigen Singsang murmelnd. Wählten die nun kommunistisch oder christlich-konservativ? Was für ein nichtiges Problem! Wenn wir so etwas gefragt hätten, hätte man uns wohl für Aliens von einem anderen Stern gehalten.

Unsere letzte Station sollte die Hafenstadt Tarent sein. In meiner Erinnerung nur eine graue unansehnliche Steinwüste. Von ihrer außergewöhnlichen Lage am Ionischen Meer und am Mare Piccolo habe ich so gut wie gar nichts mitbekommen. Vielleicht war ich jetzt auch ein bisschen italienmüde. Allerdings glaube ich, dass ich dort auch ziemlich angefressen war.

Schließlich war just an diesem Tag mein Geburtstag! Den ganzen Tag fieberte ich auf irgendeine Überraschung, einfach etwas Besonderes. Nichts geschah, rein gar nichts! Selbst dem spröden Otto muss im Laufe des Tages aufgefallen sein, dass er was falsch gemacht haben muss. Bloß gratulieren! Das soll's gewesen sein?! Das konnte er doch nicht ernst meinen. Betont traurig, desinteressiert und wortkarg schlenderte ich an meinem „Freudentag" mit ihm durch die Gassen. Aha! Endlich! Es hatte geklickert. Denn mit einem vielsagenden Lächeln verschwand Otto um eine Häuserecke. Ich sollte einfach mal warten. Na also! Meine Stimmung hellte sich auf. Als er zurückkam, hielt er mir freudestrahlend ... eine Flasche Whiskey Marke Jim Beam entgegen?! Gerade im nächsten negozio di alimentari auf die Schnelle erstanden. Wie sehr ich mich doch freute! Ich musste hart an mir arbeiten, dass mir die Gesichtszüge nicht entglitten. Ganz so glaubwürdig war meine Dankbarkeit dann wohl doch nicht, denn auf unserer Heimreise labte sich allein Otto an dem einen oder anderen Gläschen. Ich verweigerte jeden Schluck aus dieser dämlichen Flasche.

Frauenbewegt Zurück in Nürnberg fing für Otto gleich wieder der Arbeitsalltag an. Als sogenannter Werktätiger hatte man nun mal keine Semesterferien mehr, sondern Urlaubstage, mit denen man haushalten musste. Seine Arbeit damals als junger Assistenzarzt hatte es in sich. Eine besondere Spezialität war sein Dienst in der Chirurgieabteilung. Das hieß für ihn, den Jungspund, bei Operationen stundenlang Haken halten, damit der Operateur freie Hand in den Eingeweiden des Patienten hatte. Besonders Kräfte zehrend waren auch die Wochenenddienste. Das bedeutete Freitagfrüh um sieben in die Klinik, die man dann am Montagabend wie durch einen Fleischwolf gedreht wieder verlassen durfte. Das war Knast, Folter. Gerade in die Chirurgie mit ihrer Ambulanz kamen die Verletzten rund um die Uhr, nachts dann besonders gerne die im Suff Verunfallten, denen man mitunter bei der örtlichen und zeitlichen Orientierung helfen musste, die auch gerne mal mit unappetitlich voll gepinkelter Hose von den Sanitätern abgeliefert wurden. Eine im Vollrausch zerschnittene blutige Hand in einem Eimer mit Eiswürfeln erstversorgt oder vielmehr zwischengelagert, weil um die Ecke andere dringlichere Fälle warteten. Einer mit klaffender Stirnwunde wimmernd auf der Pritsche, ein anderer, der in Zuckungen mit verdrehten Augen bald den Geist aufzugeben schien ... Schnell einen Stent für die Infusion legen! Aber wo war die verdammte Vene? Stress pur und alles erstmal Neuland für einen, der frisch von der Uni kam. Selbst die Aufnahme der Personalien konnte sich bei manchem Neuankömmling so langwierig wie das einst so beliebte TV-Ratespiel „Was bin ich?" gestalten. Was machte das mit einem so jungen Arzt? Auf den Bänken des klinischen Wartebereichs harrten vorzugsweise Menschen des Prekariats. Nicht wenige davon dumpf, besoffen, unappetitlich. Lernte man hier die Menschen lieben oder doch eher verachten?

Nun gut, ich selbst kannte das ganze Geschehen ja eigentlich nur vom Hörensagen. Aber die szenischen Beschreibungen genügten. Was den Stress und die Belastung aber sehr glaubhaft machten, war, dass Otto unter seinem schwarzen Vollbart immer bleicher und ausgezehrter aussah. Er war richtig mager geworden. Zurück von so einem Wochenenddienst hätte er glatt als Gespenst bei der Geisterbahn auf einer meiner Volksfeste anheuern können. Zum Glück bekam das nun seine Großmutter im fernen Erlangen nicht mehr mit. Keine Ahnung, was sie jetzt mit mir angestellt hätte?!

Nun hing in der Küche unserer recht gut durchorganisierten Wohngemeinschaft eine Liste am Kühlschrank, in die sich jeder wöchentlich für den Küchendienst seiner Wahl einzutragen hatte. Verpflichtend, freiwillig! Das bedeutete, eine Mahlzeit für zwölf Erwachsene und zwei Kinder planen, die Zutaten besorgen und dann natürlich auch das Ganze zuzubereiten. Nur mal angemerkt, keiner von uns hatte je gekocht und schon gar nicht in solchen Mengen. Irgendwelche Kochbücher mussten gewälzt werden. Die Standardrezepte für vier Personen waren entsprechend zu vervielfachen. Aber im Prinzip waren es vor allem Trial and Error, die mit am Küchenherd Pate standen. Manchmal schmeckte das Essen richtig lecker, anderntags stand da ein fast ungenießbarer Fraß auf dem Tisch. Dennoch wurde alles tapfer reingeschaufelt, um den Koch nicht zu demotivieren. Damit der Küchenpflichten aber nicht genug. Im Nachgang hieß es: Tisch abräumen und Spülmaschine bestücken, sperrige Töpfe und Pfannen per Hand schrubben ... Also ein durchaus zeitaufwendiger Job. Blöderweise hatte Otto völlig verpeilt seinen Küchendienst auf einen seiner totalen Stressmontage gelegt. Das hätte bedeutet: 17 Uhr zurück aus der Klinik und einkaufen. Aber um 18 Uhr schlossen damals ja noch die Geschäfte. Es wäre die Quadratur des Kreises gewesen. Schon im Vorfeld hatte Otto versucht, mit jemandem zu tauschen. Aber da biss er auf Granit. Hatte nicht jeder tagsüber was zu tun? Einem Küchendienst, das war eisernes Gesetz, galt es nachzukommen. Vierzehn hungrige Mäuler, die konnte man nicht einfach unversorgt lassen. Das war pars pro toto. Es war die Gretchenfrage nach der gesellschaftlichen Verantwortung im Kleinen. Wenn man da schon versagte, wie wollte man die großen politisch-gesellschaftlichen Herausforderungen dann je bewältigen?

Da stand er nun also da, mein armer Otto, an einem Freitagmorgen, wohl wissend, dass er zwar mit seiner unglücklichen Terminplanung wie die Müllerstochter im Grimm'schen Märchen zum Goldspinnen in eine Kammer voller Stroh gesperrt werden würde. Nur zu ihm würde ganz sicher kein hilfreiches Rumpelstilzchen kommen, das die missliche Lage beheben würde. Er saß unentrinnbar in der Falle.

Na, ganz sollte das nicht stimmen. Denn ich bot mich als ein nettes, mal wieder völlig verpeiltes Zwergenweibchen, bar aller feministischer Prinzipien, an. Ich übernahm Ottos Küchendienst, weil mir die Unlösbarkeit der Aufgabe für ihn völlig klar war. Also kaufte ich ein und stand irgendwann am Nachmittag die Schürze umgebunden in der Küche, um Schinken für einen schnellen Nudelauflauf zu schnipseln. Ein strenger Blick auf die Liste! „Du bist doch gar nicht dran!", der eisige Kommentar von Anja. Wer denkt, dass es in Zeiten ohne soziale Medien keinen Shitstorm geben konnte, irrt. In Windeseile verbreitete sich die Nachricht, dass ich, die allerdümmste Tusse ever, patriarchale Strukturen in ihren Wurzeln schon mal nicht erkannte, sondern die auch noch stützte. Da war ein Macho, nämlich Otto, der sich eindeutig vorm Kochen drückte, und ich … Beinahe automatisch erreichte diese Nachricht die Nachbarwohngemeinschaft in der Emilienstraße. Kopfschütteln von meinen Geschlechtsgenossinnen, süffisantes Lächeln der Jungs. Erwiesenermaßen zu doof für die politische Theorie, versagte ich jetzt auch noch in der Praxis bei meinen ureigensten Interessen als Frau. Wer konnte denn nur so verpeilt sein? Eindeutig: Ich!

Um mich herum, das waren alles total emanzipierte Frauen, engagiert in der erstarkenden Frauenbewegung und mit einem avantgardistischen Bewusstsein, von dem ich nur träumen konnte. Ja, auch ich hatte mit viel Begeisterung „Das andere Geschlecht" von Simone de Beauvoir bis zur letzten Seite in mich aufgesaugt. Aber offensichtlich war bei mir davon nichts hängen geblieben, hatte ich nichts konsequent in meinen Alltag rüberretten können. Ok, der Mann, so Beauvoir, war der Beherrscher im sexuellen Akt – das hatte ich begriffen. Wie bedauerte ich die arme Sofja, die Frau des Sexteufels Leo Tolstoi, der sie nebenbei auch trotz ihres eigenen literarischen Talentes zu seiner Schreiberin, anders ausgedrückt zu seiner Tippse degradiert hatte. Also das mit der Tippse, dieses Los kam mir irgendwie bekannt vor. Aber den Transfer, dass ich jetzt wegen der prinzipiellen sexuellen Unterdrückung meiner Weiblichkeit Ottos Küchendienst nicht übernehmen durfte, den kriegte ich beim besten Willen nicht hin.

Pflichtbewusst hatte ich auch den Kultroman „Häutungen" von Verena Stefan gelesen, der mich allerdings etwas ratlos zurückließ. Da beschrieb eine junge Frau ihre Suche nach der eigenen Geschlechtlichkeit. Sie „häutet" sich, emanzipiert sich von den Männern und entdeckt ihre eigene lesbische Identität. Begeisterung allerorten über dieses radikal ehrliche Bekenntnis. Aber die Frauen um mich herum, das waren doch nicht alles Zwangskonkubinen von unseren Jungs. So wie ich das mitbekam, hüpften die doch recht gerne und freiwillig mal mit dem einen, mal mit dem anderen in die Kiste. Was um Gottes Willen verstand ich hier mal wieder nicht?

Irgendwann lagen dann auf unserem Telefontischchen, an dem ich ja durch meine allzu häufigen Anrufe nach Hause nicht vorbeikam, Broschüren der Erlanger Fraueninitiative, die nur wenige Jahre später über ein veritables Frauenhaus verfügen sollte. In Zukunft gab es dort jede Menge guter und nützlicher Hilfsangebote für Frauen und Mädchen in Bedrängnis. Zunächst aber ging es vor allem in studentischen Kreisen um Selbstfindung, um die Entdeckung der eigenen Weiblichkeit. In einem kleinen Flyer bewarb man u. a. Veranstaltungen, die mich leicht verstörten. Die Hauptrolle spielten dabei Spekula. Die kannte ich zwar, aber nur von den wenig prickelnden Untersuchungen beim Gynäkologen oder als ich Otto fürs Examen in Frauenheilkunde abgefragt hatte. Aber was sollten diese Gerätschaften denn nun bei weiblicher Selbsterfahrung ausrichten? Ich konnte es kaum glauben, aber da wurde man zu einem Kurs der besonderen Art eingeladen. Alle Frauen sollten entspannt auf Yogamatten liegen und dann mit Spiegel und Spekulum als Gemeinschaftserlebnis mit anderen Geschlechtsgenossinnen die eigene Scheide als terra incognita erforschen. Ziel war es, sich selbst klarzumachen, dass jede Vagina, also auch die eigene, von rosengleicher Schönheit war. Okay! Aber damit konnte ich, verklemmt wie ich war, nun weiß Gott nichts anfangen. Ich war eher praktisch orientiert und freute mich über Artikel in Alice Schwarzers „Emma", in denen frau erfuhr, wie frau eine Lampe an den Stromkreis anschloss.

Keine Ahnung, wie ich es dann angestellt hatte, aber man nahm mich mit. Wahrscheinlich aus Kostengründen, denn so teilten sich die Spritkosten durch vier. Wenn ich mich recht erinnere, war es sogar mein Auto, mit dem wir die Reise unternahmen. Also ein Grund mehr, dass ich „mitdurfte" zum Internationalen Frauenkongress nach Paris. Während der ganzen Fahrt wurde ich von meinen in der Theorie solidarischen, in der Praxis allerdings ausgeprägt stutenbissigen Geschlechtsgenossinnen bestenfalls ignoriert oder wie von Biggi ständig aus unerfindlichen Gründen angegiftet. Ich fühlte mich so richtig fehl am Platz. Wo gehörte ich eigentlich hin? Alles an mir war unterbelichtet. Nicht mal unter meinen eigenen Geschlechtsgenossinnen konnte ich punkten. Ich hatte nicht ansatzweise begriffen, wie man als moderne emanzipierte Frau zu agieren hatte. Ich war einfach zu wenig cool.

Ob das allerdings immer so glatt bei den anderen lief? Unvergessen sollte eine Szene bleiben, als Striezi, unser Champus-Wannenwichtel, eines Abends aus seinem Zimmer stob. Wutentbrannt. Splitterfasernackt. Für mich unvergessen jene Szene: Von seinem Schwanz tropften vereinzelt traurige Spermareste auf unseren gediegenen Parkettboden. „Ich habe die Schnauze voll!", brüllte er rasend vor Wut in den Flur. Erschrocken schauten wir anderen um die Ecke. „Der Alten hat's doch ins Hirn geschissen!" Er war außer sich. Es schien fast, als zuckten Blitze um sein lockiges Haupt wie dereinst bei Wutausbrüchen des Gottvater Zeus. „Raus!", brüllte er. „Verschwinde aus meinem Zimmer! Und lass dich nie mehr blicken!" Wie Gottvater, der die sündige Eva aus dem Paradies vertrieben hatte, wies er Biggi die Tür. Hinter zusammengeknüllten Klamotten ihre Blöße verbergend, suchte die auf einen einigermaßen würdigen Abgang achtend in Anjas Zimmer eine erste Zuflucht. Striezi und Biggi waren erst vor kurzem eine superemanzipierte Beziehung eingegangen. Alles total entspannt, hyperreflektiert, zwanglos und einvernehmlich. Also zumindest von außen betrachtet. Nur beim Beischlaf scheint es immer mal wieder ermüdende Diskussionen – über das, worüber man sich halt üblicherweise da so austauscht (keine Ahnung?!) – gegeben zu haben. Frauenrechte

– schon klar – galt es nicht nur im banalen Alltag, sondern auch direkt im Bett, wo die sicherlich am fragilsten waren, einzufordern (erinnert sei an Simone de Beauvoir und ihr vernichtendes Urteil über den Mann beim Geschlechtsakt). Aber war nicht eigentlich mitten im Liebesakt jeder noch so harte Macho formbar wie Knetgummi? Offensichtlich nicht so Striezi! Jedenfalls muss es so gewaltige Unstimmigkeiten gegeben haben, die ihn – sonst eher ein friedlicher Zeitgenosse – ausrasten ließen. „Die total ehrlich offene Beziehung" mit Biggi war für Striezi von da an jedenfalls Geschichte.

Zum Glück hatte er noch ein Dauereisen im Feuer: Brigitte (genannt: Brischid) aus West-Berlin. Genauer gesagt war das nichts anderes als eine Vögelbeziehung. Völlig unkompliziert! Ein kurzer Anruf – unser Telefonzähler zeigte erstaunlich wenige Einheiten an – und zwei Tage später trudelte Brischid bei uns ein. Auf den ersten Blick eine kleine graue Maus auf krummen Beinen, deren Gesicht durch einen Unfall jämmerlich verunstaltet war. Sie sah aus, als ob ein Dosenöffner tiefe Furchen auf ihren Backen hinterlassen hatte. Mit einem süßen französischen Akzent, dazu ein klitzekleines Täschchen als Handgepäck – für ihren Besuch sollte sie nur wenig Textiles brauchen – verschwand sie für mehrere Tage in Striezis Zimmer. Nur mal für einen kurzen Imbiss oder ein Glas Wasser tauchte sie zwischendurch in unserer Küche auf. So leise und unaufgeregt wie Brischid gekommen war, verschwand sie dann wieder. Die kommenden Tage war Striezi total ausgeglichen, allerdings ganz sicher mit völlig wund gescheuertem Gemächt.

Wie einfach oder kompliziert auch unserer aller Zweierbeziehungen liefen, Frauenpower war damals angesagt. Unerbittlich! Es ging um Vernetzung und Solidarisierung von Frauen aus aller Herren Länder. Um genauer zu sein, eigentlich zunächst nur weißer Frauen. Die aus der damals sogenannten Dritten Welt waren so gut wie nicht anwesend. Es ging um uns – und dabei vor allem um uns junge Studentinnen. Die Hausfrauen am heimischen Herd – nun gut, die gab es auch – wurden aber nur ganz rudimentär mitgedacht, hatten sie ihren Sklavenstatus doch in gewisser Weise selbst verschuldet. Sie waren in ihrer Gesamtheit eine Warenbeziehung eingegangen: Sicherheit gegen Sex und Hausarbeit. Mehr Beachtung sollten nur die Sexarbeiterinnen, also die Prostituierten, finden. Keine von uns nahm dabei zur Kenntnis, dass einige wenige von denen ihren Job durchaus gerne und selbstbestimmt machten. Differenzierung war nicht so unser Ding. Nutten waren ganz einfach das Paradebeispiel, an dem die Fratze männlicher Unterjochung ungeschminkt ans Licht kam. Basta! Es ging im Kampf gegen das Patriachat, das nichts anderes zu seiner Legitimation aufführen konnte als „den kleinen Unterschied", wie Alice Schwarzer schrieb, zunächst vor allem um die sexuelle Unterdrückung. Wir Frauen wollten nun endlich auch sexuelle Erfüllung, ekstatische Orgasmen erleben. Vorbei sollte die Zeit sein, als uns Männer belehrten, wie der Orgasmus einer intakten Frau zu sein hatte, nämlich vaginal. Wer nur klitoral empfand, war entwicklungstechnisch irgendwie zurückgeblieben. Und wer gar nichts spüren konnte, nun gut, der war frigide, also irgendwie krank. Woher die Kerle das eigentlich alles so genau wissen wollten? Keine Ahnung! Das eigene männliche Verhalten, ja vielleicht die Unfähigkeit, sexuell erfüllend agieren zu können, das war kein Thema. Sexuelle Befreiung hin oder her – die Frau war der Depp!

In Paris angekommen konnten wir in der Wohnung einer Frauen-WG unsere Schlafplätze aufschlagen. Und plötzlich wurde mir eine gewisse Achtung unter meinesgleichen zuteil. Denn als Einzige von uns Nürnbergerinnen sprach ich Französisch – und das ziemlich fließend und akzentfrei. Freundlich begegnete man mir dennoch nicht, aber so ganz verscherzen traute es sich jetzt keiner mehr mit mir. Denn nur durch mich war in Erfahrung zu bringen, wo und wann ein interessantes Event in der Seine-Metropole stattfand und wie man via Metro dorthin kam. Die Sonne zeigte sich an jenen Tagen von ihrer besten Seite und überzog die Stadt mit dem Zuckerguss purer Lebensfreude. Wir schlenderten durch die belebten Avenuen. Tausende von Frauen taten es uns gleich. Alle Variationen des Weiblichen waren unterwegs. Von rassigen dunkelhaarigen Schönheiten bis zu coolen Blondinen aus dem hohen Norden, die langbeinig in ihren Hotpants die Boulevards bevölkerten. Es gab aber auch jede Menge Hässlichkeit, oft geradezu provokant zur Schau gestellt. Nach dem Motto: Ich bin hässlich! Na und? Große dicke Moppel, die mit rappelkurzen hennaroten Haaren ihre ausufernden Hintern in knallenge Hosen zwängten. Ein absolutes No-Go war für alle Frauen der beengende BH, der im Französischen bezeichnenderweise soutien-gorge heißt. Was so viel wie das, was „die Gurgel hochhält", bedeutet. Das klingt nach Strangulieren, Luft abschneiden. Nichts wie weg mit dem Ding! Ganz egal, ob Apfel- oder Birnenbrust, auch völlig egal, wie üppig sich die Mammae ausnahmen. Man ließ der Erdanziehung ihren freien Lauf. Wer's noch bequemer haben wollte, hatte die Latzhose gewählt, oft fliederfarben oder in verwaschenem Rosa. Viele Frauen gaben sich laut und provokant, küssten sich lange und genüsslich und gaben damit ein öffentliches Bekenntnis zu ihrer lesbischen Liebe ab. Ich gebe es zu, das war schon leicht gewöhnungsbedürftig für mich. Viele grölten begleitet von Trommeln vor ihrem Bauch frauenbewegte Parolen, hoben die Fäuste dazu, um mit Verve nicht nur Gleichberechtigung, nein, sogar die Entmachtung der Männer zu fordern. Auch „Schwanz ab" Parolen waren nicht selten zu hören, vor allem dann, wenn sich ein menschliches Wesen mit dem falschen Chromosomensatz in den Hexenkessel verlaufen hatte. All das erinnerte mich in der Fauna an das Phänomen der schwarzen Spinnen, die ihre Männchen nach der Paarung eiskalt kannibalisieren. Auch unter Menschen, glaubt man der griechischen Sagenwelt, soll das Volk der gefürchteten und kampferprobten Amazonen mit ihren Begattern, vielleicht so ne Art antiker Callboys, im Nachhinein nicht zimperlich umgegangen sein. So ganz ging es damals in den siebziger Jahren ohne den Testosteron gesteuerten Teil der Menschheit jedoch noch nicht. Dafür fehlten noch einige Fortschritte in der Reproduktionsmedizin.

Aus allen Gassen lachte es, von den Plätzen drang fröhliche Musik, erklangen Lieder. Wir blieben vor einer Gruppe italienischer Frauen stehen, die sich untergehakt hatten und in purer Lebensfreude sangen und tanzten, sich umarmten. Einfach ein Abbild unverkrampfter Solidarität, ja des freundschaftlichen Umgangs im Miteinander. „Mensch, toll!", Biggi blieb wie gebannt stehen und schaute fasziniert dieser ungetrübten Heiterkeit zu. „Die Italienerinnen! So weit wie die müssten wir auch endlich in Deutschland sein!", gab sie versonnen von sich. Ich schaute sie verblüfft von der Seite an. „Aha!", dachte ich mir. Es wäre schon schön, wenn wir erstmal in Nürnberg rund ums Prinzregentenufer wohlwollend miteinander umgingen. Nicht ein Fitzelchen Selbstkritik an ihr zu erkennen! Woran es denn wohl liegen könnte, dass das mit der Frauensolidarität bei uns so gar nicht klappte.

Eigentlich hätte ich mir, wenn schon nicht Rat, so doch Trost in einem meiner Germanistikseminare holen können. Wir hatten damals – und zwar ohne können, oder dürfen! – den romantischen Roman „Lucinde" von Friedrich Schlegel zu lesen. Und wir lasen mal wieder nicht! Jedenfalls viele von uns. Denn in der Fachschaft Germanistik war man interessanterweise notorisch lesefaul. Außerdem lebte es sich, anders als in einem überschaubaren Theologieseminar, bei den Germanisten mit oft weit über fünfzig Teilnehmern pro Veranstaltung ziemlich ungeniert, denn man konnte mitsamt seiner Unwissenheit dort trefflich untertauchen. Trotzdem hatte es mich persönlich nachhaltig beschämt, als unser wirklich gutwilliger Professor da vorne an seinem Katheder zu toben begann. Mangels Unkenntnis der Lektüre war an ein Unterrichtsgespräch für ihn nicht im Entferntesten zu denken. Zu meiner Ehrenrettung muss ich sagen, dass ich mich noch posthum bei diesem Professor, der 2017 in Berlin gestorben war, im Anhang seiner Todesanzeige in der SZ für meine Faulheit und vor allem Ignoranz entschuldigt habe. Er hatte damals wahrhaft Perlen vor die Säue geworfen. Denn in der Tat hätte ich aus der Lektüre dieses romantischen

Werkes und der Begleitumstände seiner Entstehung, die uns der Dozent anschaulich nahebrachte, durchaus praktischen Gewinn ziehen können. Die, die wir geglaubt hatten, uns mit unseren Wohngemeinschaften auf neues Terrain zu begeben ... Weit gefehlt! Bereits im 19. Jahrhundert gab es in der Leutragasse 5 in Jena eine offene WG. Friedrich Schlegel, einer der Bewohner, hatte dort zur Feder gegriffen und seinen Skandalroman, ganz unverhohlen mit realem Bezug auf seine eigene Liebesbeziehung mit Dorothea Veit, aufs Papier gebannt. Mal abgesehen von der Thematik dieses damaligen Skandalromans, der immerhin schon den Rollentausch zwischen Mann und Frau im Geschlechtsakt fantasiert hatte – wenn auch der Mann weiter für den Geist und die Frau eben für die Natur stand – war das Drumherum des Alltags durchaus aufschlussreich. Da lebten neben den geistreichen Männern zwei hochintelligente und reflektierte Frauen Tür an Tür: Dorothea Veit und Caroline Schlegel (ich erspare mir die Namensänderungen der beiden Damen je nach wechselnder „Beziehungskiste"). Aber Doro und Caro begeiferten sich, verbreiteten Bösartigkeiten übereinander, stritten um Kleinigkeiten nach dem Motto. „Das ist meine Tasse. Die habe ich mit in die WG gebracht". Irgendwie hätte dieses Gezänk literarischer Koryphäen, die ständig den großen Meister Goethe in ihrem Salon auf dem Kanapee sitzen hatten, für mich ernüchternd, aber auch tröstlich sein können. Hätte ich denn das schmale Heft damals gelesen! Was waren dagegen schon Biggis und meine Scharmützel und kleinen Gehässigkeiten. Um Teller und Tassen stritten wir wenigstens nicht.

Fast schon Mutter Teresa

Eines Tages kam Otto mit einem grandiosen Vorschlag, wie ich in Zukunft mein Geld viel leichter verdienen konnte. Schließlich waren meine Wochenendjobs auf den diversen Kirchweihen der Umgebung nicht gerade beziehungsfördernd. Otto, die ganze Woche in der Klinik, und ich, Samstag und Sonntag bis spät abends im

Schaustellergewerbe unterwegs. Also kam Ottos Idee durchaus gelegen. In den Erlanger Unikliniken wurden nämlich immer wieder Nachtwachen gesucht. Denn dort gab es Patienten, die rund um die Uhr betreut werden mussten. „Aber ich habe doch nicht die geringsten medizinischen Vorkenntnisse", gab ich zu bedenken. „Du musst dich doch bloß neben ein Bett setzen und einfach nur da sein! Dafür kriegst du hundert Mark die Nacht!" Ich sah mein Girokonto schon zu gigantischem Reichtum anwachsen. Zehn Nächte zum Beispiel! Das konnte satte tausend Mark im Monat bedeuten. Zehnmal nachts nur rumhocken. Das war machbar. Von nun an würde ich ein richtig gutes Salär einfahren. Ich war Feuer und Flamme. Und tagsüber konnte ich meine Seminare und Vorlesungen absolvieren. Die eine oder andere Gelegenheit für ein bisschen Schlaf würde sich schon zwischendrin ergeben. Da war ich zuversichtlich. Gesagt, getan! An einem düsteren Novemberabend meldete ich mich im Sekretariat der Universitäts-Augenklinik zu meinem ersten Dienst. Was für ein unheimliches Gebäude! Auf meinem Weg ins Krankenzimmer hallten meine einsamen Schritte auf dem eisgrauen Steinboden in diesem hohen bedrohlichen Treppenhaus, das noch aus den Anfängen des neunzehnten Jahrhunderts stammte. Penetrant roch es nach abgestandenem Pfefferminztee und Desinfektionsmittel. Ängstlich schaute ich mich um. Keine Menschenseele auf den beklemmend einsamen Gängen. Ein idealer Ort für einen gewissen Dr. Jekyll, der hier im Verborgenen eines Laboratoriums seine teuflischen Experimente an der menschlichen Seele hätte durchführen und dann als entsetzlicher Mr. Hyde hätte um die Ecke biegen können. Mein Herz klopfte zum Zerspringen. Wie lächerlich!, versuchte ich mich selbst zur Ordnung zu rufen. Endlich am Ziel! Hastig drückte ich die Klinke runter und stand in einem riesigen Krankensaal, in dem mehrere eiserne Gitterbetten nebeneinander aufgereiht waren. Darin lagen frisch operierte Patienten mit verbundenen Augen, als ob sie schicksalsergeben auf ein Erschießungskommando warteten. Eine einsame Deckenfunsel in der Mitte des

Raumes verströmte nur spärliches Licht. Wozu auch mehr? Die Patienten hier sahen ja sowieso nichts. Manche von ihnen gerieten in dieser Blindheit, von der sie ja nicht sicher wissen konnten, ob sie nur vorübergehend war, in Panik. Neben die galt es sich auf einen Stuhl zu setzen, ihre Hand zu halten, ihnen was vorzulesen, bis sie eingeschlafen waren. Eigentlich ein total entspannter Job, bei dem ich spätestens nach Mitternacht auf meinem Stuhl zusammensackte und selbst wegdämmerte. Das Ganze hatte jedoch einen Nachteil. Hier gab es nur sporadisch, quasi auf Zuruf was zu tun. Regelmäßiger Verdienst – Fehlanzeige! Meine schöne Fantasie vom monatlich reich gefüllten Konto zerplatzte wie eine Seifenblase, bevor sie ansatzweise Wirklichkeit werden konnte. Ich brauchte einen anderen Job und wurde jetzt tollkühn. Ich bewarb mich bei der Frauenklinik. Dort wurde man wochenweise engagiert und das, wenn man einmal eingearbeitet war, immer wieder. Allerdings verlangte man dort von den potentiellen Nachtwachen medizinische Grundkenntnisse. Ich nahm allen Mut zusammen und beteuerte vor den strengen Blicken der Oberin, die mich kritisch durch ihre nach unten verrutschte Brille genauestens taxierte, dass ich just darüber verfüge. Ich sei die, nach der man suche. Geschickt hatte ich meine zwei Sonntage, die ich einmal als Sechzehnjährige im Städtischen Krankenhaus Ingolstadt als eine Art Mutter Teresa unentlohnt abgeleistet hatte, als intensive praktische Pflegetätigkeit aufgemotzt. So schlimm wie etwa das Erschleichen von Sozialleistungen empfand ich meine kleine Lüge letztlich nicht. Schließlich wollte ich nur eine Chance, um ehrlich Geld zu verdienen. Grund für jene zweimal vier Stunden Krankenhausdienst war damals alles andere als meine Menschenliebe gewesen. Vielmehr war ich total verknallt in einen jungen Arzt, der dort wenige Wochen zuvor meine Knieverletzung behandelt hatte. Er war so nett gewesen, vor allem zu meiner Mutter, die sich in ihrem Kummer über mein kaputtes Knie fast die Augen ausweinte. „Erst die Hüfte, nun auch noch das Knie!", jammerte sie. Der Arzt nahm sie in den Arm und tröstete sie. Alles werde wieder gut, das versprach er ihr hoch und heilig.

Wer meiner Mutter Gutes tat ... Es war fast wie ein Automatismus. Vor lauter Dankbarkeit hatte ich mich unsterblich in jenen jungen Arzt verliebt. Untersetzt, bereits mit leichtem Bauchansatz und Doppelkinn sowie sichtbarer Neigung zur Glatze, entsprach er eigentlich so gar nicht meinem Traummann. Ivanhoe, der edle Ritter, gespielt von Roger Moore, Little Joe aus der Fernsehserie Bonanza oder der feurige Omar Sharif – das waren meine Märchenprinzen. Mit denen hatte der Arzt nun rein gar nichts gemein. Aber war es für mich nicht endlich an der Zeit, schnöden Äußerlichkeiten abzuschwören und mich auf das Wahre und Gute in einem Menschen zu konzentrieren?! Hier bot sich die Gelegenheit. Auch als ich schon längst aus dem Krankenhaus entlassen war, rumorte der Liebeswahn weiter in mir. Ich musste Mutters und meinen Wohltäter wiedersehen. Es war klar, ein Treffen mit ihm konnte ich nicht dem Zufall überlassen. Wo hätte ich denn außerhalb der Klinik auf ihn stoßen können? Heute würde man meine nun folgenden Aktivitäten als Stalking bezeichnen. Ich brachte alles nur Mögliche mit List und Tücke über ihn in Erfahrung. Dabei war ich nicht ungeschickt. In internet-losen Zeiten wälzte ich Telefon- und Adressbücher. Damit bekam ich ganz brauchbare Informationen. Ich hätte gut und gerne in Zukunft mein Geld als Kriminalkommissarin verdienen können.

Einmal war all meine Mühe fast von Erfolg gekrönt, als ich mit einer Freundin um das Klinikum strich und meinen Angebeteten von der Straße aus in seinen Opel Kadett einsteigen sah. Schon da bekam ich allerdings Schnappatmung. Mein Mut verließ mich. Zum Glück regnete es und ich konnte mich unter meinem Schirm verkriechen, als er nach links und rechts blickend dicht an mir vorbeifuhr und die Toreinfahrt verließ. Also meine Flatternerven, die galt es noch in den Griff zu kriegen. Trotzdem, ich gab nicht auf. Es musste mir gelingen, ihm näher zu kommen. Wie es der Zufall wollte, fragte das Krankenhaus wenig später in unserem Gymnasium nach selbstlosen Schülerinnen, die an den Wochenenden kostenlosen Dienst bei Kranken leisten wollten. Gutes tun! Ja, das wollte ich. Mein Lohn würden keine himmlischen Verdienste sein – für Protestanten waren die sowieso bäh! – sondern die Nähe zu IHM. Und ganz eindeutig, das Schicksal hatte mir gerade mit dem Zaunpfahl zugewunken. Jeden Sonntag im Krankenhaus! Welche Chance! Fazit meines nun folgenden „selbstlosen Dienstes am Nächsten": Einmal vier Stunden Spritzen putzen, denn damals gab es noch keine Einmalkanülen. Der nächste Sonntag sollte sehr, sehr praktisch und karitativ für mich werden. Man schickte mich in eine Abstellkammer. Ich traute meinen Augen kaum. Ich schluckte. Da saß ein klapperdürrer, völlig verwirrter Greis zum Sterben irgendwohin in eine Ecke geschoben in einem Haufen verschmutzter Wäsche, stumm vor sich hin starrend und bis an die Ärmel seines Flügelhemdchens bekackt. Den hatte ich zu säubern und danach ihm irgendeinen Schlabberbrei in seinen zahnlosen Mund zu schieben. Das blanke Grauen hatte mich gepackt. Irgendwie gelang es mir, diese Aufgabe zu meistern. Danach – Mutter hin oder her – war allerdings Schluss mit „meiner großen Liebe", der ich trotz „größter Opfer" nicht den kleinsten Schritt nähergekommen war. Ne, wenn mein Einsatz so aussah, dann war der eindeutig zu hoch. Ich quittierte meinen Dienst in Sachen Mildtätigkeit und verliebte mich von da an praktischerweise in junge Männer, die besser zu mir passten. Mit der Zeit sogar in solche, denen meine Mutter nicht unbedingt gewogen war.

Mutters Trauma

Wie sehr jene Knieverletzung meine Mutter wieder getriggert hatte, dazu braucht es einen kleinen Rückblick. Der Topos „leidendes Mutterherz" waberte durch meine ganze Kindheit und bis weit hinein in mein Erwachsenenleben. Sogar noch, als ein junger Mann zum ersten Mal mit mir schlafen wollte, wimmelte ich ihn damit ab, dass ich „das" meiner Mutter nicht antun könne. So ein krudes Argument wird ihm sicher noch nie untergekommen sein.

Vieles im Leben meiner Mutter hatte das Zeug zur Tragödie. Hatten Menschen, mit denen wir später als Flüchtlinge im Lager zusammenlebten, in Ostpreußen Haus und Hof verloren und nur ihr nacktes Leben gerettet, waren Säuglinge im bitterkalten Winter den Eltern auf der Flucht weggestorben ... Das Leid meiner Mutter, die Heimat – keineswegs unter Lebensgefahr – verlassen zu haben, wog weit schwerer. Lebenslänglich! Für immer unvergessen!

So war es auch mit meinem Makel. Ich hatte nämlich als kleines Kind eine Hüftdysplasie. Eigentlich war ich mit meinem Defekt genau genommen auch noch ein bisschen Schuld an „der Flucht" meiner Eltern. Es waren nicht nur die politischen Turbulenzen um Vaters Friseurgeschäft in der DDR, das verstaatlicht werden sollte. Eine schriftliche Vorladung zu meiner anstehenden Hüftoperation für Juli 1958 schwebte über uns wie ein Damoklesschwert. Die DDR handhabe die Gesundheitspflege, vor allem die der Kinder, noch wie ehedem das Dritte Reich seine Volkshygiene. Höhensonne, orthopädische Gymnastik, die Rachitisprophylaxe, all das wurde nicht nur empfohlen, sondern von Amts wegen wurde peinlich auf die Einhaltung festgelegter Termine geachtet.

Das mit meiner Hüfte hatte eigentlich recht harmlos begonnen. Ich konnte schon laufen, aber meine Großmutter bemerkte, dass ich mein linkes Bein immer so komisch hinterherzog. Meine Eltern wollten das lange nicht wahrhaben. Ihr Kind ein Krüppel?! Furchtbare Bilder müssen sie da vor Augen gehabt haben. In jedem Dorf gab es ja Menschen mit Hüftleiden, die dann im Watschelgang oder mit den Armen rudernd sich mehr schlecht als recht, von den anderen oft verspottet, fortbewegten. Gleich hinter den Dorftrotteln kamen solche. Dennoch die Röntgendiagnose brachte es an den Tag: eine luxierte linke Hüfte. Für meine Eltern, vor allem für meine Mutter, brach eine Welt zusammen. Wo sie doch immer so pfleglich mit all ihren Sachen umging. Und jetzt: „Ihre Puppe" war kaputt! Im Nachhinein wird mir klar, dass das eugenische NS-Gedankengut bei meinen Eltern noch ordentlich im Kopf rumoren musste. Gleich betrieben sie auf der Suche nach dem Verursacher meines Defektes eine besondere Art der Ahnenforschung – selbstredend mit gegenseitiger Schuldzuweisung. „Dein Großvater, der hat doch gehinkt?", so meine Mutter. „Du musst doch nen Klaps haben! Das kommt aus deiner Familie!", darauf mein Vater. So ging es hin und her. Für mich folgte eine Reihe von Krankenhausaufenthalten, 1956 ... und der längste vielleicht von Januar bis März 1957. Ganz genau kann ich das meiner Krankenhauskarte nicht mehr entnehmen. Ein Eingriff muss das Einkugeln der Hüfte gewesen sein. Danach fesselte man mich monatelang in ein Gipsbett. Wenn auch nur bruchstückhaft, so erinnere ich mich doch an viele Bilder und Szenen aus dieser Zeit. Ich kann nur erahnen, wie furchtbar es gewesen sein muss, als kleines Kind ins Krankenhaus verfrachtet zu werden und dann nach der Narkose mit einem Mal mutterseelenallein in völlig fremder Umgebung aufzuwachen. Grausam war, dass es damals keine Besuchszeiten gab. Keiner kam, um zu erklären, zu trösten, Hoffnung zu machen. Die Eltern, die gab es ganz einfach mit einem Mal nicht mehr. Man lag da und wusste nicht wieso, wie lange und wie das alles enden würde. Der Pädagogik letzter Schluss war: Das Beste für das Kindeswohl war, dass Kinder ihre Eltern nicht sahen, sie für die Zeit der Krankheit vergaßen. Manchmal spitzte eine Mutter oder ein Vater nach einem Besuch beim Arzt jedoch durch das Fenster in der Tür in den Krankensaal, suchte mit Blicken nach dem eigenen Kind. Wurden Eltern dabei erwischt, veranstalteten die Schwestern ein riesiges Gezeter, brachte diese Unvernunft doch Unruhe in den Krankenhausbetrieb.

In der medizinischen Versorgung war für mich nur das Beste gut genug. Ja, man tat alles, um mein mir von der Natur beschertes Defizit „wegzumachen". An meiner Eltern Kind sollte kein „Untätchen" sein! Eine der Stationen war die Charité in Berlin. Was mir von solchen Besuchen immer in Erinnerung blieb, war, dass ich an der Hand von Mutter und Vater durch das Brandenburger Tor gelaufen bin. Neben mir die dicken Säulen, hoch über mir das graue Gewölbe ... Später schien das lange Zeit beinahe unwirklich, wenn man bedenkt, dass dort fast dreißig Jahre lang ein No-Go-Area sein sollte. Dauerpatient war ich aber in der Universitätsklinik Halle-Wittenberg. Meine Eltern ließen nur Koryphäen an mich ran. Zum Beispiel den dortigen Sanitätsrat, einen Professor für Orthopädie. Es hat mich seltsam berührt, als ich ganz zufällig viele Jahre später bei einem Besuch auf dem Stadtgottesacker in Halle dessen Namen wieder lesen konnte. Auf seinem Grabstein stand geschrieben, dass er 1975 im Alter von 84 Jahren gestorben ist. Wie war das Leben seit 1958 für ihn persönlich verlaufen ...? Ich stelle mir vor ... Müßige Gedankenexperimente! Selbst nach all den Jahren grolle ich ein wenig mit ihm. Er war es, der meiner Mutter diesen ungeheuerlichen Satz sagte: „Liebe Frau, machen Sie sich keine Sorgen. Ihr Kind spürt nichts von all dem. Aber Sie, Sie als Mutter, Sie leiden unendlich ...!" Das ist noch echte Mutterkreuz-Ideologie! Diesen furchtbaren Satz hat meine Mutter ein Leben lang wie ein Schutzschild vor sich hergetragen. Immer wieder wurden mir diese Scheißworte vorgekaut, selbst dann noch, als ich 47-jährig frisch operiert mit einer neuen Hüfte von Mutter ein einziges Mal! am Krankenbett besucht wurde. Nie gab es die Frage: Wie geht es dir? Sondern immer: „Ich hawe alles Menschenmöchliche jedan!" Will sagen: „Liebes Kind, ich bin raus aus der Nummer!" Aber hatte ich ihr je einen Vorwurf gemacht? Ich für meinen Teil hatte immerhin Fantasie genug, mir vorzustellen, dass ihre Ängste und Sorgen, ihre Mühen in Zeiten, wo eine Hüftluxation noch nicht einfach per Spreizhöschen zu korrigieren war, nicht klein waren. Die modern gesprochen „facilities" waren damals denkbar erbärmlich. Ein Backbrett musste auf dem Kinderwagen festgemacht werden, damit man mich mal in der frischen Luft spazieren fahren konnte. Monatelang ein im Gips gefesseltes Kind. Zur Bewegungslosigkeit verdammt in einer Entwicklungsphase, wo Kinder auf eigene Faust die Welt zu erkunden beginnen. Rosa Luxemburg, sollte ich später erfahren, ist in so einer, allerdings falsch angebrachten Gipsschale zum Krüppel geworden. Ich vermute stark, dass bei meinem motorisch völlig verkümmerten Körper sich mein Kopf daher besonders auf Sprache und Gedächtnisleistungen verlegt hat.

Aber zurück zu meiner Mutter. Beim Konsum gab es gerade Bananen! Wie drankommen? Wie jeder damals: Schlange stehen war angesagt. Aber Mutter mich, das schwere Kind tragend, auf ihrem Bauch abstützend. Keiner ließ ihr auf der Jagd nach einer Delikatesse den Vortritt. Und dann die Spießrutengänge durchs Dorf. Ständig muss ich geschrien und gewimmert haben. „Frau Feilner, Ihre Kleene hat nich bloß e gabuddes Been. Ne, die hat's och im Gobbe ...!", waren die Kommentare „gutwilliger" Zeitgenossen. Jetzt mussten sich meine Eltern also auch noch Sorgen um meinen Geisteszustand machen. Nachdem jedoch meine atrophierten dünnen Beinchen endlich eines Tages aus dem Gips geschält wurden, sah man die Ursache für mein ständiges Plärren. Was bei alten Menschen ihr Dekubitus, waren meine völlig aufgescheuerten Oberschenkel und natürlich mein Po bis hoch zum Rücken. „Nur rohes Fleesch!", so der Kommentar meiner Mutter. All ihr Können verwendete Mutter neben der Wundversorgung ganz schnell wieder darauf, dass ich nicht mehr einnässte. Ein Jammer! So schön „sauber" hatte sie mich schon mal gehabt! Vor dem Gips! Und jetzt war ich wieder im wahrsten Sinne des Wortes versaut. Alles von vorne.

Jedoch hatte mich die Gesundheitsfürsorge des Arbeiter- und Bauernstaates noch nicht als geheilt entlassen. Im Sommer 1958 stand wie gesagt eine Operation an. Mitzubringen seien „Nachtwäsche, Handtuch, Waschlappen, Zahnbürste ...", stand da auf der Vorladung. Aber mit welcher Zielsetzung denn damals eine Operation? Später, bereits im Westen, hatte ich dann operierte Kinder gesehen. Ihr herausstechendes Merkmal war der „Watschelgang". Wahrscheinlich war wirklich jene Schwester Lina im Krankenhaus Halle mein rettender Engel. Sie war es, die meinen Eltern hinter vorgehaltener Hand, quasi am Professor vorbei, geraten hat, eine Operation in jedem Fall, wie auch immer sie das anstellten, zu vermeiden. In ihrer langjährigen Schwesternlaufbahn habe sie viele Kinder erlebt, bei denen sich nach Einrenken und Gipsbett alles zum Guten gewendet hatte. So sollte es letztendlich auch bei mir sein, bis drei Schwangerschaften mein Becken ungünstig verschoben haben und das Leiden wieder begann.

Meine Eltern haben all die kommenden Jahre meiner Kindheit mit Argusaugen auf meinen Gang geachtet. Mir vieles verboten: Rollschuh fahren, Gummitwist hüpfen ... „Basse uff, dass deine Hüfte nich rausspringt!" Ja, ich stolperte oft, fiel nicht selten beim Rennen hin. Sicher viel öfter als andere Kinder. Wider besseres Wissen gab es dann Dresche für mich: Vater schlug, weil er es partout nicht ertrug, dass ich irgendein Defizit haben könnte, wie er mir später gestand. Zusammenreißen sollte ich mich gefälligst. Mutter hingegen schlug mich dann, wenn meine Strumpfhose ein Loch hatte ... Eine neue Strumpfhose – die kostete Geld.

Lauter kleine Schreihälse Jedenfalls, wenn auch nur aus Liebeswahn, ich hatte mich pflegerisch durch meine zwei Tage Freiwilligendienst im Ingolstädter Krankenhaus zumindest in meinen Augen für die „höhere Pflege" qualifiziert. Mein erster Einsatzort in der Frauenklinik wurde die Entbindungsstation. Siebenmal zwölf Stunden Nachtdienst. Eine ganze Woche lang. Jetzt hatte ich, was ich wollte. Aber was für ein Mörderjob! Kaum war ich am ersten Abend in den weißen Kittel geschlüpft, hatte mich kurz mit den neuen Kolleginnen bekannt gemacht, ging der Stress schon los. Babys einsammeln! Hatte man die tagsüber bei ihren Müttern gelassen, wurden sie damals noch nächtens ins Kinderzimmer verfrachtet. So schob ich als erstes einen großen Wagen, in dem kleine Menschen wie frisch gebackene Brotlaibe nebeneinander geschichtet waren, in einen gleißend hell erleuchteten, kuschelig warmen Saal. Als nächstes war Wiegen angesagt. Es musste kontrolliert werden, wieviel

Milch die Kleinen sich von der Mutterbrust geschnappt hatten und wieviel evtl. nachzufüttern war. Die meisten hatten leider noch Fläschchenbedarf. Rund um die Uhr. Blöderweise kannten diese frisch geborenen Brüllaffen noch keinen Unterschied zwischen Tag und Nacht. Hunger? Besonders während meiner Dienstzeit zwischen sieben Uhr abends bis morgens mutierten sie zu hyperaktiven Schluckspechten. Ganz eindeutig: Sie hatten mich persönlich auf dem Kicker. Zwölf Stunden lang gaben sie einander abwechselnd einfach keine Ruhe. Rund vierzig in Molton gewickelte kleine Teufel, von denen immer irgendeiner plärrte. Entweder nach Milch oder weil ihn die Windel zwickte. Dicke rosige, faltig verhutzelte, glatzköpfige, andere wiederum mit tiefschwarzer Haarpracht, mit scheinbar verständigem Blick oder aber dumpf vor sich hinglotzend ... Ich gebe es zu, manche von denen waren mir gleich schon mal unsympathisch. Die guckte ich böse an. Nur so unterentwickelt wie die noch waren, machte das nicht den geringsten Eindruck auf sie. Sie brüllten munter weiter, und ich musste mich um sie kümmern. Um sie alle. Milch abmessen, Fläschchen geben. Besonders unbeliebt waren bei mir die Schlaffis, die Faulen, die mitten im Saugen immer wieder erschöpft auf meinem Arm einpennten. Nach dem Füttern über die Schultern legen und warten, bis jeder sein dämliches „Bäuerchen" gemacht hatte, während mir in dieser Brutkastenwärme selbst die Augen zufielen. Schließlich der Höhepunkt: vierzigmal Windeln wechseln – und zwar damals noch Stoffwindeln. Hatte ich die ersten Babys noch irgendwie kack- und pinkeldicht wie Rindsrouladen in die weißen Tücher eingerollt, hatte ich recht schnell den Dreh raus, wie sie richtig zu windeln waren. Ich lernte zu unterscheiden zwischen Kindspech, also dem ersten Schiss nach der Geburt, und der satten breiigen Hinterlassenschaft nach üppigem Milchgenuss, achtete auf Anzeichen von Neugeborenen-Gelbsucht. So wurde aus mir ziemlich unfreiwillig doch noch eine geschulte Hilfsschwester. War dann noch Zeit bis zum Schichtwechsel, waren die ersten Brüllaffen wieder auszuziehen und zu baden. Denn die Muttis

sollten nach ihrem Frühstück die Kleinen hübsch sauber, wohl-
duftend in die Arme gelegt bekommen. Rundum: ein absoluter
Fulltime Job.

Zwischendrin musste ich mich auch noch um die Frischentbun-
denen kümmern. Das hieß der erste Klogang nach der Geburt
hatte in Begleitung zu geschehen, damit die junge Mutter nicht
kollabierte. Manchmal hätte ich mir gewünscht, dass meine ach
so frauenbewegten WG-Genossinnen sich das wahre weibliche
Miteinander mal in der Praxis anschauen würden. Ein optimales
Studienobjekt dafür war meine Kollegin, eine ältere Hebamme.
Eine strenge grauhaarige Frau mit einem Mund voller blitzen-
der Goldzähne, bestens geeignet zum Nüsse knacken. Wenn sie
lachte, was selten genug geschah, sah es aus, als wolle sie jeden
Moment zubeißen. Sie hatte wohl nach dem Krieg knapp die
Flucht aus Pommern überlebt. Einige wenige Andeutungen ließen das vermuten. Von ihrer groben Art her hätte sie besser in
eine Kaserne gepasst als zu der hochempfindsamen gebärenden
Klientel einer Universitätsstadt. Ihr Umgang mit den Frauen
auf dieser Station war zum Teil grenzwertig. Zum Glück kam
ich persönlich leidlich mit ihr aus, denn in jedem meiner Jobs
stellte ich mich geschickt an, war willig – und ja, auch fleißig.
Diese Dragonerhebamme hatte noch alte Werte- und Hierar-
chievorstellungen, die sie ungeniert auslebte. Tauchte der Oberarzt mal auf Station auf, um nach dem Rechten zu sehen, schien
es, als würde sie gleich ehrfürchtig salutieren. Bei Frauen machte
sie erbarmungslos Unterschiede. Schließlich war das durch die
Patientenunterteilung in erste bis dritte Klasse fast naturgemäß
vorgegeben. Einfache Frauen hatten nur Anspruch auf grob-
schlächtige Behandlung. Das war eben Krankenkassenstandard.
Denn war es die gemeine Bäuerin bis vor kurzem nicht noch
gewohnt, mit ihrer Leibesfrucht auf dem Rübenacker nieder-
zukommen?! Wieso also jetzt dieses wehleidige Gedöns?! We-
hen! Die musste man eben als direkte Nachfahrin der sündigen
Urmutter Eva aushalten. Unvergessen eine Fünfzehnjährige, die
gerade entbunden hatte. Als ich die zur Toilette begleiten woll-

te, hielt mich die Hebamme brüsk zurück: „Nix da! Die schafft das allein! Beim Kindermachen hat das Flittchen ja auch keine Hilfe gebraucht!" Mir blieb der Mund offenstehen. Das arme Mädchen stützte sich beim Gehen an der Wand ab, um nicht in die Knie zu gehen. Zum Glück schaffte sie es.

Auf Privatstation lag zeitgleich eine Baronesse, der die Klinik-bettwaren nicht taugten: Kissen und Decken zu schwer, zu plump. Hurtig sorgte meine Dragonerkollegin umgehend für Abhilfe. Der Umgang von Frauen untereinander?! Da braucht es wahrlich keinen Macho von da draußen dazu. Zuweilen beekelt sich die Weiblichkeit viel gekonnter untereinander.

Nach dem Dienst dann zwanzig Minuten Autofahrt nach Nürnberg. Die zogen sich wie Kaugummi. Todmüde wie ich war, wollte ich nurmehr in mein Bett. Vom stundenlangen Stehen waren meine Beine schwer wie Blei. Nur mühsam konnte ich die Augen offenhalten, um nicht am Steuer einzuschlafen.

Morgens um halb acht an einem Sonntagmorgen nach Hause zu kommen, machte besonders gute Laune. Denn am Wochen-ende liefen bei uns immer die ganz großen Feten. Mit zwanzig, dreißig Leuten. Die Luft war zum Schneiden und stank nach abgestandenem Rauch. Überall überquellende Aschenbecher. Wild in der Küche verstreute Stühle, in den Töpfen und auf den Tellern in der Spüle unappetitliche Essensreste, vermengt mit der einen oder anderen Kippe, waren eindeutiger Beweis, wie hoch es mal wieder hergegangen war. Dutzende von Gläsern mit Weinresten auf dem Tisch, in jeder Ecke leere Flaschen ... Meine Stimmung rutschte weiter in den Keller, wenn Otto an so einem Morgen auch noch mein Bett blockierte, weil ihm mal wieder die sauberen Bezüge ausgegangen waren. Ich wollte mir einfach nur die Decke über den Kopf ziehen und meine Ruhe. Am meisten aber wurmte mich, dass ich all dieses Halligalli mitfinanzierte, ohne dass man mir mehr als abgenagte Hühner-knochen übriggelassen hatte. Innerlich tobte ich, aber es half nichts. Schließlich hatte ich meine Lektion ja brav gelernt. Während so einer Woche Nachtdienst auf der Entbindungsstation war mit mir rein gar nichts mehr anzufangen. Von wegen nachts arbeiten, tagsüber an der Uni studieren. Meistens hing ich halblebig in meinem Zimmer rum, versuchte das eine oder andere zu lesen, etwas aufs Papier zu bringen. Aber eine bleierne Müdigkeit ließ mich den ganzen Tag nicht los. Trotzdem, der eine oder andere Seminarschein musste nebenbei erarbeitet werden. Eine wahre „Sternstunde" sollte mein Referat im Rahmen eines Linguistik-Seminars werden. Das war eine jener Veranstaltungen, deren Thematik mich nicht die Bohne interessierte. Lieber lernte ich alt- und mittelhochdeutsche Lautverschiebungen, als mich mit den grottenlangweiligen Theorien eines Ferdinand de Saussure über das Zeichensystem von Sprache, der Semiotik, oder mit den Kommunikationsaxiomen eines Paul Watzlawick zu beschäftigen. Aber es half nichts, die Leistung musste erbracht werden. Und so stand ich eines Tages saft- und kraftlos vor meinen Kommilitonen und hielt ein Referat, dessen Inhalt mich anödete und von dem ich auch zugegebenermaßen so gut wie gar nichts verstand. Ich hangelte mich irgendwie durch meine wahllos exzerpierten Gedanken, die ich mir auf mein Konzeptblatt gekritzelt hatte, verhedderte mich in Fachbegriffen, von denen ich keine Ahnung hatte, und fühlte eine mich beschämende Peinlichkeit in mir aufsteigen. Ich schwitzte und wünschte nichts sehnlicher, als endlich zum Schluss kommen zu können. Als ich geendet hatte, Schweigen. Keine Fragen mehr aus dem Plenum. Wahrscheinlich hatte ich meine Mitstudenten mehr verwirrt als erhellt. Zaghaft wagte ich einen Blick zu meinem Professor, der den Kopf in die Hand gestützt sinnierend an der Fensterbank lehnte. „Nun ja", hob er an, „mancher Aspekt hätte durchaus noch vertieft werden können ..." Ich fühlte mich wie eine Sünderin vor dem Jüngsten Gericht. Er fuhr fort: „Ich würde Ihre Arbeit daher mit einer Zwei bewerten wollen." Zunächst dachte ich, ich habe mich verhört. Auch auf den Gesichtern meiner Mitstudenten machte sich ungläubiges Erstaunen breit. So eine grottenschlechte Leistung und ein „gut"?! Selten habe ich mich für eine Note so geschämt wie für diese. Jetzt war es glasklar, für alle offensichtlich. Was ich bislang nur immer gespürt hatte, wurde Gewissheit: Von diesem Professor wurde ich eindeutig als junge attraktive Studentin bevorzugt. Also Frau an der Uni zu sein, konnte in beide Extreme ausarten, so wie bei meinem Graecum-Debakel oder jetzt hier mit einer völlig unverdienten guten Note. Es war letztlich so was wie eine Art „ausgleichende Gerechtigkeit".

Eine weitere schriftliche Arbeit hatte ich in dieser nachtdienstintensiven Zeit noch schnell in die Tasten getippt. Im wahrsten Sinne ohne Punkt und Komma. Sie war auch recht gelungen. Das Ergebnis konnte sich sehen lassen. Aber am Ende stand der wie in Stein gehauene Satz: „Wie wäre es denn, wenn Sie sich im Laufe Ihres weiteren Studiums mal intensiv mit der Zeichensetzung beschäftigen würden?" O, wie peinlich!

Da mir die Schreihälse auf der Entbindungsstation offensichtlich nicht nur wie kleine Vampire nächtens die Lebenskraft aus den Adern, sondern auch meinen Grips wegsaugten, musste ich Abhilfe schaffen. Mein Studium durfte darunter keinesfalls leiden. Dagegen musste ich was tun.

Auf der Krebsstation

Also begab ich mich zur Oberin der Frauenklinik und fragte nach, ob ich nicht die Station wechseln könne. Schließlich wolle ich überall einmal hineinschnuppern, Neues kennenlernen. In Wirklichkeit war ich auf der Suche nach einer Sorte Nachtdienst, die einen nicht in Endlosschleife in Beschlag nahm, wo man zwischendurch mal die Beine hochlegen, mal was lesen konnte. So eine Station sollte ich bekommen: Von nun an Nachtdienst auf Station D. Für die Arbeit vor Ort brauchte es jedoch Nerven wie Drahtseile. Hatte ich bei jenem sterbenden Greis im Ingolstädter Klinikum menschliche Abgründe kennengelernt, so sollte es hier noch dicker kommen. Ich war auf der Krebsstation gelandet.

Meine allererste Aufgabe hier war befremdend. Ich nehme mal an, dass das die Rache oder vielleicht eine Art Initiation für eine daher gelaufene Studentin wie mich war, die altgediente Krankenschwestern mal gerne auslebten. Ich bekam völlig unvorbereitet eine Packung Zucker und einige Lagen Gaze in die Hand gedrückt. Einer Patientin sei die Brust neu zu verbinden. Und was sollte der Industriezucker dabei ausrichten? „Na, den verteilst du auf der Wunde, dann heilt sie schneller!" Aha! Wieder was gelernt. Als ich das Krankenzimmer betrat, stieg mir ein seltsam süßlicher Geruch in die Nase, der sich ins Unerträgliche steigerte, als ich Schicht für Schicht den Brustverband meiner Patientin löste. Was ich dann sah, verschlug mir den Atem. Vor mir ein stinkendes eitrigblutiges Loch, wo einmal eine Brust gewesen war. So musste der Tod riechen. „Dann heilt die Wunde schneller ...!" Diese Worte kamen mir wie Hohn vor. Heilen würde da nichts mehr. Hier ging es eindeutig auf das Ende zu. Aber ich machte der Patientin ganz offensichtlich eine Freude. Denn mit jedem Löffel Zucker, den ich in ihre Wunde streute, schien ich ihr ein wenig Zuversicht mitzugeben. „Gell, es ist schon a weng besser geworden?", fragte sie. Dabei war es völlig unwichtig, dass ich als Neuling diese Frage gar nicht beantworten konnte. Es ging hier um eine ganz andere Art von Hoffnung als die in Ernst Blochs philosophischem Mammutwerk, um eine konkrete, zutiefst menschliche, die es ganz selbstverständlich zu geben galt. „Ja, es ist schon a weng besser geworden!", sagte ich mit tonloser Stimme.

Über einer der Türen leuchtete ein grünes Licht. Eine Patientin hatte geläutet. Der Ruf galt mir. Vor mir in ihrem Bett saß eine in sich zusammengesunkene Frau, die eher an einen aus dem Nest gefallenen kleinen Spatz erinnerte. Spärlicher Haarflaum spross hier und da auf der grauschuppigen Haut ihres ansonsten kahlen Schädels. Auf einem Ständer auf dem Nachttisch eine dunkelhaarige Perücke, die, wenn Besuch kam, die einstige Haarpracht imitieren sollte. „Damit meine Leut' mich überhaupt noch erkennen", erklärte sie mir eines Abends müde lächelnd. Die Chemotherapie, die diese Frau nun schon eine ganze Weile über sich ergehen ließ, hatte für Haarausfall gesorgt. Die Verwüstungen, die diese damals noch wenig spezifizierte oder gar personalisierte Behandlung auch an gesunden Körperzellen anrichtete, konnte ich nicht sehen, aber meine Kolleginnen erzählten davon. Mancheine hatte so ihre Zweifel, ob eine solche Ochsentour, in der Regel kurz vor dem Tod, wirklich noch sein musste. Aber für viele Todgeweihte war dieses Therapieangebot der letzte Strohhalm, an den sie sich klammerten. Das nur noch überstehen, dann wird alles wieder gut! Ganz bestimmt! Oder doch nur vielleicht?! Völlig erschöpft reichte mir die Patientin mit zittrigen Händen jetzt eine metallene Nierenschale voller Erbrochenem. Aber da schwammen nicht irgendwelche Essensbröckchen, sondern es schien, als hätte sie ihre sich auflösenden Eingeweide ausgespuckt. Nichts als Gewebefetzen. Noch konnte ich nicht absehen, was all das Grauenhafte um mich herum mit mir machen würde. War ich abgebrüht genug oder würde ich psychisch in die Knie gehen? In beinahe jedem Zimmer dieser Station Frauen, die manchmal noch keine vierzig Jahre alt waren, aber aussahen wie Greisinnen. Ihre Bäuche oft aufgebläht durch eine unheilvolle Mixtur von Körpersäften und Metastasen, die ihnen die Luft zum Atmen nahm. Nur kurz eine Verschnaufpause für diese gequälten Kreaturen, wenn eine Schwester Erleichterung durch eine Bauchpunktion mit der Absaugspritze verschaffte.

Nachts brüllten jetzt keine hungrigen Babys mehr, aber die Schmerzensschreie mancher Krebskranker erfüllten die dunklen Gänge. Diesen Menschen war nicht zu helfen. Und waren das überhaupt noch Menschen? Nachts, in meiner Übermüdung, verschwammen mir manchmal die Konturen. Da gab ich einem Wesen etwas zu trinken, das fast wie ein kleines Äffchen aussah. Denn manche Patientin verlor durch die Chemotherapie zwar ihr Kopfhaar, aber am ganzen Körper waren lange dunkle Haaren gewachsen. Rasselnd hob sich beim Trinken der Brustkorb und der mit Wasser gefüllte Kugelbauch mit jedem Schlucken, mit jedem Atemzug. Starre Augen blickten ins Nirgendwo, bevor sie erschöpft wieder zufielen.

Die Qualen und Schreie der leidenden Kreatur blieben oft unbeantwortet. Wie eine Gralshüterin bewachte die Stationsschwester den Schlüssel zum Giftschrank. Darin sorgsam verwahrt und peinlich genau registriert der Bestand von Opioiden wie Morphium. Das einzig wirksame Mittel gegen diese furchtbaren Qualen, die die Eingeweide dieser Elenden marterten. Es musste viel passieren, bis dieser Hochsicherheitskasten aufgesperrt wurde und eine Ampulle Linderung gnädig gewährt wurde. Mit dem Blick auf moderne Palliativmedizin mag der damalige Umgang mit Schmerzen verwundern. Heute, insbesondere bei unheilbar Kranken, steht an erster Stelle die Vermeidung von Leid. Damals in der Hochzeit von LSD, Heroin und Joints in der Jugendszene scheint vor allem die Angst vor der Sucht so seltsame Blüten getrieben zu haben, dass den Todkranken die Segnungen von Rauschgiften verweigert wurden. Lieber clean als süchtig sterben, schien die Devise zu heißen. Welcher Irrsinn!

Eine andere Episode auch für immer unvergessen. Auf meinen Arm gestützt führte ich eine schwerkranke Frau zur Toilette. Im Waschraum standen wir beide vor dem Spiegel. Lange blickte die Todgeweihte schweigend auf unser beider Spiegelbild. „Wissen Sie, dass ich auch einmal so jung und schön wie Sie war?", fragte sie unvermittelt. Ich schluckte. Da blickte eine völlig abgezehrte alte Frau, die Augen schon tief in die Höhlen gesunken auf mich, eine mitten im satten Leben ihrer zweiundzwanzig Jahre stehende junge Frau. Diese Episode sollte mein immerwährendes persönliches Mementi Mori werden.

Von da an pflegte ich diese Patientin mit besonderer Hingabe. Morgens vor dem Schichtende wusch ich sie sorgfältig, cremte sie ein, benetzte ihre trockenen Lippen mit Wasser. Das sollte nur wenige Tage so gehen. Eines Morgens bemerkte ich, dass ihre Füße eiskalt, ihr Kopf hingegen fiebrig heiß war. Während ich sie wusch, starb sie unter meinen Händen. So also fühlte er sich an – der Tod! Ich hatte ihn hautnah gespürt, wie er ganz langsam in diesem gepeinigten Körper hochkroch und ihn in Besitz nahm. Ja, ich konnte das alles ertragen, konnte das Ganze eigentlich ganz gut verdrängen, mich unbeschadet in den Alltag retten. Ich war ja jung und gesund!

Behilflich dabei war mir ganz sicher eine Art von Ablenkung, mit der ich auf dieser Station des Todes am allerwenigsten gerechnet hatte. Machte ich in unseren WG-Kreisen bei der Männerwelt so gar keinen Stich, so gab es während dieser Nachtdienste beinahe keinen diensthabenden Arzt, der nicht auf mich abfuhr. Mann setzte sich gerne mit uns auf ein Pläuschchen zu später Stunde ins Schwesternzimmer. Da saß auch ich, trank meinen Tee und versuchte in einem Buch zu lesen, als plötzlich der Fuß des Oberarztes unter dem Tisch nach dem meinen angelte. Erschrocken zuckte ich zurück. Das konnte doch nicht wahr sein! Aber ich hatte mich nicht getäuscht. Ein anderer wiederum pickte einen Marienkäfer von meinem Kittel, um mir im Nachgang sanft über die Backe zu streichen. Langer Rede kurzer Sinn, aus dem ganzen Geplänkel ergaben sich für mich drei handfeste Affären, manchmal hintereinander, manchmal, ja ich gebe es zu, auch parallel. Was für ein Stress, das alles zu koordinieren zusammen mit Studium, Nachtdienst und WG-Alltag. Ich kam mir so richtig verrucht und verdorben vor. Aber ich rechtfertigte das Ganze vor mir als Rache all der erlittenen Demütigungen in und rund um meine WG. In dieser meiner neuen Nischenwelt konnte ich jetzt so ungeniert leben wie Mia in der ihren. Irgendwie stand mir das zu, oder? Das Ganze hatte ja auch durchaus Vorteile für mich. Einer der Ärzte gab mir den Schlüssel zu seinem Zimmer im Schwesternheim, wo ich mich gleich nach Dienstschluss aufs Ohr hauen konnte. In Nürnberg bekam das keiner mit, denn die Jungs gingen ja alle morgens selbst in die Klinik und meine WG-Mitbewohnerinnen interessierten sich sowieso nicht für mich. Mit meinem Oberarzt Martin feierte ich zwischendurch in seinem Labor kleine Gelage mit Champagner und Leckereien aus einem Feinkostladen. Alles dazu hatte ich am Nachmittag besorgt und dort in den Kühlschrank gestellt. Allerdings hatte ich das knallgelbe Warnzeichen mit dem schwarzen Flügelrad auf dessen Tür übersehen: Hier wurde radioaktives Material gelagert. Wir ließen es uns trotzdem schmecken. Waren die anderen Affären kleinere Geplänkel, wurde das mit Martin allmählich gefährlich. Er, Vater dreier Kinder, wurde immer kühner. War seine Frau verreist, wurde ich zu ihm nach Hause eingeladen. Dann wieder das Angebot, mit ihm zusammen das Haus seiner Mutter am Starnberger See zu hüten. Aber wie hätte ich eine Woche Abwesenheit bei den Meinen erklären sollen? Dann seine Anfrage, ob ich gemeinsam mit seiner Familie als Kindermädchen nach Griechenland mitfahren wolle. Wie frech war das denn? Da regte sich in mir schon so etwas wie Frauensolidarität. Die Mutter dreier Kinder derart zu hintergehen, ihr als Geliebte des Ehemanns dreist und unverfroren tagtäglich entgegenzutreten, das konnte ich nicht.

Wie in vielen, vielleicht sogar allen meinen früheren Beziehungen, stellte ich mir auch hier nicht die Frage, was wollte eigentlich ICH. Aber es war für mich geradezu berauschend, sich begehrt zu fühlen. Ein gestandener Mann, der auf Station und im Hörsaal tagtäglich von Scharen, sicher auch sehr hübscher Schwesternschülerinnen umgeben war, der wählte MICH. Schon unsere Treffen waren höchst prickelnd, für mich so spannend, als wäre ich Mitwisserin, ja Ausführende eines Verbrechens. Eine Verabredung in einem Lokal, in das er kurz reinschaute und mir per Blickkontakt signalisierte, dass er im Auto draußen vor der Tür wartete. In Erlangen war er zu bekannt, als dass er sich öffentlich hätte mit mir sehen lassen können. Irgendwann gestand er mir sogar, dass das eingetroffen sei, was er nie für möglich gehalten habe: Er habe sich in mich verliebt. Verliebt? Was immer das heißt! Im Nachhinein wird klar, dass ich eine ganz besondere Trophäe für ihn war, eine, die er noch nicht in seiner Sammlung hatte. Denn dass einer wie er ein Dauer-Fremdgänger war, das konnte ich mir an zehn Fingern abzählen. Politisch links, scheinemanzipiert, Männer in Softies und Chauvi-Machos unterteilend, gab ich ihm, einem Adelsspross, dessen Vorvater zur Entourage des bayerischen Königs Ludwig I. gehört hatte, Einblick in eine für ihn fast schon exotisch fremde Welt. Ich war für ihn harmlos, amüsant und sehr unterhaltsam, das steht fest. Allmählich wurde mir das Ganze jedoch zu heiß, vor allem da ich spürte, dass ich gerade dabei war, süchtig nach dieser Art von Bestätigung zu werden. Kopflos agierte ich nie. Mir war klar, dass ich in jedem Fall hier möglichst bald die Bremse ziehen musste, wollte ich mich selbst nicht nachhaltig beschädigen. Eine Affäre mit einem, der nicht frei war? Der einen irgendwann wie einen willigen Tanzbären am Nasenring hinter sich herzog? Nein, danke!

Das erlebte ich gerade in Reinkultur an Mia. Die hatte vor kurzem die „Liebe ihres Lebens" kennengelernt. Hatte sie bei Hilde und Hajo dagegen noch so sehr gewettert, so hatte es sie jetzt selbst voll erwischt. Von da an saß sie in der Mausefalle. Und das Ganze sollte weit über zwanzig Jahre dauern. Besonders prickelnd: der Auserwählte lief lange Zeit ganz ungeniert zweigleisig. Für den Tag eine brave junge Büroangestellte, die er dann in der Dunkelheit gegen seine Königin der Nacht Mia eintauschte. Die saß nun allabendlich im Hollywood und wartete auf „ihren schwarzen Ledermantel", wie er dort von Erec nurmehr genannt wurde. Maria, unsere Beschützerin, schüttelte verständnislos ihren schwarzen Lockenkopf, wenn Mia wieder mal nach Mitternacht immer noch unerlöst auf ihrem Barhocker saß.

Ich hingegen hatte meinen kurzen wilden Ausbruch unbeschädigt hinter mir gelassen und war brav in meine doch recht biedere Zweierbeziehungs-Kiste zurückgekehrt. Allerdings hätte ich voll in Edith Piafs „Non, je ne regrette rien" einstimmen können. Ich bereute rein gar nichts.

Auf nach China

In der Wohngemeinschaft war zwischenzeitlich der Teufel los. Gerlinde hatte Hagen endgültig verlassen und war zu ihrem Chefarztgatten nach Nordrhein-Westfalen und in die wohlgeordnete Stoffservietten-Bürgerlichkeit zurückgekehrt. Eines Tages stand ein Möbelwagen vor unserem

Haus und nahm alles, was in der unteren Wohnung gut und teuer gewesen war, also was Gerlinde gehörte, mit in die Fremde. Seltsam leer, unbehaust nahmen sich jetzt jene feudalen holzgetäfelten hohen Räume aus. Wenig später zog dort die Bücherkisten-Usch als unser neuestes WG-Mitglied ein. Sie sollte zu unserem absoluten Ruhepol werden.

Hagen war nach dieser Niederlage zunächst abgetaucht, danach raste er allabendlich wie ein wildes Tier durch sein Gelass. Am besten man ging ihm aus dem Weg. Ansprechbar war er für niemanden. Zwischendurch ein One-Night-Stand, den er irgendwo in seiner verzweifelten Ruhelosigkeit aufgegabelt hatte. Die arme Frau wurde unmittelbar nach „ dem Akt" brutal und unvermittelt aus seinem Zimmer geworfen. Sie hatte nicht die geringste Ahnung, wie ihr geschah und saß völlig verdattert und verheult in unserer Küche, um ihre Wunden zu lecken. Hilflose Erklärungsversuche unsererseits konnten da auch nicht wirklich trösten.

Wenig später nahm sich Hagen eine Auszeit von der Klinik und machte sich auf nach China. Dort wollte er sich zum Akupunkteur ausbilden lassen. Damals war er noch einer der wenigen, neben Bundeskanzler Helmut Schmidt und Franz Josef Strauß, die Mitte der siebziger Jahre ins weithin unbekannte Reich der Mitte pilgerten. Noch heute hinterlässt es mich ratlos, wie blind damals die gesamte deutsche Linke in Bezug auf die chinesische Kulturrevolution war. 1976 waren dort gerade zehn Jahre Terror, Denunziation, Folter, Verfolgung vorbei. Unvergessen die Bilder, als französische oder deutsche Studenten mit der Mao-Bibel freudig durch die Straßen rannten. Als hätten sie den Stein der Weisen für alle gesellschaftlichen Probleme gefunden. Viel später sollte ich in Götz Alys Buch „Unser Kampf" ein Stück weit begreifen, dass die sogenannte politische Avantgarde der sechziger und siebziger Jahre dem Totalitarismus der eigenen Vätergeneration näherstand als ihr lieb war. Viele waren jetzt eben nicht mehr von brauner, sondern von fundamental roter Gesinnung. Hauptsache autoritär, Hauptsache man konnte einem großen Führer folgen!

Von all dem wurde von uns in diesen Jahren niemand angefochten. Hagen setzte sich in den Zug und brach auf zu einer abenteuerlichen Reise mit der Transsib. Natürlich waren all dem außergewöhnliche Visa-Beschaffungsmaßnahmen vorausgegangen. Wie China selbst, so bereiste sich damals der gesamte Ostblock, vor allem die Sowjetunion, nicht so einfach. Aber mit Geduld und Spucke war Hagen an sein Ziel gelangt. Go east!, hieß es jetzt für ihn.

Als er nach einem Vierteljahr wieder zurückkam, war er von seinem Liebesschmerz geheilt und um einen profunden Erfahrungsschatz reicher. Abends saßen wir alle gemeinsam in der Küche und hörten ihm wie einem orientalischen Märchenerzähler zu – besser noch wie dem Reisenden Marco Polo aus dem 13. Jahrhundert, der in die fremde Welt des mächtigen Kublai Khan eingetaucht war. Uns allen hatte Hagen eine Kleinigkeit mitgebracht. Mir ein Döschen Tiger-Balm, das er als Allheilmittel anpries und das damals noch niemand in Deutschland kannte. Bei Erkältung wie überhaupt bei allem körperlichen Ungemach davon nur ein klein wenig auf die Stirn, an die Schläfen, an schmerzende Stellen ... und man hätte wie dereinst der schon vor sich hin verwesende Lazarus vom Totenbett aufstehen können. Und das ganz ohne Jesus. Na ja, nicht ganz. Aber in gewisser Weise hatte das kleine Töpfchen aus dem fernen China mit seiner verheißenen Wunderwirkung schon eine Art Nimbus.

Hagen konnte wirklich spannend erzählen. Schon seine Reise durch die Sowjetunion, in Zeiten des Kalten Krieges für Westdeutsche wie uns absolute terra incognita, versetzte uns in Staunen. Auf dem Weg nach Sibirien saßen viele Wanderarbeiter mit in seinem Zugabteil. Der Alkohol floss in Strömen und konnte an den Bahnhöfen von Perm, Novosibirsk oder Irkutsk nachgetankt werden. Alles Stationen, die Millionen von Menschen seit der Zarenzeit bis in die Gegenwart auf dem Weg in die verschiedensten Gulags passiert hatten. Eine beklemmende Vorstellung. Aber in Hagens Abteil war man bester Stimmung.

Mit dem jungen Deutschen aus dem fernen Nürnberg trank man auf die deutsch-sowjetische Freundschaft, die der natürlich als BRD-Reisender eigentlich nicht teilte. Aber egal, so genau nahm man das nicht. Außerdem brauchte man auf so einer langen Fahrt jede Menge Trinkanlässe. In tiefster Fuselseligkeit hat dann einer der russischen Arbeiter sein großes Geheimnis gelüftet. Er knöpfte sein Hemd auf. Auf seiner haarigen Bärenbrust lebensgroß das Konterfei des Genossen Stalin. Er klopfte mit seiner Pranke auf sein Tattoo: „Der Beste!", gab er zu verstehen. Eindeutiges Zeichen dafür, dass die Entstalinisierung des ehemaligen Ministerpräsidenten Nikita Chruschtschow nur mäßig bis gar nicht gefruchtet hatte. Nun ja, die Verehrung des Menschenschlächters Stalin hat wie ein heiliger Mythos bis heute überlebt und ist aktuell ja wieder salonfähig geworden.

Hagen erzählte noch gesondert von dem maßlosen Alkoholismus, den vor allem die Sibirienarbeiter hemmungslos ausleben konnten. Was hätten sie auch anderes während acht Monaten Eiswüste tun sollen? Für ihre Arbeit unter den menschenfeindlichsten Bedingungen bei bis zu sechzig Grad minus im Winter, bei denen sogar der Diesel in den Motoren gefror, bekamen sie den drei- bis vierfachen Lohn eines normalen sowjetischen Arbeiters. Kein Wunder, dass sie dort in der Ferne die Puppen, respektive die Flaschen tanzen lassen konnten. Zusätzlich stand ihnen an ihrem Einsatzort noch ein ordentliches Schnapskontingent kostenlos zur Verfügung, das manchem jedoch nicht ausreichte. Der eine oder andere soff in seiner Not sogar noch sein Rasierwasser. Was für eine fremde Welt tat sich da vor uns auf? Dagegen war unser sozialistischer Kampf- und Quartalssäufer Helmut ganz offensichtlich ein wahrer Waisenknabe. Uns stellte sich natürlich auch die Frage, wie denn die Arbeitsergebnisse dort im fernen Sibirien aussahen? Wie akkurat trieb man im meist trunkenem Zustand Rohre in den Boden, verlegte man Pipelines …? Darüber wollte man lieber nicht nachdenken.

Von China selbst geriet Hagen nur ins Schwärmen. Völlig unkritisch kolportierte er das Klischee von lauter fröhlichen Menschen in ihren blauen Anzügen aus Baumwolltwill. Dazu das Gewusel von Tausenden Fahrrädern auf den Straßen. „Und die Frauen?", schwärmte Hagen. „Alles wahre Schönheiten!" Na ja, auf diese Aussage verließ ich mich nach der blumigen Beschreibung seiner eignen Mutter nun doch nicht mehr. Er hatte die verbotene Stadt mit ihren geschwungenen goldgelben Pagodendächern bewundert, war vor dem Haupteingang, dem Mittagstor, gestanden, über dem jetzt ein riesiges Mao-Plakat prangte. An den Mauern revolutionäre Parolen, die die reaktionäre Zeit der dekadenten Kaiserdynastien vergessen machen sollten und die Errungenschaften des revolutionären Chinas priesen. Aber er hatte vor Ort ganz eindeutig auch das Nadeln gelernt. Von nun an stand auf seinem Schreibtisch eine elfenbeinfarbene Akupunkturfigur und an der Wand seines Zimmers hing eine große Lehrtafel. Beides zeigte ihm auf den Meridianen alle wichtigen Druckpunkte, mit denen man die menschlichen Organe ansteuern und offensichtlich gesund machen konnte. Mit seinen echt goldenen Nadeln, die er aus China mitgebracht hatte, wurde nun jedem gesundheitlichen Übel in unserer WG auf traditionell chinesische Weise zu Leibe gerückt.

Ach ja, der liebe Gott

O Je, mein Theologiestudium! Das bereitete mir zwischenzeitlich echtes Kopfzerbrechen. Zu Beginn hatte ich noch gehofft, mir in den verschiedenen Seminaren und Vorlesungen eine Art Geheimwissen aneignen zu können, das mir die Existenz Gottes hieb- und stichfest „beweisen" würde und ich damit endlich „richtig glauben" könne. Längst hatte ich mich leider von meinem Kinderwissen verabschieden müssen. Hatte ich doch damals als Schülerin der ersten Klasse in meinem Gottbüchlein den lieben Gott leibhaftig gesehen, hatte endlich hinter den Schleier des Gottesgeheimnisses gucken dürfen. Da hatte mir gleich auf der ersten Seite, stehend auf einer Wolke – selbstverständlich in Sandalen – ein freundlicher alter Mann mit weißem Rauschebart zugelächelt. Das war er also, der liebe Gott! Wie ich mich damals freute. Von nun an gingen meine Gebete nicht mehr an irgendein Wolkenkuckucksheim, sondern sie hatten einen konkreten Adressaten. Jenen milde lächelnden älteren Herren.

Dennoch, wenn ich ehrlich bin, hatte das mit der Religion – und genau genommen auch ein bisschen mit dem lieben Gott – schon in meiner Kindheit seltsame Brüche erlebt. Verwunderlich, dass ich mich davon dann doch recht schnell wieder erholen konnte ...

Mit ungefähr vier Jahren musste ich zum Beispiel lernen, dass Gott strikte Unterschiede zwischen Katholischen und Evangelischen macht. Und erstere hatte Gott entschieden lieber, wie ich bald von Schwester Immakulata, der Unbefleckten, tagtäglich erfahren sollte, ja genau genommen hatten nur die einen Stein bei ihm im Brett. Nun blieb mir nichts anderes übrig als wenig gottgeliebte Evangelische, wie ich es nun einmal war, von nun an in Schwester Immakulatas Kindergarten zu gehen. Ich erinnere mich noch genau: Vater und ich im Empfangszimmer des Ingolstädter Marienheims. Uns gegenüber in ihrer schwarzen Nonnentracht, das Doppelkinn aus dem gestärkten Kragen ihrer Haube hervorquellend, schaute sie wie ein gespenstischer Rabenvogel durch ihre funkelnde Brille streng auf mich herab. Ein Ketzerkind! Das musste man genau in Augenschein nehmen. Aus dem von fleischigen Lippen gerahmten Mund kamen keine Freundlichkeiten. Es waren schwierige und zeitintensive „Geschäftsverhandlungen" zwischen der Nonne und meinem Vater. Endlich die Zusage, dass man es mit mir ausnahmsweise versuchen wolle. Umständlich kramte die Nonne aus einer Schublade ein Formular hervor, auf dem sie meinen Namen und Adresse, die Konfession nicht zu vergessen, aufschrieb. Ich spürte das Bedrückende der Situation. Denn ohne einen Platz für mich wäre es für meine Eltern Essig mit doppelter Berufstätigkeit gewesen. Und das bei ihrer Geldknappheit nach der Flucht aus der DDR. So sah das 1958 in einer durch und durch katholischen Kleinstadt in Oberbayern aus. Gott existierte hier nur in der katholischen Variante. Hatte man zwar bereits 1806 im Zuge der Napo-leonischen Veränderungen in Bayern dem ersten Protestanten in Ingolstadt das Bürgerrecht verliehen, so dauerte es bis Mitte des 19. Jahrhunderts, bis hier eine evangelische Kirche existierte. Einen Kindergarten gab es hundert Jahre später innerstädtisch immer noch ausschließlich in der katholischen Variante– und unsere Flüchtlingsunterkunft lag nun mal mitten in der Stadt.

Von da an wurde ich jeden Morgen im Marienheim abgeliefert. Mir war oft zum Weinen zumute. Aber es half nichts, die Tränen mussten runtergeschluckt werden, denn da musste ich durch. Rund fünfzig Mädchen und Jungen waren da plötzlich um mich rum. Laut, fremd, mit ihrem bayerischen Dialekt sprachen sie schon ganz anders als ich. Aber auch so scheine ich anders ge-wesen zu sein. Das zeigt auch das erste Gruppenfoto, auf dem mich der Fotograf ganz links außen platziert hatte, mit gehöri-gem Abstand von den Rechtgläubigen, halb abgeschnitten am Bildrand. Trotzdem – ich wollte dazu gehören. Beim Morgen-gebet im Kindergarten achtete ich deshalb penibel darauf, nicht evangelisch rüber zu kommen. Katholisch korrekt, das wusste ich bald, waren die Hände mit gestreckten Fingern zu falten. Missbilligend blickte ich auf einige Abweichler, die schlapp ihre Finger ineinander verhakt hatten. In der ersten Zeit gelang es mir auch, beim alltäglichen Strafappell übergangen zu werden. Nachmittags folgte nämlich Immakulatas gefürchtete Abrech-nung. Ihr war nichts entgangen. Sie schien regelrecht Buch zu führen. Wer war beim Spaziergang aus der Reihe geschert? Wer hatte sein Pausenbrot nicht aufgegessen? Kurz, wer hatte sich irgendwas zu Schulden kommen lassen? Darauf konnte nur Schläge mit dem Tatzenstecker auf die ausgestreckten Hände die Antwort sein. Es war ein kleiner Vorgeschmack auf das der-einst auf uns wartende himmlische Gericht. Wie ein Racheengel stand die schwarze Nonne vor uns und rief Namen auf. Jeder duckte sich, denn so genau wusste keiner, ob er aus irgendeinem Grund „straffällig" geworden war.

Meine Schonfrist sollte nicht lange dauern, da sich die dicke blonde Maria – ich sehe noch ihre Herzle-Ohrringe unter ihren Zöpfen baumeln – mich zur Feindin erkoren hatte. Marias Mutter war Oberschwester im Ingolstädter Krankenhaus und wurde jeden Morgen aufs Freundlichste von Schwester Immakulata begrüßt. Beide Frauen schienen sich als Einheit im Dienste des Herrn zu verstehen; die eine heilte den Körper, die andere die Seele. Jedenfalls taten sie ohne Zweifel gottgefällige fromme Werke. Auf das Kind Maria konnte das segensreiche Tun der Mutter nur abgefärbt haben. Für diese Maria war ich leider zu ihrer Feindin Nummer eins geworden. Daher piesackte sie mich oft und gerne. Einmal bläkte ich ihr wutentbrannt die Zunge raus. Das war natürlich eine Steilvorlage für Maria und sie machte unverzüglich Meldung bei Schwester Immakulata. An diesem Tag wartete selbstverständlich der Tatzenstecker auf mich. Dazu gab es für mich noch eine Sonderlektion, die sich die Nonne nicht nehmen ließ. Das Zungebläken gegenüber Maria, das war ein Verbrechen gegenüber dem lieben Gott. Damit hatte meine Seele für immer Schaden genommen. Ein schwarzer Punkt, der lebenslang nicht mehr zu tilgen war, würde Gott, aber auch dem lieben Herrn Jesus und allen Heiligen dereinst zeigen, mit wem sie es bei mir zu tun hätten: evangelisch und sündig. Es sei ziemlich sicher, dass für mich von nun an in der Hölle ein Platz warte. Wie ich mir die Hölle damals vorstellte, weiß ich nicht mehr. Aber die tägliche religiöse Unterweisung hat mich sicher mit entsprechenden Horrorvisionen versorgt. Die Hölle mochte zwar weit sein, aber mein schwarzer Punkt auf der Seele. Lebenslänglich! Mich hatte das blanke Entsetzen gepackt. Meine Pein war damals unendlich groß, bescherte mir Alpträume. Der Österreichische Schriftsteller Thomas Bernhard hätte es nicht treffender ausdrücken können: „Der Katholizismus ist der größte Zerstörer der Kinderseele. Der große Angsteinjager, der große Charaktervernichter des Kindes."

Es ist ganz sicher einer „gottgegebenen" Resilienz zu verdanken, dass ich mich nach diesem Intermezzo im katholischen Kindergarten – ab der Schulzeit nun unter evangelischen Mitschülerinnen – bald wieder von diesen Höllenvisionen erholen konnte. Und der liebe Gott, der war also nun wieder der aus meinem Gottbüchlein ... Also doch ein Netter, Auskömmlicher!

Leider sollte sich dieses Bild des alten Herren noch wie Zementkleber an meine erwachsene Vorstellungswelt heften. Wie albern. Mit zunehmendem Alter musste ich doch davon wegkommen! Leicht war das nicht. Der Himmel da oben – nun, nach naturwissenschaftlicher Erkenntnis war der leer und schon gar nicht war er von einem gütigen Greis und seiner frommen Entourage bevölkert. Das war mir in einem weiteren Entwicklungsschritt klar geworden. Um diese Tatsache kam man nicht herum. Aber wo steckte er dann? Gott?! Wie hatte man ihn sich vorzustellen? War dazu mein Theologiestudium wirklich erhellend? Dass er, wie ich nun lernte, mit dem „ich werde sein, der ich sein werde", seinem alttestamentlichen „Namen" Jahwe, sehr kryptisch von sich selbst sprach, konnte nicht wirklich zufriedenstellen. Und geheimnisvoll blieb er vor allem im Alten Testament: Einmal entzieht er König Saul seine Gunst, weil der die „Amalekiter nicht genügend gewürgt hat", sprich, der hat zu wenige von denen getötet. Ein andermal befreit er als treuer und gütiger Gott die Israeliten aus ägyptischer Sklaverei. Also dieser Jahwe nichts weiter als ein Stammesgott?

Zum Glück kam dann Jesus. Aber auch die frühe Kirche, für die es jetzt mit dem Erlöser ganz neuen Stoff in puncto Gott gab, hatte nichts Greifbareres auf Lager. Es wurde noch verwirrender. Fast wie bei einem Zaubertrick bot man jetzt drei in einem an, oder doch lieber nicht!? Vater, Sohn und Heiliger Geist dasselbe oder unterschiedlich? Darüber hatten sich schon die alten Kirchenväter buchstäblich die Köpfe eingeschlagen. Also wenn die nicht einmal zu einem gemeinsamen Ergebnis kamen?!

Zurück zur Quelle, zur Bibel. Dort wurde von den Wundertaten des Gottessohnes erzählt. Die bewiesen doch eindeutig die Existenz des christlichen Gottes. Aber was lehrte man uns in theologischen Seminaren? Wundergeschichten sind nichts weiter als eine besondere literarische Gattung, deren alleinige Aufgabe es ist zu zeigen: Dass ihr's alle wisst, da ist Gott im Spiel! Dieses Genres bediente man sich auch unter Nichtchristen. Also das mit dem Heilen von Blinden, Lahmen, Besessenen ... alles nur literarische Vehikel, um zu sagen, dass hier irgendwie Gott am Werk war? Um es kurz zu machen, je länger ich Theologie studierte, umso verwirrter wurde ich. Am meisten erstaunte mich, dass man dort in allen Fachbereichen mit den jeweils spezifischen Werkzeugen streng wissenschaftlich alles zerlegte, ja zerpflückte, was man doch eigentlich zu glauben hatte. So blieb etwa bei der Exegese von Bibeltexten (beinahe) gar nichts von den Worten Jesu übrig. Nie hatte er behauptet, der „Sohn Gottes" zu sein. Wenn's hochkommt, hatte er von sich nur als „Menschensohn" gesprochen. Aber mit dem Menschen konnte er eigentlich auch ganz konkret auf seinen Vater Joseph hinweisen. Oder etwa nicht? Und dann erst das Geschehen rund um die Auferstehung. Was für ein Rumgeeiere: Wie genau bitteschön auferstanden? Leiblich? Geistig? Oder doch eher hinein ins Kerygma, was so viel bedeutet, als dass sich Jesu Weiterleben nach dem Tod dadurch beweist, dass man zweitausend Jahre über ihn gepredigt hat und ihm nachgefolgt ist. Das und vieles mehr war für mich nur wenig plausibel. Erstaunlich fand ich nur, dass diese wahrhaft hochgebildeten und hochdifferenzierten Professoren und Dozenten, die das alles haarklein zerpflückten, wenn sie dann von der Kanzel predigten, geradezu zu einem vorwissenschaftlichen Status regredierten. Wie Schuppen fiel es mir von den Augen, dass ich für meinen liebeswunden südafrikanischen Selbstmordkandidaten Wilhelm nur das Tüpfelchen aufs „I" gewesen sein kann. In welch furchtbare Verzweiflung musste ein derart analytisches, diabolisches – alles durcheinander werfendes – Studium einen zutiefst bibelgläubigen Fundamentalisten werfen? Seine Seelennot muss riesig gewesen sein.

Beinahe hoch her ging es in den Vorlesungen der Kirchengeschichte. Über weite Strecken Sex and Crime pur. Der Professor vorne an seinem Stehpult, im Zweiten Weltkrieg während des Afrikafeldzuges in der Wüste fast verdurstet, konnte nie ohne ein Glas Wasser in Sichtweite seine Vorlesung halten. Wieder einer jener Hinweise, dass die Spuren der Kriegszeit noch immer in unser Leben ragten. Dieser Dozent erzählte so spannend und anschaulich, dass ich geradezu an seinen Lippen hing. Aber auch da, was blieb übrig vom menschenfreundlichen christlichen Glauben? In der Hauptsache Intoleranz, Mord und Totschlag. Man denke an die bestialische Ermordung der Philosophin Hypathia von Alexandria durch christlichen Mob in der Zeit der Alten Kirche. Aussagekräftig ist auch die von Augenzeugen berichtete Eroberung Jerusalems durch die Kreuzritter im Jahre 1099. Inbrünstige Dankesgebete sandten die siegreichen christlichen Recken gen Himmel, nachdem sie in einem wahren Blutrausch die dortige „ungläubige" Bevölkerung massakriert hatten. „Knietief" sollen sie, so wird berichtet, im Blute ihrer Opfer zur Grabeskirche Christi gepilgert sein. Und so geht es hurtig weiter zu den Renaissance-Päpsten, die weniger für ihren unbestechlichen Glauben und ihre Menschenliebe berühmt waren, sondern weit mehr wegen ihrer Sittenverderbtheit, Habgier, Korruption und Vetternwirtschaft. Mord dabei ein allzeit probates Mittel. Es gäbe noch viele Negativbeispiele.

In späteren Jahren habe ich mir den Tort angetan und die „Kriminalgeschichte des Christentums" von Karlheinz Deschner zu lesen begonnen. Nach zweihundert Seiten konnte und wollte ich mir das nicht länger antun. Das durchgängige Schema dieses Opus war schnell durchschaut und in seiner Ausführlichkeit kaum erträglich.

Letztlich blieb für mich als einer nach dem wahren Glauben Suchenden nicht viel übrig. Hurtig ging es weiter mit Themen wie Glaube und Vernunft, Vernunft und Offenbarung, Gesetz und Freiheit ... und wie die Antipoden alle noch heißen sollten, die es im Fachbereich der Systematischen Theologie facettenreich zu beleuchten galt. Alles endete für mich in einer Sackgasse. Das mit Gott war so oft ein Einerseits, aber dann wieder ein Andererseits. Alles so seltsam in der Schwebe, nicht fassbar. Vielleicht hatte ich dafür zu wenig Grips, aber auch „mein Herz" wurde von nichts angesprochen.

Verzweifelt klammerte ich mich an die Bergpredigt. Ja, das war Jesus pur, das war das Wort Gottes. Seine Nächsten- und Feindesliebe, die in der goldenen Regel gipfelt. Aber deren Kurzmotto „Was du nicht willst, das man dir tut, das füg auch keinem anderen zu!", war das wirklich ureigenstes christliches Gedankengut? Nicht wirklich. Und konnte man das Geschehen rund um Jesus allein auf Ethik reduzieren? Leider auch nicht, wie ich immer wieder zu hören bekam.

Selbst linke Theologen wie Dorothee Sölle oder Helmut Gollwitzer, die die biblische Botschaft als revolutionären Aufruf zur Veränderung der Gesellschaft verstanden wissen wollten, konnten mich nicht heilen. Oder auch die Befreiungstheologie eines Ernesto Cardenal, in der das Evangelium die Stimme der Armen zu Gehör bringen sollte ... Brauchte man zu alldem wirklich Gott und den Erlöser?

Streng genommen hieß es für mich irgendwann nurmehr: Augen zu und durch. Damit sollte ich es auch schaffen, das Studium der Theologie Jahre später erfolgreich zu beenden und mir damit wenigstens die Basis für einen akademischen Beruf zu schaffen. Taktisch war das alles andere als unklug. Gab es zwischenzeitlich ein Heer von arbeitslosen Lehrern, zum Teil mit Bestnoten, war der Mangel an evangelischen Religionslehrern groß. In Bayern waren es damals paradiesische Zeiten, als der Religionsunterricht noch eindeutig bevorzugt wurde. Der fand nämlich im Gegensatz zum Ethikunterricht vormittags statt. Schüler mussten schon überzeugte "Religionsfeinde" sein, wenn sie sich freiwillig einen Nachmittag mit Ethik-Unterricht versauten. Die meisten Schüler waren da herrlich indifferent. Kurzum: Ich wurde offiziell gebraucht!

Abgesehen davon, wurde von mir später als Lehrerin nie mehr ein Glaubensbekenntnis verlangt. Die einmal getätigte kirchliche Ordination zu Beginn meiner Lehrtätigkeit und die bayerische Verbeamtung – das war's! Damit war man lebenslänglich „zuverlässiger Zeuge im Glauben!" Veränderungen in Geist und

Seele, kurz Gesinnungs-Veränderungen, die gab es ganz offensichtlich nicht. Ein ordentliches Theologiestudium, das war Garant für die Wiedergabe der reinen Lehre. Lebenslang! Kackmist! Nur ich schien irgendwie abtrünnig. Zum Glück war der Lehrplan im Fach evangelische Religionslehre so weit gefasst, dass quasi à la manière des alten preußischen Fritz fast jeder nach seiner Fasson selig werden konnte. Die Schüler und vor allem ich, wir waren's zufrieden. Ich konnte mich, so gut es ging, all die Jahre geschickt durchmogeln. Bei vollem Lohnbezug.

Zum Glück wurde das mit der Theorie auch schon bald auf meinem zweiten, dem politischen Kampfplatz etwas weniger. So durfte ich mir endlich die öden Vorträge des Marxismus-Mayer über die Bände eins bis drei des Kapitals sparen. Die politischen Zeiten wurden trotz wöchentlicher Donnerstags-Treffen im Hitchcock-Haus praktischer und somit ein ganzes Stück aufregender.

Musik liegt in der Luft

Wie wunderbar! Es gab endlich mitunter so etwas wie einen echten Funfaktor, Zeiten der ungetrübten Lebensfreude, des solidarischen Miteinanders. Ein solch einendes Ereignis war das Konzert von Wolf Biermann in der Kölner Sporthalle. Wir Glückspilze hatten dafür Karten ergattert. Auf Einladung der IG Metall hatte die DDR Biermann trotz dortigen Berufsverbotes diesen seinen ersten Besuch beim westdeutschen Klassenfeind genehmigt. Es fühlte sich ein bisschen nach Entspannung zwischen Ost und West, jetzt auch auf der Ebene des Kulturbetriebs an. Immerhin versuchte man sich ja bereits seit 1970 auf politischer Ebene darin. Welch perfider Plan des Arbeiter- und Bauernstaates hinter dieser Geste des scheinbar guten Willens steckte, wurde wenig später klar.

Wir jedenfalls begrüßten in seltener Einigkeit als Teil des begeisterten Publikums den Vertreter eines menschenfreundlichen Sozialismus mit frenetischem Jubel. Des einzig wahren Sozialismus, wie für uns feststand. Der Saal tobte, als unser Star an jenem 13. November 1976 mit seinem Programm begann. Da saß er nun auf einem Hocker in seinem blauweiß gestreiften Hemd, das dunkle Haar über die Ohren gewachsen, mit einem kräftigen Oberlippenbart wie der von Onkel Otto, dem Werbemaskottchen des Hessischen Fernsehens. Seine Gitarre auf dem Knie fing er an zu spielen. „Du, lass dich nicht verhärten in dieser harten Zeit!", sang er mit seiner melodiös rauen Stimme ins Mikrofon. Er sprach uns aus der Seele. Das Glissando seiner Akkorde, die oft spanisch anmutenden Melodien seiner Balladen ... Wie schön!

Aber ehrlich gesagt, sollten die für mich auf die Dauer dann doch etwas ermüdend werden. Vor allem im Nachhinein, als zu Hause in Nachbereitung unseres Biermann-Erlebnisses beinahe in Endlosschleife dessen Lieder laut durch alle Räume unserer WG hallten ... So richtig nervig fand ich diese Klampfenmusik, als jemand von uns Biermanns Kinderlied über die „Mieze Mau" zu seinem Favoriten gemacht hatte. Den ganzen Tag „Warum bist du so gries, warum bist du so grau, du kleine, liebe Mieze-Mau ...?" Besser als Ringel, Ringel, Reihe klang das nun beim besten Willen nicht. O, wie gerne hätte ich endlich wieder „Locomotive Breath" von Jethro Tull durch meine Boxen gejagt oder mir das neueste Album von Genesis „Trick of Tail" angehört. In Zeiten, in denen man sich noch keinen Walkman auf die Ohren setzen konnte, war für mich jetzt eine echte musikalische Durststrecke zu überbrücken. Aber gut! Es galt dem persönlichen Hedonismus wenigstens zeitweise zu entsagen. Nein, es war geradezu ein Akt gelebter Solidarität. Hatte man doch Wolf Biermann drei Tage nach diesem legendären Konzert aus der DDR gewiesen. Ein Schock vor allem für die gesamte Kulturszene Ost. Niemand hatte damit gerechnet. Selbst Biermann war davon kalt erwischt worden und kommentierte das Geschehen als „panischen Schwächeanfall des Politbüros". Und monotone Melodien hin oder her. Es kam doch wohl auf die Texte an. „Du, warte nicht auf bessre Zeiten" oder „Es gibt ein Leben vor dem Tod". Solche Durchhaltelieder taten einfach gut. Auf dem

Kölner Konzert hatte er alles geben müssen. Aus den ursprünglich geplanten zwei waren am Ende vier Stunden geworden. Geschuldet war das der Tatsache, dass Biermann zwischen seinen Liedern eine ganze Menge politische Statements von sich gab. Endlich mal frei reden. Außerdem ging er immer wieder quasi als Zugaben mittendrin auf Publikumswünsche ein. So sang er auch auf Wunsch den „Comandante Che Guevara". Das erinnerte mich an meine Schulzeit.

Es war 1967. Ich war gerade mal dreizehn Jahre alt und in der siebten Klasse. Als wir eines Morgens in unser Klassenzimmer kamen, war da auf einer Seite unserer Klapptafel wie durch Geisterhand ein riesiges schwarzrotes Poster angebracht. Darauf ein bärtiger Mann mit halblangem Haar und seltsam in die Ferne gerichtetem entschlossenen Blick. Auf dem Kopf ein schwarzes Barett mit rotem Stern. Ich hatte nicht die geringste Ahnung, wen das darstellte. Unser Lehrer der ersten Unterrichtsstunde jedoch tobte beim Anblick dieses Plakates. „Wem gehört das?", bellte er, ein kleines rotgesichtiges Männchen mit einem wie mit dem Lineal gezogenen Seitenscheitel. Böse funkelten seine Augen hinter der Brille. Er wurde immer aufgeregter, schimpfte sich in Rage und seine Backen und Ohren wechselten allmählich zu knallrot. Niemand meldete sich. Eisiges Schweigen. Wutentbrannt riss er das Poster von der Tafel, zerknüllte es und wollte es zerreißen. Das feste Papier vereitelte aber diesen Versuch. Also zerknüllte er es, warf es auf den Boden, trampelte darauf rum wie ein wild gewordenes Rumpelstilzchen und stopfte es mit Todesverachtung in den Mülleimer. Ich rieb mir die Augen. Was für ein Drama spielte sich denn da vorne an der Tafel ab?

Auch im Laufe der Jahre blieb dieser Südamerikaner für mich seltsam blass. Obwohl sein Konterfei zwischenzeitlich schon T-Shirts, Kaffeebecher, Feuerzeuge und vieles mehr zierte. Erst Jahre später, vielleicht sogar erst durch jene Biermann-Ballade, erfuhr ich die ganze Geschichte dieses Comandante Che Guevara, Weggefährte des kubanischen Revolutionsführers Fidel Castro. In eben jenem Jahr 1967 war er im bolivianischen

Dschungel ermordet worden. Für Menschen wie unseren, stramm christsozialen und katholischen Deutschlehrern, war dieser kommunistische Guerillero eine Galionsfigur der vermaledeiten, sich allmählich formierenden europäischen Studentenbewegung, gleichzusetzen mit dem Leibhaftigen. In unserer braven Mädchenschule hatte der rein gar nichts verloren. Basta! Schlimm genug, dass viele der Schülerinnen in den höheren Klassen damals „ex" waren und sich die Fingernägel schwarz lackierten. Damit drückten sie ihre Verbundenheit zum gottlosen französischen Existenzialismus à la Beauvoir, Sartre, Camus und Konsorten aus. Furchtbare Zeiten für Spießerexistenzen in einer kreuzkatholischen oberbayerischen Kleinstadt.

Frauen sind noch nicht so weit! Ein anderes Gemeinschaftsevent war der große Internationale Anti-Repressionskongress des Sozialistischen Büros unter dem Thema „Kampagne gegen Unterdrückung" in Frankfurt. Das Motto damals: „Wer sich nicht wehrt, lebt verkehrt!" Viele Gruppierungen der sogenannten undogmatischen Linken sollten sich an diesem Abend mit einem Statement, einem musikalischen oder sonstigen Beitrag einbringen. Da die Gruppen aus aller Herren Länder, manche sogar aus Südamerika angereist waren, wurden ganz strenge Zeitfenster für jeden Beitrag angesetzt. Denn das Ende der Veranstaltung war auf 24 Uhr festgelegt worden, und jeder sollte bis dahin drankommen. Alle Gruppierungen hielten sich eisern an diese Vorgabe. Fast alle. Als die Frauensektion des SB auf die Bühne kam, war Schluss mit lustig. Die Damen redeten sich so in Rage, brüllten und sangen wie wild gewordene Hühner. Um was es dabei überhaupt ging? Um ihre Dauerunterdrückung als Frauen. Männer – das waren einfach nur Feinde, die es endlich zu besiegen galt. Und das Zeitfenster? Einmal die Bühne erobert, kümmerten sich die Frauen da oben nicht im Geringsten um von irgendwelchen Machos festgelegte Regeln. Sie waren noch nicht fertig. Basta! Ein Ordner griff zum

Mikrofon und versuchte sachlich mit ruhiger Stimme, an die Vereinbarungen zu erinnern. „Eure verfickten Regeln interessieren uns einen Scheiß!", brüllte eine ins Plenum. Das Publikum johlte und klatschte. Die Nachfolgegruppe stand schon startbereit am Bühnenaufgang. Es war zufällig Quilapayún, die ich schon aus Barcelona kannte. Die waren irgendwo aus der Weltgeschichte eben wegen dieses Kongresses extra nach Frankfurt gereist. Es ging neben ihrem Musikbeitrag natürlich auch um eine Grußadresse an das seit 1973 von einer grausamen Militärjunta gepeinigte chilenische Volk. Pech war, dass diese Band nur aus lauter Männern bestand – klein gewachsenen Indios zwar. Doch internationale Solidarität hin oder her – es waren nun mal Kerle. Eine der Frauen zeigte den Wartenden einfach nur den Stinkefinger. „Verpisst euch!", schleuderte sie ihnen entgegen. Und es ging hurtig weiter mit ihrem Beitrag. Jetzt kreischten sie ihre Botschaften nurmehr ins Publikum. Ohne Punkt und Komma. Die Mädels kamen immer mehr in Fahrt. Was tun? Das Zeitfenster war mehr als ausgereizt. Ja, es schien sogar so, als wollten die Frauen die ganze Veranstaltung jetzt für sich kapern. Irgendwann reichte es. Ordner stürmten auf die Bühne, versuchten es zunächst nochmal mit guten Worten. Dann schritten sie zur Tat. Sie hakten die Frauen unter und versuchten sie von der Bühne zu bugsieren. Die stemmten sich mit aller Kraft dagegen. Dabei verrutschten ihre Kleider, gaben Unterhosen, BHs und nacktes Fleisch den Blicken aller preis. Wie pikant! Die Furien schrien, spuckten, kratzten, belegten die Jungs mit den unflätigsten Schimpfwörtern und waren endlich von der Bühne verschwunden. Wahrscheinlich musste man sie gleich danach in einen Käfig sperren, damit sie nicht wieder zum Angriff übergingen. Was für ein widerliches, unwürdiges Spektakel!
Und das Publikum? Das grölte vor Lachen, verlangte sogar nach Zugabe, feuerte die Frauen noch an. Vor allem die Männer kriegten sich gar nicht mehr ein. Es war, als hätten jene Kampfemanzen durch ihr dämliches Verhalten die niedrigsten männlichen Instinkte wieder entfesselt. Neben mir saß Michel aus ei-

ner Nürnberger Nachbar-WG, der sich die Schenkel klopfte. Ich zischte ihn böse an und tat meinen Ärger über so ein erbärmliches Schauspiel kund. „Ach komm! Sei nicht so humorlos! Ihr Frauen seid halt noch nicht so weit ...!" Wie bitte? Wir Frauen sind zu dumm, uns an Regeln zu halten?! Müssen das einfach noch lernen? Ich war empört. Wie hasste ich diese verblödeten Weiber da vorne, die der Sache des Feminismus, der ich selbst ja nun weiß Gott nicht besonders gewogen war, vor aller Augen einen echten Bärendienst erwiesen hatten.

Hitzige Zeiten

Bald sollte ich es sein, die völlig unverhofft und unfreiwillig für eine ganz besondere Art von Aufregung in unserer WG sorgte.

Ich war mit meinem VW nachts in der Stadt auf Tour. Plötzlich vom Straßenrand die Haltekelle der Polizei. Ich stieg in die Bremse und kam mit quietschenden Reifen gerade noch zum Stehen. „Bitte rechts ranfahren und Ihre Papiere! - Na, wir sind aber flott unterwegs. Haben wir was getrunken?" – „Keinen Tropfen!", beteuerte ich und muss dabei so arglos treuherzig geguckt haben, dass man mich nicht mal in die Tüte blasen ließ. Na so was! Eine Polizeikontrolle! Das passierte mir zum allerersten Mal. Und Papiere? Ausweis und Führerschein hatte ich selbstverständlich nicht dabei. Gleichmal knöpften mir diese Wegelagerer wegen so einer mickrigen Ordnungswidrigkeit fünf Mark ab. Aber ansonsten waren sie sehr freundlich, nahmen meine Personalien auf und erfuhren von mir ganz sicher ungefragt, dass ich stolze Mitbewohnerin einer Nürnberger WG in einer traumhaften Wohnung war. Das Ganze, wie konnte es bei meiner unbedarften Redseligkeit anders sein, endete fast schon in einem kleinen privaten Plausch. Wahrscheinlich sind so den Ordnungshütern richtig dicke Fische in der Zwischenzeit durch die Lappen gegangen. Aber sei's drum. Mit mir wurden sie handelseinig. Abschließend scheint man mir die Auflage gemacht zu haben, mit meinen Papieren möglichst bald auf der nächsten Wache zu erscheinen und diese vorzuzeigen. Das allerdings hatte ich wohl völlig überhört, zumindest vergessen. Fast beseelt fuhr ich nach Hause. Die Polizei, die war doch gar nicht so schlimm. Was hatten da andere nicht alles für Schauergeschichten erzählt. Raus aus dem Wagen. Umdrehen, Beine auseinander, Hände aufs Autodach – und von oben bis unten durchsucht, nach Drogen, nach Waffen. In Hochzeiten der Terrorismusfahndung nicht selten eine MP im Anschlag. Und das passierte manchem nicht nur einmal. Also ich konnte mich wirklich nicht beschweren.

Eine Woche später klingelte es abends an unserer Haustür. Es war Hagen, der aufmachte. „Ist das Fräulein Feilner da?", hörte ich eine unbekannte Männerstimme. Dann die Frage: „Dürfen wir hereinkommen?" Völlig verdattert lugte ich aus meinem Zimmer. Zwei Männer in grüner Uniform, ihre Polizeimützen unter den Arm geklemmt, standen da wie Gartenzwerge plötzlich in unserem Flur. Wieso zu mir? Siedend heiß fiel mir mein India Shop-Klau in Erlangen ein. Die Mühlen der Gerechtigkeit mahlten langsam, aber sie mahlten offensichtlich. Man hatte mich also doch noch erwischt! Mir wurde heiß und kalt. Zum Glück hatte es mir vor Schreck die Sprache verschlagen, denn ein unbedachtes Geständnis, das hätte gerade noch gefehlt. – Ach so! Mir fiel ein Stein vom Herzen. Nur meinen Führerschein! Wie erleichtert war ich doch. Ich atmete auf, als die Tür hinter den beiden Ordnungshütern endlich wieder ins Schloss fiel. Das war's dann, dachte ich. Aber nicht für meine WG.

„Ja, bist du denn wahnsinnig, uns die Polypen ins Haus zu locken!", brüllte mich Hagen zusammen. „Meinst du, die sind nur wegen deiner dämlichen Personalien gleich zwei Mann hoch hier aufgetaucht? Wie verblödet bist du denn? Denen hast du eine Steilvorlage gegeben, unsere WG auszuspionieren." Ich war wie vom Donner gerührt. Die zwei netten Polizisten? Spione?

„Hast du nicht gesehen, wie die in jede offene Tür gelinst haben?" „Die haben doch bloß in unsere Küche gucken können", versuchte ich zu protestieren. Innerlich dachte ich, dass den entsetzten Polizisten dort nur unser unaufgeräumter Saustall aufgefallen sein kann, der vielleicht lebensmittelpolizeilich hätte ein Problem werden können. Denn wie in fast jeder „guten Wohngemeinschaft" hörte die Ordnungsliebe des Einzelnen vor seiner eigenen Zimmertür auf. In den Gemeinschaftsräumen herrschte meist schmuddeliges Chaos. Aber das war doch kein Vergehen. Also was sollten die denn bei uns wollen? Und dass wir links waren, na das war sicher nicht strafbar – und zu verbergen hatten wir nun weiß Gott nichts. Bei uns wurde ja nicht mal gekifft. Aber nichts zu machen! Für die anderen war ich eine Knalltüte allererster Güte! Ja, meine Fahrzeugkontrolle war glimpflich verlaufen, aber wie gesagt, da gab es ganz andere Erfahrungsberichte. Erlebten wir nicht auf jeder Demo, wie sehr wir im Fokus der Polizei waren, wie sehr man aufpassen musste, nicht erkennungsdienstlich fotografiert zu werden. Besser man hielt sich einen Schal, gerne auch die Kufiya vors Gesicht. Es war die Zeit der Berufsverbote. Seit 1972, ausgerechnet unter der Ägide der sozialliberalen Regierung verabschiedet, machte der sogenannte Radikalenerlass viele zukünftige akademische Karrieren linker Studenten zunichte. Zur falschen Zeit am falschen Ort, das konnte schief gehen.

Präsenter als die Berufsverbote waren damals allerdings die Bedrohung durch den Linksterrorismus und dessen Verfolgung durch bis an die Zähne bewaffnete, schnell schussbereite Polizisten. Aber mir persönlich sollte die Staatsmacht nie so martialisch entgegentreten. Dennoch überschattete diese irgendwie „bleierne Zeit" auch unser und damit auch mein momentanes, weitgehend unbeschwertes Leben. Hatte ich selbst alles, was in der Republik so passierte, naiv verdrängt? Vielleicht hatten Hagen und die anderen schon irgendwie Recht mit ihren Bedenken gegenüber diesem von mir so unterschätzten Polizeibesuch? Aber dass jeder wieder seinen mehr oder weniger qualifizierten Senf zu meinem Versagen abgeben musste, das nervte mich tierisch.

Ja, genau bedacht, stimmte es! Wohngemeinschaften und ihre

ganz andere als bürgerliche Lebensweise waren schon mal per se verdächtig. Und ganz ehrlich: Unser aller Verhältnis zum Linksterrorismus war nach dem Motto „die Gedanken sind frei" gelinde ausgedrückt recht ambivalent. Sogar hinein bis ins linksliberale Bürgertum gab es durchaus gewisse Sympathien für Baader, Meinhof und Konsorten. Provozierten diese Rebellen nicht durch ihre zwar zugegeben kriminellen Aktionen, durch ihre Morde den Staat; einen Staat, der hinter einer Maske aus sattem, sauberen Wohlstand und übergestülpter Demokratie nichts anderes als eine immer noch vorhandene Fratze des Faschismus verbarg? Versuchten die Terroristen nicht einfach, das politische Establishment der Bundesrepublik als ewig Gestriges zu enttarnen? Wollten sie nicht zeigen, wie gewalttätig dieser neue demokratische Staat ganz schnell werden konnte und die Fassade von Liberalität und Friedfertigkeit zusammenbrach? So in knappen Worten eine Art damals gängiger Rechtfertigung für das Tun der Rote Armee Fraktion. Dennoch, deren brutale Mittel erzeugten allmählich flächendeckend ein gewisses Unbehagen: Morde an Generalbundesanwalt Siegfried Buback, an dem Bankmanager Jürgen Ponto oder am Arbeitgeberpräsidenten Hanns Martin Schleyer ... Nun gut, da wird es nicht ganz die Falschen getroffen haben, so eine gängige Meinung. Irgendwie waren die aus der braunen Soße des faschistischen Deutschland nahtlos in den obersten Etagen der jungen Bundesrepublik gelandet. Als aber auch der Tod des sogenannten „kleinen Mannes" quasi als Kollateralschaden der Terrorakte in Kauf genommen wurde, bröckelte das Verständnis für die radikalen Überzeugungstäter massiv. Denn es starben auch Chauffeure, Wachleute, einfache Polizisten im Kugelhagel. Oder man denke an den Mord an dem Flugzeugpiloten Jürgen Schumann. Der wurde während der Entführung einer Lufthansa-Maschine nach Mogadischu, mit der man deutsche Terroristen freipressen wollte, kaltblütig erschossen.

1977 überschlugen sich die Ereignisse. Man kann es nicht leugnen: Die Atmosphäre des sogenannten „Deutschen Herbst" war mehr als aufgeheizt. Auch Intellektuelle wie der Dichter Heinrich Böll prangerten die unerbittliche Jagd des Staates auf seine „verirrten Kinder" an.

Ja, ich war selbst im Kino gewesen und hatte mir den auf dessen Roman basierenden Film „Die verlorene Ehre der Katharina Blum" angeschaut. Ich war fassungslos. Da wurde eine junge Frau, die mit einem nicht mal erwiesenen Terroristen eine Nacht verbracht hatte, gnadenlos von sensationsgierigen Boulevard-Journalisten gejagt. Es waren für jeden erkennbar die Machenschaften der Springer-Presse und ihres Schundblattes „BILD", die hier dargestellt wurden. Die agierten bekanntermaßen als verlängerter Arm der Staatsmacht.

Wir hingegen konnten uns empören und hatten das gute Gefühl, in diesen aufgewühlten Zeiten irgendwie auf der richtigen Seite zu stehen. Ich schwamm mit auf dieser Welle, aber mal wieder als klitzekleiner Fisch mit keiner maßgeblichen Meinung zu dem Geschehen um mich herum.

Irgendwie erlebte ich diese heiße Phase beinahe wie durch eine Art Filter. All das war schon irgendwie aufregend. Ich konnte eine gewisse Empörungskultur pflegen, ohne dass mich das Ganze wirklich oder gar existentiell betraf.

Genau genommen hatte ich selbst auch schon mal Polizeigewalt hautnah erlebt. Damals, als wir mit Bussen zur Anti-AKW-Demo nach Ohu gefahren waren. Flankiert von martialisch aufgerüsteten Ordnungshütern mit Schlagstöcken und Plexiglasschilden, von gepanzerten Fahrzeugen und Wasserwerfern protestierten wir gegen das im Bau befindliche Atomkraftwerk ISAR 1. Für mich allerdings hatte unsere ganze Aktion eher etwas Abenteuerliches, mit jeder Menge aufregendem Bauchkribbeln. Ich war mitten drin im Kampf für eine irgendwie bessere Welt ... Passiert war mir auch dort nichts. Und Aktion war allemal besser als langweilige Theoriesitzungen.

Fast schon befremdend ist, dass wir weiterhin unsere im Nachhinein ganz schön spießig zu nennenden Animositäten, unsere ideologischen Abgrenzungen pflegten. Und das obwohl um uns herum wie gesagt Tod und Terror tobten. Neben den verschiedenen politischen Splittergruppen arbeiteten wir uns wie immer besonders gern und intensiv an Soft-Sozis und vorzugsweise am linksliberalen Bürgertum ab. Unser feudaler Jugendstilbau bot dazu reichlich Gelegenheit. Wie man sich denken kann, wurden hier die noblen Etagen auch von erfolgreichen Journalisten, Rechtsanwälten und Ärzten bewohnt. Sie gehörten zu jenen Leuten, die zwar saturiert gutbürgerlich, aber politisch durchaus eher linkslastig waren. Unserer WG begegneten sie wohlwollend, ja suchten immer mal wieder den Kontakt, so als wollten sie demonstrativ zeigen, dass sie keine Berührungsängste mit uns „Schmuddelkindern" hatten.

Im obersten Stockwerk, quasi über den Dächern Nürnbergs mit Traumausblick auf die Altstadt, lebte ein Jurist, ein Stadtrat und Mitbesitzer einer alten Nürnberger Lebkuchenfabrik. Nebenbei war er auch Kunstmäzen und bestückte die hohen Wände seiner erlesen eingerichteten Wohnung mit immer wechselnden Bildern junger Künstler. Insgesamt hatte sich die Stadt sowieso nach dem 500. Geburtstag von Albrecht Dürer ab 1971, mit dem Projekt „Symposium Urbanum" fast zu einer Art Kunstmetropole gemausert, die viele moderne Kunstwerke im öffentlichen Raum hatte aufstellen lassen. Also durchaus nichts Ungewöhnliches: ein Nürnberger Stadtrat mit seiner kleinen Privatsammlung. Und ja, dafür, wie für Kunst überhaupt, interessierte ich mich. Das wusste jener Henno. So lud er mich zu sich auf ein Glas Sekt ein, um mir die neuesten Werke seiner Privatgalerie zu zeigen und zu erklären. Das war wirklich sehr freundlich. Jedoch fühlte ich mich angesichts wilder Acrylpinseleien auf riesigen Leinwänden überfordert, irgendetwas Schlaues oder Qualifiziertes dazu zu sagen. Das alles war mir doch irgendwie zu abstrakt, zu abgefahren. Aber ich musste doch was sagen! Wenigstens irgendetwas. Krampfhaft klammerte ich mich an mein Sektglas. Zum Glück fielen mir Mutters Herrenschnitten ein. Sie liebte diese Köstlichkeit aus Hennos Lebkuchenfabrik. Schicht für Schicht wie Baumkuchen gebacken, in Cointreau getunkt und dann mit Bitterschokolade überzogen. Wirklich lecker. Ich hatte mein Gesprächsthema gefunden. Henno winkte ab. Man überlege sich, dieses Produkt einzustellen. „Viel zu zweitaufwendig, zu kostenintensiv. Ein reines Draufzahlgeschäft."

Als ich beschwingt wieder zu den Meinen drei Etagen tiefer gelangte und denen Hennos Unternehmerlamento erzählte, haben die sich vor Lachen nicht mehr eingekriegt. „Der da oben, das ist ein Kapitalist reinster Sorte. Der und Verluste?! Du glaubst auch noch an den Weihnachtsmann! Hast du mal seine Oldtimer- Flotte gesehen?" „Ja, wenn er's aber sagt!", entgegnete ich trotzig. „Und außerdem ist er hinter dir her!", bekam ich zu hören. Aha?! Wie denn das? Ganz blöd war ich nun doch nicht. Anbaggern – dafür gab es doch untrügliche Anzeichen, wenn die zum Erfolg führen sollten. In meinen Nachtdiensten war ich in dieser Hinsicht schließlich praxistauglich geworden. Bei Henno – da war überhaupt nichts. Von nun an war jedoch mein unverkrampftes Verhältnis zu Henno im Besonderen und zu „denen da oben" im Allgemeinen getrübt. Besser ich mied den Kontakt.

Während wie gesagt eine der Hauptaufgaben von uns „rechtgläubigen Sozialisten" ebendiese ständige Abgrenzung gegen unserer Ansicht nach fehlgeleitete Linke war, war uns so gut wie gar nicht bewusst, dass in unserer Stadt und im fränkischen Umland die Wehrsportgruppe Hoffmann fröhliche Urstände feierte. Ein Sammelbecken Hunderter gewaltbereiter Neonazis, die nichts anderes als den Staatsstreich im Schilde führten. Dafür ertüchtigten sie sich mental, logistisch und körperlich. Und sie horteten eifrig Waffen. Seltsam unberührt ließ uns das, drang gar nicht zu uns vor. Wir schwammen nur in unserer eigenen Soße. Lange Zeit konnte Micki Hoffmann, Chef und Namensgeber dieses paramilitärischen Verbandes, noch unbehelligt in Uniform selbstbewusst durch die Nürnberger Fußgängerzone stolzieren. Ich selbst habe es zwar nie gesehen, aber man raunte fast schon anerkennend, dass er das stets mit einem schwarzen Panther – manche behaupten sogar mit zweien – an der Kette tat. Immer wieder gelang es dieser kriminellen Gruppe, fränkische Patrizierschlösser oder Rittergüter anzumieten bzw. zu kaufen, wie es die Rechten derzeit gerade in Bundesländern wie Thüringen weiter so erfolgreich betreiben. Ideale Locations für Training, Schulungen und konspirative Treffen. Die Polizei hatte Micki, der eigentlich Karl-Heinz hieß, und Konsorten damals schon irgendwie auf dem Schirm, aber unter einer CSU-Regierung sah man hier nur wenig bis gar keinen Handlungsbedarf. Auf dem rechten Auge war man tatsächlich blind. Vor allem wenn man bedenkt, dass in diesem rechtsextremistischen Umfeld der spätere Doppelmord an dem Rabbiner Shlomo Lewin und seiner Lebensgefährtin in Erlangen und wohl auch das Oktoberfestattentat, beides 1980, verortet werden muss. Auffällig an dem Ganzen die Tatsache, dass beide – jene rechten Recken genauso wie die deutsche radikale Linke – bestens mit militanten palästinensischen und libanesischen Gruppierungen vernetzt waren. Honni soit qui mal y pense. Oder auf Deutsch: Ein Schelm, wer Böses dabei denkt.

Was übrig bleibt

Irgendwann war die Zeit reif, mich von meiner WG und auch von Otto zu verabschieden. Immer noch war es mir nicht gelungen, in irgendeinem Politplenum überhaupt den Mund aufzukriegen. Stumm wie ein Fisch saß ich stundenlang da und spürte als wachsende Bürde, dass man von mir erwartete, nun endlich mal was Schlaues von mir zu geben. Es war wie ein Teufelskreis, von dem ich wusste, dass ich da nie rauskommen würde. Warum konnte ich überall sonst, in der Uni zum Beispiel oder unter Freunden, reden – nicht selten wie ein Wasserfall. Und hier? Kein Ton. Auch Otto hoffte, dass ich als seine Freundin endlich verbal aktiv werden würde. Stundenlange Gespräche, beinahe Verhöre, was mit mir los sei, bestimmten oft unsere gemeinsamen Abende. Ich fühlte mich zunehmend in die Enge getrieben, erschlagen von so viel Erwartungsdruck.

Das tat auch unserer Zweisamkeit auf die Dauer nicht gut.

Das Heil, die Escapemöglichkeit – das würde ganz sicher eine neue Beziehung sein. Die sollte nicht lange auf sich warten lassen.

Hatte das Hollywood Mias Schicksal in Gestalt des „Manns im schwarzen Ledermantel" besiegelt, so blühte mir jetzt dasselbe. Eines Abends, als wir zwei jungen Frauen mal wieder bei einem Glas Rotwein voll in unserem Weltschmerz schwelgten, saß da auf einem Barhocker am Tresen ein gutaussehender junger Mann. Den hatte ich noch nie hier angetroffen oder zumindest wahrgenommen. Ich beobachtete ihn von Zeit zu Zeit aus den Augenwinkeln, vermied aber unbedingt jeden Blickkontakt. Der sollte nicht auf blöde Gedanken kommen. Ich hatte noch nie einen Kerl angemacht – und das sollte auch so bleiben. Aber er gefiel mir. Mia und ich jammerten unbeirrt weiter – wie so oft ging es in unserem Lamento vor allem um den ewigen Beziehungsstress und ab und zu um meine superspießigen Eltern und Mias pickelharten Vater neben seiner butterweichen Frau. An diesem Abend scheinen vor allem die Mütter das Thema gewesen zu sein. Plötzlich von der Seite: „Meine Mutter! Die habe ich mir endgültig vom Hals geschafft." Unbemerkt hatte sich jener junge Mann ganz dicht neben uns rangewanzt. Lässig lehnte er sich jetzt mit verschränkten Armen an das neben unserem Tisch stehende Klavier. Mia wollte sich schon in Position bringen, was dem Kerl da einfalle, sich ungefragt in unser Gespräch zu mischen. Aber ich war schneller. „Und wie?", fragte ich interessiert. „Ich habe meine Mutter monatelang nicht angerufen. Nur so geht's. Da muss man hart bleiben. Und jetzt ist sie so klein mit Hut." Er zeigte mit Daumen und Zeigefinger, zu welch lächerlicher Größe er seine Mutter geschrumpft hatte. Dabei rutschte der Ärmel seines Pullovers nach oben und machte den Blick frei auf eine megacoole Armbanduhr. Ah! Ein Mann mit gutem Geschmack, durchfuhr es mich. Das gibt es selten. Von da an hatten wir ein Dreiergespräch, an dem sich Mia nur äußerst missmutig beteiligte, was aber nicht weiter auffiel. Denn eigentlich hielt der junge Mann von nun an einen Monolog, der voller beeindruckender Statements über ein glückendes, sein glückendes Leben war. Er schien alles vollständig im Griff zu haben. Seit sechs Wochen, erzählte er ungefragt, sei er mit seiner von ihm getrennt lebenden Frau fertig. Einfach zack und das für alle Zeit. Seine Aussagen waren von einer Klarheit, die noch durch seinen rappelkurzen Haarschnitt unterstrichen wurden, der sein markant ebenmäßiges Profil besonders gut zur Geltung brachte. Während unsere Männer in der WG alle irgendwelche verschwurbelten Frisuren trugen, nicht zu lang wegen des Berufs, damit die noch unter die OP-Haube passten, aber auch nicht zu kurz wegen der politischen Gesinnung, war dieser Sven offensichtlich von einem ganz anderen Kaliber. Er schien selbstbewusst gegen den damaligen Mainstream zu schwimmen. So unverschämt kurze Haare trug damals niemand.

Als Mia und ich schließlich gemeinsam nach Hause dappelten, giftete sie: „Glaub doch den Schrott nicht, den dieser Typ da von sich gibt. Einer, der so von sich eingenommen ist, da kannst du bei all seinen Aussagen das Gegenteil annehmen." Ich hörte mir Mias Ausführungen ruhig an. Innerlich aber hatte ich so meine Befürchtungen, dass ihr allmählich fortschreitendes Psychologiestudium ihren unvoreingenommenen Blick auf die Menschheit trübte. Sah sie nicht überall nur noch das Negative im Menschen? „Und nimm dich in Acht", fügte sie hinzu, „der baggert dich gerade an!" – „Ach Quatsch!", entgegnete ich abwehrend, musste mir aber eingestehen, dass ich mich bei diesem Gedanken doch sehr geschmeichelt fühlte. Da war es wieder, mein Muster: So ein toller Typ will was von mir. Wie geil ist das denn! Ob ICH genau genommen etwas von ihm wollte? Nun diese Frage hatte ich mir noch nie zuvor gestellt und auch nicht jetzt bei jenem Sven.

Es dauerte nur wenige Tage und wir stießen wieder auf Sven. Dieses Mal setzte er sich gleich, natürlich ungefragt, mit seinem Kumpel an unseren Tisch. Mit seiner gewaltigen Hakennase und den unheimlich dunklen Augen hatte dieser Kurt das

Gesicht eines alten zerknitterten Raben. Seine riesigen abstehenden Ohren waren geschickt in dauergewellten, halblangen Kringellocken versteckt. Er hatte Sven offensichtlich begleitet, um „Nägel mit Köpfen zu machen". War dieser gut aussehende, vollmundig daher redende Sven allein etwa zu feige? Denn das weitere Gespräch verriet, dass die beiden Männer in Teamwork agierten. Sven hatte sich ganz offensichtlich sehr detailliert mit dem Rabengesicht über mich, die neue Bekanntschaft, unterhalten. Jener Kurt signalisierte, dass er Bescheid wusste. Worüber genau, war mir allerdings nicht ganz klar. Damit die Anmache nicht allzu plump ausfiel, ging das Duo strategisch nicht ungeschickt vor. Mia und ich wurden gemeinsam von den beiden zu einem Essen mit noch anderen Freunden eingeladen. Die Sache nahm Fahrt auf.

Von diesem Abend an wusste auch ich, wohin die Reise gehen würde. Ich hatte allerdings noch ein klitzekleines Problem: Otto! Wie bekam ich den von der Backe? Mit Sven bot sich die Gelegenheit, diese Beziehung hinter mir zu lassen, die mich mit ihrer bierernsten Politisiererei einfach nur noch nervte. Raus aus einem Leben, das mich in allen Bereichen oft schlimmer gängelte, als das meine Eltern je getan hatten, das schon das kleinste bisschen Lebensfreude als bourgeois brandmarkte, das mich immer so klein hielt. Endlich zu neuen Ufern, zu einer spannendprickelnden Zukunft.

Schluss machen, das ist wahrlich nie mein Ding gewesen. Jemandem wehtun, das konnte ich von jeher ganz schlecht. Meistens versuchte ich es, wie damals schon bei meinem allerersten Freund, durch ausgeprägte Übellaunigkeit und Gehässigkeit. Ich hoffte dabei, dass ich so ungenießbar für den anderen würde, dass der mir von selbst automatisch den Laufpass geben würde. Leider klappte das nie. Ich musste die Sache immer ganz offen regeln. Das drohte mir jetzt auch mit Otto. Die Tage zogen sich wie Kaugummi. Noch einer und noch einer, und ich schaffte und schaffte das anstehende klärende Gespräch nicht. Zu meiner eigenen Schande muss ich gestehen, dass ich am Ende dazu

Mia mit nach Hause genommen habe. Otto und wir beide saßen in meinem Zimmer: „Und jetzt sagst du es ihm endlich", preschte Mia vor. „Was denn?" Otto guckte völlig ahnungslos. Ich versuchte mich noch zu winden, aber Mia ließ nicht locker. Ja, und dann war es raus. Es sollte Otto wahrhaftig kalt erwischen.

Die folgenden Tage waren schlimm. Alle in der WG taten tief betroffen, hätten das nie erwartet. Du und Otto? Alles aus? Otto ginge es sehr schlecht, bekam ich zu hören. Das könne man mir nicht ersparen. Am OP-Tisch sei er heute beim Hakenhalten zusammengebrochen. Mir wurde ganz flau. Nein, das wollte ich nicht. Am besten wäre ...

Nun, das dauerte auch gar nicht lange. Eines Morgens kam Emmi aus Ottos Zimmer, genauer aus seinem Bett gekrabbelt. Eine, mit der ich zusammen in einer Germanisten-Arbeitsgruppe zum Thema „Der Habsburger Mythos in Joseph Roths Radetzkymarsch" war. Wir arbeiteten gut, ja freundschaftlich zusammen. Hatte ich die etwa wegen eines gemeinsamen Referates mit zu uns in die WG geschleppt? Hatte ich die Otto wie eine Wurst vor die Nase gehängt? Jetzt saß sie jedenfalls zusammen mit mir am Küchentisch in unserer WG! Dazu war diese Emmi noch eine besonders Hübsche mit sinnlichen Lippen, einer Haut wie Milch und Honig und dunklen ausdrucksstarken Mandelaugen. Innerlich schnappte ich nach Luft. Soso Emmi! Wie lange das wohl schon ging, durchfuhr es mich. Bin ich vielleicht die ganze Zeit beschissen worden und habe es gar nicht gemerkt? Ich war mittelschwer verunsichert, ja angefressen. Eines gewissen Gefühls von Eifersucht und Ärger konnte ich mich kaum erwehren. Kaum! Aber ich schaffte es, mich zusammenzureißen. Hier und jetzt eine Szene machen, das ging nun wirklich nicht. Und mit welchem Recht überhaupt? Ich hatte doch Schluss gemacht! Als ich mich nach beträchtlichen inneren Kämpfen selbst zur Ordnung gerufen hatte, frühstückten Emmi und ich zusammen, versuchten uns auch in belanglosem Geplänkel. Im Nachgang war ich sogar richtig stolz auf mich, die Contenance gewahrt zu haben. So sah emanzipiertes weibliches Verhalten aus, klopfte ich mir selbst auf die Schulter. Sven sollte die nächsten fast dreißig Jahre mein Zukunftsmann sein. Um es kurz zu machen, Mia behielt leider in vielerlei Hinsicht Recht. Die Tragik unserer Freundschaft war, dass wir uns geradezu hellsichtig gegenseitig vor unseren Männern gewarnt hatten, aber unsere jeweiligen Bedenken nicht an uns ranließen. Aber wenigstens waren wir ein lebenslängliches Toppteam im einander die Wundenlecken.

Dass das Sein bei Sven mehr Schein war, hätte ich schon nach unserer ersten gemeinsamen Nacht erkennen können. Früh am Morgen klingelte das Telefon und das in steter Regelmäßigkeit alle halbe Stunde. Es gab kein entspanntes Ausschlafen mit einem ausgiebigen Frühstück im Anschluss. Nein, Telefonterror, also Stress war angesagt. Er hatte seiner Exfrau, also genauer genommen seiner Nochfrau, versprochen, mit ihr Skier kaufen zu gehen und danach zum Essen, druckste er irgendwann sichtlich verlegen rum. Die hatte natürlich geahnt, dass Sven „mal wieder eine ins kaum erkaltete gemeinsame Ehebett abgeschleppt hatte". Eisern bestand sie weiter auf ihrem Status als Ehefrau, solange IHR Mann und sie nicht rechtskräftig geschieden waren. In was für ein Wespennest war ich denn da gestoßen? Diese Frau, mit der Sven seit „genau sechs Wochen" fertig war, begleitete uns dann noch jahrelang, selbst über beider Scheidung hinaus. In der ersten Zeit bestand die Noch-Ehefrau sogar darauf, dass ich die Wohnung zu verlassen habe, wenn sie anrückte. Wie eine Rachegöttin lief Madame ein und durchwaberte mit ihrem schweren Guerlain-Parfum die ganze Wohnung.

Warum ich das alles mitgemacht habe? Heute ist mir mein Verhalten seltsam fremd. Passiv und kraftlos war ich damals, das steht unbestritten fest. Genauer betrachtet könnte das alles der Tatsache geschuldet sein, dass jene Barbara eine sehr schöne Frau war. Ständig erfuhr ich, wer alles auf sie stand. Heerscharen von Männern: Supermarktbesitzer, Architekten, der Chef eines Nobelautohauses, Professoren aus ihrem Studium ... alle schienen ihr zu Füßen zu liegen. Das alles erzählte mir Sven haarklein und genüsslich, nicht ohne einen gewissen Besitzerstolz. Nein! Indem er Barbara zu einer Art Göttin stilisierte, wertete er sich selbst ungeheuer auf. Und ich – ich konnte mein Glück kaum fassen – durfte vielleicht einmal einen Tribünenplatz in dieser wunderbaren Glitzerwelt einnehmen. Endlich entkam ich dieser miefigen humorlosen WG-Enge und konnte, wenn auch bislang nur in einer Nebenrolle, an etwas Großem teilhaben. Für mich, des Friseurmeisters Töchterlein, taten sich ungeahnte Welten auf. Das Tollste war, dass Barbara einige Jahre zuvor, genauer 1972 während der Olympischen Spiele in München, als Topmodell eines Sportartikelherstellers aufgetreten war. Eigentlich war sie fast eine Berühmtheit gewesen. In ganz Deutschland hatte sie in einem schicken Jogginganzug von riesigen Plakatwänden allen Passanten bezaubernd zugelächelt. Stolz zeigte mir Sven die Fotos dieser Werbekampagne. Aber keiner außer ihm kannte Barbara, wie sie wirklich war: Tagelang hinter zugezogenen Vorhängen in den tieftraurigen Liedern Leonard Cohens schwelgend. Und sie war schmutzig, schlampig, ja verwahrloste im Alltag geradezu. Keiner wusste das von ihr, nur Sven, und ich durfte an diesem Geheimwissen nun teilhaben. Ohne ihren Noch-Ehemann würde sie in naher Zukunft völlig verdrecken, verkommen – das stand fest. Ich war in die Falle getappt, denn mein Ehrgeiz war geweckt. Hübsch war ich auch, ganz sicher nicht so glamourös wie Barbara; aber wie immer die geartet sein würde, ich nahm die Challenge gegen sie an.

Vielleicht hatte meine Wehrlosigkeit gegenüber Sven aber noch einen weiteren Grund. Er hatte einen außerordentlich guten Eindruck bei meiner Mutter hinterlassen. Ich wollte es meiner Mutter einfach nur recht machen, ihr nach all dem Elend, das sie durchgemacht hatte – ihr ewiges Gejammere über den Krebstod ihrer Mutter, über meine kaputte Hüfte, über ihre Flucht, über ihren Alkoholikermann …, all das hatte tiefe Spuren bei mir hinterlassen: Die ihres nicht geglückten Lebens. Da wollte wenigstens ich als ihr einziges Kind ihr auf die alten Tage nur Gutes bescheren. Die richtige Partnerwahl war dafür der Schlüssel.

Otto ja, der war nicht unfreundlich gewesen. Aber so trocken und aufgeräumt wie er war, hatte er besonders meine Mutter immer wieder verunsichert. Sven war da ganz anders. Verbindlich, offen und zugewandt. So schien es zumindest.

Es war so seltsam, warum ich mich bald, nachdem ich Sven kennengelernt hatte, immer wieder an meine Französischlektüre der dreizehnten Klasse erinnerte, beinahe schon leitmotivisch: André Gide, Die Schule der Frauen. Éveline, die Protagonistin des Romans, schwärmt in ihrer anfänglichen Verliebtheit in ihren Tagebucheinträgen von all den großartigen Eigenschaften ihres Mannes, seiner Weltgewandtheit. Im Laufe der Zeit jedoch wandelt sich das alles vor ihrem jetzt nicht mehr durch Liebe getrübten Blick in nichts anderes als eine selbstbetrügerische Armseligkeit dieses Roberts.

Und Sven, auch der sollte im Laufe der Zeit zur absoluten Nullnummer werden. Für mich folgte nun eine ganz besonders ausgiebige Schule der Frauen. Verwunderlich ist dabei allerdings, dass ich in den gerade zurückliegenden Jahren mit höherer Schule, Studium und ja auch durch das Leben in der WG mir eigentlich eine Menge Handwerkszeug angeeignet hatte: Frei und kritisch zu denken, emanzipiert zu handeln ... Eigentlich. Leider sollte sich all das im Zusammenleben mit Sven als stumpfe Waffe erweisen. Der Praxistest all der wunderbar emanzipatorischen Ideen, der intellektuell durchdachten Theorien, auch der einmal gelebten gesellschaftlichen Experimente, all das zerfiel wie Staub.

Konnte es wirklich sein, dass traditionelle weibliche Rollenbilder derart wirkmächtig waren, dass sie all das Neue, was wir mitnehmen durften, im Alltag verpuffen ließen? Waren die Vorbilder unserer Mütter, die in erkalteten Ehen „bis dass der Tod euch scheidet" durchhielten, waren all die Puckis in Jugendbüchern und die Protagonistinnen in Liebesschmonzetten so einflussreich gewesen, dass sie unsere Zukunft, unsere Vorstellungen von Ehe und Familie nachhaltig bestimmten?

Viele Männer hatten zwischenzeitlich gelernt, was man damals zeitgemäß Frauen zu sagen hatte. Parität in der Hausarbeit und in der Kindererziehung – na klar doch! Sven war darin großartig und sehr glaubwürdig gewesen. Mit der Geburt des ersten Kindes noch während meines Studiums zerplatzten für mich all jene schönen Worte und Zukunftsversprechen jedoch wie Seifenblasen. Plötzlich saß ich wie Hilde in der Falle. Mia sollte in Bälde mit einem Kind folgen. Die kluge und später trotz(!) ihrer Ehe beruflich so erfolgreiche Mia! Im Laufe der folgenden Jahre lernte ich noch weitere Frauen kennen, die in ähnlichen Verstrickungen gelandet waren: Sabine, die Richterin, Thea, die Galeristin, oder Monika, die Schuldirektorin ... Unsere Achillesfersen waren unsere Kinder.

Das Verlassen der WG hatte somit keine Freiheit gebracht, sondern neue, andere Zwänge, die sich wie eine Garotte um meinen Hals legten. Das Kind stillen, ständig durchwachte Nächte, Haushalt versorgen. Der Mann Sven hatte einen, wenn auch höchst unregelmäßigen Broterwerb und nahm mich in Dauerschleife in Beschlag. Hinzu kam sein Reizmagen, der auf Zuruf bekocht werden musste ... Je länger er auf Sättigung warten musste, umso ungehaltener wurde Sven, bis er sich in wahre Tobsuchtsanfälle hineinsteigerte. Das Gebrülle vor meinem kleinen Kind – da musste ich schnell Abhilfe schaffen. Wie oft stand ich dann weinend in der Küche und kam meinen hausfraulichen Pflichten nach. Dazu in schierer Panik, meinen zukünftigen Beruf an den Nagel hängen zu müssen. Jede Stunde Lernen fürs bevorstehende Staatsexamen musste erstritten werden, jeder Besuch einer noch so dringenden Lehrveranstaltung an der Uni ebenso. Mitmachen bei einer Lerngruppe zur Prüfungsvorbereitung – daran war gar nicht zu denken. Mit einem Mal wurde mein Studium für Sven zu nichts weiter als einem dämlichen, höchst überflüssigen Hobby unter der Überschrift „weibliche Selbstfindung".

Dennoch dauerte diese Ehe viele Jahre. Drei Kinder gingen daraus hervor. Jedes Kind die Hoffnung für einen Neuanfang, eine Zeitenwende. Was nie dauerhaft eintrat.

Nach fast dreißig Jahren dann die Scheidung. Ich habe Sven danach nie mehr wiedergesehen.

Ein besonderes Dankeschön für die Unterstützung bei der Realisation dieses Buches geht an Herb Stumpf, der mich mit Rat und Tat jederzeit unterstützte, und an meinen Mann Carl Michael Ackermann.

Biographie Gunda Krüdener-Ackermann wurde 1954 in Halle/Saale geboren. Nach der Schulzeit studierte sie Theologie, Romanistik, Germanistik und Geschichte. Im Anschluss arbeitete sie als Gymnasiallehrerin für die Fächer Deutsch und evangelische Religionslehre in Nürnberg.

Sie veröffentlichte verschiedene mit Preisen ausgezeichnete Hörspiele u.a. über die Stadtgeschichte Nürnbergs, für das Bistum Bamberg oder für das Kinder-Audio-Programm von Hapag Lloyd.

Bis heute schreibt sie populärwissenschaftliche Artikel aus den Bereichen Kultur, Kunst und Geschichte für verschiedene Print-Magazine.

Sie ist verheiratet und hat drei Söhne.